OEUVRES

COMPLÈTES

D'ÉTIENNE JOUY.

TOME VII.

ON SOUSCRIT A PARIS:

Chez JULES DIDOT AÎNÉ, rue du Pont-de-Lodi, n° 6;
BOSSANGE père, rue de Richelieu, n° 60;
PILLET aîné, imprimeur-libraire, rue Christine, n° 5;
AIMÉ-ANDRÉ, quai des Augustins, n° 59;
Et chez l'AUTEUR, rue des Trois-Frères, n° 11.

OEUVRES

COMPLÉTES

D'ÉTIENNE JOUY,

DE L'ACADEMIE FRANÇAISE;

AVEC DES ÉCLAIRCISSEMENTS ET DES NOTES.

Essais sur les mœurs.

TOME VII.

PARIS

IMPRIMERIE DE JULES DIDOT AINÉ,
RUE DU PONT-DE-LODI, n° 6.

1823.

OBSERVATIONS

SUR

LES MOEURS FRANÇAISES

AU COMMENCEMENT DU 19ᵉ SIÈCLE.

———

VOLUME VII.

L'ERMITE
DE LA GUIANE.

N° XXXVIII [4 AVRIL 1816]

L'ARTISAN DANS SON MÉNAGE.

>Peuple, les passions ne brûlent pas ton cœur ;
>Le travail entretient ta robuste vigueur.
>Hélas ! sans la santé que m'importe un royaume ?
>On veille dans les cours et tu dors sous le chaume.
>Tu conserves tes sens ; chez toi le doux plaisir
>S'aiguise par la peine et vit par le désir.
>   THOMAS, *ép. au Peuple*

Je dirais volontiers comme Abdolonyme, après qu'Alexandre lui eut fait présent d'un trône : « Tant que je n'ai rien eu, rien ne m'a manqué. » J'ai long-temps cru que la santé était la seule richesse véritable, et je me contentais de la preuve qu'en donne Fontenelle, en observant « que le dernier des valets bien portant ne changerait pas sa condition contre celle d'un empereur dangereusement malade. » Je commence un peu tard à me créer des besoins factices, et pour peu que la nature me donne le temps de me civiliser, j'arriverai, comme le *mondain*, à regarder le superflu comme une chose très nécessaire.

Si l'on n'est pas encore parvenu à me faire honte de l'extrême simplicité de mon ameublement, on m'a déjà persuadé qu'il était nuisible à ma santé (comme si l'on avait une santé à mon âge) de conserver, sous un ciel froid et humide, l'habitude contractée dans un climat brûlant de coucher par terre, sur des nattes et des peaux d'ours. Le médecin de madame de Lorys y voit le principe des douleurs rhumatismales dont je suis tourmenté depuis quelque temps. Je sais bien qu'il ne tiendrait qu'à moi de trouver à mes souffrances une cause plus naturelle, mais il y a des aveux qu'on ne se fait que le plus tard possible, de peur d'être obligé d'en tirer immédiatement la conséquence.

Je me suis donc laissé convaincre que j'avais besoin de meubler convenablement ma cellule pour y vivre bien portant, et qu'un lit, un canapé, des fauteuils, un secrétaire, une commode, en un mot toutes ces superfluités dont je me suis passé si long-temps, m'étaient devenues tout-à-coup indispensables.

La nécessité une fois admise, j'ai voulu du moins que les choses destinées à mon nouvel usage ne contrariassent pas trop mes anciennes habitudes, et, sans égard à la mode, avec laquelle je n'ai plus rien à démêler, j'ai réglé la matière, les formes et les dimensions de mes meubles, que je suis allé commander moi-même. Cette circonstance m'a fait connaître et m'a mis à même d'observer une famille d'artisans; j'ai pensé que le tableau n'en serait pas sans quelque intérêt.

J'avais entendu parler d'un garçon ébéniste très intelligent et chargé de famille; cette double recommandation décida mon choix.

Ce ne fut pas sans beaucoup de peine que je parvins, aidé de la vieille expérience du cocher de fiacre qui me conduisait, à découvrir la demeure de cet homme dans une maison ou plutôt dans une masure au fond de la ruelle du Mûrier, où il occupait, sur le derrière, un rez-de-chaussée de quatre ou cinq pieds plus bas que la cour.

Joseph *Brassart* (c'est le nom de cet artisan) n'était pas chez lui lorsque j'arrivai, et comme je pouvais craindre de n'être pas assez heureux une seconde fois pour retrouver son logis, je me décidai à l'y attendre.

Cette résolution me coûta d'autant moins, qu'au premier coup d'œil j'avais vu le parti que je pouvais tirer de ma situation. Une jeune femme était venue me recevoir dans l'atelier où travaillait en chantant un petit garçon qui avait à peine la force de pousser le rabot qu'il tenait à la main. Après m'avoir assuré que son mari ne tarderait pas à rentrer, elle m'avait invité, avec une simplicité très gracieuse, à passer dans la chambre, où j'attendrais plus commodément.

Cette chambre faisait partie d'une espèce de hangar sous lequel une main industrieuse avait trouvé le secret de fabriquer et de distribuer un logement pour une nombreuse famille. Je doute que la construction des plus beaux palais modernes suppose la moitié autant de talent, de goût, d'imagination qu'on en avait déployé pour établir une habitation saine, commode, j'ai presque dit agréable, dans un emplacement où il avait fallu tout créer, jusqu'à la lumière : c'était par-tout le triomphe de l'adresse et de la patience la plus ingénieuse. Je témoignai hautement ma surprise. « Nous n'avons trouvé ici que la place de quatre murailles (me dit la jeune femme en satisfaisant ma curiosité, à laquelle aucun détail n'échappait); mon mari a construit cette maisonnette dans toutes ses parties; aucun autre ouvrier n'y a mis la main. Il a tout fait dans les heures de repos. — Mais c'est un homme de génie dans son genre que votre époux! et je ne suis étonné que d'une chose, c'est qu'il n'ait pas formé un établissement plus considérable dans un autre quartier. — *Brassart* n'est qu'un simple ouvrier; faute d'ouvrage à domicile, il travaille la plus grande partie du temps chez le *bourgeois*. — Combien gagne-t-il par jour? — Environ six ou sept francs, quand il est à ses pièces.

Mais comme les *bourgeois* savent qu'il n'est pas moins laborieux qu'habile, depuis quelque temps ils semblent s'être donné le mot pour ne le prendre qu'à la journée, et il ne gagne alors que cinquante sous. — Vous avez des enfants : comment une somme aussi modique peut-elle vous suffire? — Le soin du ménage ne prend pas tout mon temps; je brode, je blanchis les schalls, et je puis, de mon côté, gagner encore mes vingt sous par jour. Avec cela, nous vivons, nos enfants s'élèvent; et comme nous nous aimons beaucoup, nous serions heureux si nous étions sûrs de toujours nous bien porter. » (Je ne puis dire à quel point je me plaisais à la conversation de cette femme, dont la figure naturellement douce et agréable prenait, en parlant de ses enfants et de son mari, une expression charmante.)

— Combien avez-vous d'enfants (lui demandai-je en lui faisant compliment sur la jolie petite fille qu'elle nourrissait, et qui dormait sur ses genoux)? — Monsieur, j'en ai quatre, deux garçons et deux filles; l'aînée, qui a onze ans, est allée porter le déjeuner de son père; elle travaille déjà presque aussi bien que moi. Vous avez vu le plus jeune des garçons dans l'atelier; mon mari conduit l'autre tous les matins dans cette nouvelle école primaire, dont je bénis tous les jours l'institution. Il n'y a pas plus de six mois que Charles la fréquente, et déjà il sait lire, écrire, et même un peu compter.

« — Vous avez raison : c'est un très grand bienfait qu'un pareil établissement ; je vous conseille d'en profiter bien vite : les idées utiles naissent dans ce pays ; mais d'ordinaire on les cultive ailleurs. — Combien je regrette que de pareilles écoles n'aient pas été établies quand mon pauvre Joseph était encore enfant ! il eût appris à lire et à écrire, et cet avantage, le seul qui lui manque, aurait fait connaître tous ceux qu'il possède ; il se fût fait un nom dans son état ; il serait aujourd'hui le rival des *Jacob*, des *Thomire :* il est vrai qu'il ne m'eût pas connue, qu'il ne m'eût pas épousée ; cette réflexion adoucit un peu mes regrets. »

La petite fille s'éveilla en souriant à sa mère, qui ne lui fit pas attendre la récompense du plaisir que lui procurait son réveil.

Un moment après Joseph entra, suivi de ses trois enfants ; il embrassa sa femme et sa fille avant de me saluer, et je lui sus bon gré de cette impolitesse. Je lui parlai de l'objet qui m'amenait chez lui, et comme les vieillards sont sujets à reprendre les choses d'un peu loin, je lui fis à peu près l'histoire de ma vie. Toute la famille, rangée autour de moi, m'écoutait avec une extrême attention, et le desir que chacun témoignait de se voir un jour dans la position où je m'étais trouvé chez les sauvages, me fit souvenir que j'avais souvent entretenu mes Caraïbes du bonheur d'un peuple civilisé, sans avoir pu faire naître chez aucun d'eux l'envie de partager un pareil bonheur. Les enfants me pressaient de questions; le père ne se montrait guère moins curieux; mais la mère, prévenant leur importunité avec ce tact naturel aux femmes de toutes les classes, les emmena, et me laissa seul avec son mari.

Je m'expliquai sur l'espèce et la quantité des meubles dont j'avais besoin; et comme j'insistai sur des formes qui pouvaient lui paraître bizarres : « Je vois ce qu'il faut à monsieur, » me dit-il; et prenant un morceau de charbon, il me dessina en quatre traits sur la muraille le modèle de ces différents objets, bien mieux entendus que je n'avais pu les exprimer. Cette facilité de conception, où je remarquais la preuve d'une intelligence qui se restreignait pour ne pas aller au-delà du but qui lui était indiqué; les discours de cet homme, où la pensée bouillonnait, si j'ose m'exprimer ainsi; plusieurs machines de son invention, exécutées en petit, qu'il me fit voir : tout me montrait en lui un de ces génies bruts pris au piége de la société, et dont la vigueur n'a pu briser les entraves. Il me donnait l'idée d'un aigle élevé dans une cage étroite, et dont les efforts s'épuisent contre les barreaux de sa prison. Cette idée que je me faisais de sa position, Joseph me paraissait en avoir le sentiment : j'en concluais qu'il ne pouvait être heureux, et quelques réflexions lui révélèrent ma pensée.

« Il est bien vrai, monsieur (me dit-il presque dans les mêmes termes dont je me sers), que j'ai eu quelque peine à prendre mon parti. Je me suis souvent demandé avec amertume, en voyant prospérer tant de gens qui valaient moins que moi, pourquoi la fortune me traitait avec tant d'injustice. Dans mon dépit j'aurais, je crois, fini par faire quelque coup de ma tête; mais je me suis marié, c'est-à-dire que j'ai épousé le bonheur en personne. Ah! monsieur, si vous connaissiez Rosalie! c'est bien la meilleure créature du monde. Aussi je l'aime!.... et mes enfants!...... Tant il y a, qu'aujourd'hui je ne changerais pas ma condition contre celle du plus grand seigneur. — Avec tant d'imagination, M. Joseph, je suis bien aise de vous trouver tant de raison. — L'imagination est à moi, la raison est à ma femme; nous les avons mises en commun. Rosalie, qui sait lire, apprend à sa fille les fables de La Fontaine, et je fais mon profit de l'avis qu'il me donne:

> Travaillez, prenez de la peine,
> C'est le fonds qui manque le moins.

Je ne suis pourtant pas sans inquiétude : je songe quelquefois que le pain de ma famille est au bout de mes doigts, et qu'une maladie de quelques jours peut nous réduire à la misère, mais je m'étourdis, à coups de maillet, sur ces tristes réflexions; le travail du corps délivre des peines de l'esprit. Voilà le bonheur du pauvre. — Ne craignez rien, mon cher Joseph, la santé manque rarement à l'homme sage et laborieux; un philosophe envers qui la fortune a été plus juste qu'envers vous, et qu'elle a pris dans la classe des artisans pour l'offrir en spectacle et en modèle à la terre, *le bon homme Richard*, a dit et prouvé, par son exemple, *que l'oisiveté ressemble à la rouille; qu'elle use plus que le travail.* Cette habitude d'exercer ses facultés physiques éloigne les douleurs du corps ou conduit à les vaincre, et la récompense de cette victoire est presque toujours le mépris de la mort.

« La misère n'est point à craindre pour vous; mais vous avez le droit et les moyens d'atteindre à l'aisance; votre qualité d'époux et de père vous fait un devoir d'y prétendre. Dans tout état il y a une ambition louable qui consiste à étendre sa sphère sans en sortir. Travaillez pour votre compte. — Il faut pour cela de l'ouvrage et des avances; pour avoir de l'ouvrage, il faut être connu; pour avoir des avances, il faut dépenser moins qu'on ne gagne, et je n'en suis pas là. — Il n'y a, dit-on, que le premier pas qui coûte; je puis vous aider à le faire. J'ai vu mettre en vogue tant de sots et de charlatans en tout genre! peut-être avec un peu plus de peine pourrait-on parvenir à faire connaître un homme utile. Je veux l'essayer; les avances dont vous auriez besoin à combien pourraient-elles se monter? —

Avec une centaine de louis je serais sûr de commencer et de soutenir un bon établissement de menuisier-ébéniste.—Je connais le propriétaire d'un château que les alliés ont occupé pendant quelques mois : il a besoin d'être meublé à neuf ; je me charge de vous en faire avoir la fourniture, qui vous sera payée d'avance. Venez me voir demain matin. »

N° XXXIX. [11 AVRIL 1816.]

UNE RÉPÉTITION
AU GRAND OPÉRA.

> .... . *Licet hic considere: non est*
> *Cantandum, res vera agitur.*
> JUVÉN., sat IV.
>
> Arrêtons-nous ici : ce n'est point de la fiction,
> c'est de la réalité même qu'il s'agit

Après avoir achevé ma vie d'homme chez les sauvages, j'en recommence une nouvelle dans la société, où je suis le plus vieux des enfants. J'en ai les défauts, j'ose même dire les qualités; pour en avoir les plaisirs, il me reste un peu trop de mémoire; mais j'ai trouvé le moyen de la mettre en défaut: je commence par jouir des objets à l'insu de mes souvenirs, et je n'invoque mon expérience qu'après avoir satisfait ma curiosité.

Je suis lié avec trois hommes de caractères très différents: le philosophe André, espèce de gymnosophiste qui vit dans le monde idéal qu'il s'est créé, et dont il a d'excellentes raisons pour ne pas sortir; l'encyclopédiste Binôme, l'homme au contraire le plus *positif* qui soit sur le globe, soumettant tout au calcul, et préférant le bien au mal, par la seule raison que la ligne droite est la plus courte pour arriver d'un point à un autre; enfin, M. Walker, qui *se promène dans la vie* (pour parler le langage à la mode), et qui paraît y avoir pris pour devise : *Glissons, n'appuyons pas*. Je vois ces trois messieurs alternativement; je raisonne avec le premier, je m'instruis avec le second, et je m'amuse avec le troisième. Celui-ci me fait faire un cours de spectacle. Il m'avait conduit la semaine dernière chez le célèbre ventriloque M. Comte. Si je fus étonné d'entendre un homme parler du ventre, je ne le fus pas moins d'en voir un autre, ce Jacques de Falaise, qui fait une ménagerie de son estomac, où il engloutit tout vivants des oiseaux, des souris et des serpents, qu'il va tuer ensuite au fond de leur prison avec l'épée des jongleurs indiens, qu'il se plonge dans la gorge jusqu'à la poignée. Jacques de Falaise peut se faire passer pour le père de Gargantua; personne ne lui contestera le nom de *Grandgousier*.

Nous avions achevé notre soirée au spectacle uranographique de M. Charles Rouy, lequel, au moyen d'un mécanisme fort ingénieux, met en action le système du monde, en développe les mouvements et en démontre les lois. M. Walker, que cette leçon d'astronomie n'amusait pas du tout, prétendait me prouver qu'on avait beaucoup exagéré le mérite de la création, et qu'après tout il ne voyait là qu'une horloge qui n'allait pas très bien. Je ne me croyais pas obligé de répondre sérieusement à des objections où il mettait plus de ce que les Anglais appellent *humour* que de bon sens et de bonne foi, et je me contentais de lui demander s'il connaissait quelque chose de plus étonnant. « On voit bien, me dit-il, que vous n'avez pas assisté à une répétition d'opéra; c'est là que l'on peut dire : *Mens agitat molem;* c'est là qu'on voit tout ce que l'on peut faire avec de la matière et du mouvement; qu'on apprend de quelles petites causes naissent de grands effets; qu'on voit l'ordre sortir du désordre même; qu'on observe à-la-fois le jeu des machines et des passions, et qu'on se dit en sortant, pour peu qu'on soit enclin à faire des jeux de mots et de la morale : Voyez pourtant à quoi tient *la gloire!*

« Il y a des choses, ajouta-t-il, dont on ne s'étonne pas assez, parcequ'on n'en connaît que les résultats, et qu'on ignore combien de ressorts il a fallu mettre en mouvement pour les produire. Telle est, à mes yeux du moins, la première exécution d'un grand opéra : depuis que j'ai vu s'accomplir cette œuvre merveilleuse, que j'ai vu se débrouiller les éléments hétérogènes dont elle se compose; en un mot, depuis que j'ai vu une répétition d'opéra, je me range à l'opinion des mythologues, qui font le chaos père des dieux, et je conçois qu'on ait donné le nom d'*opéra* (d'ouvrages) à cette parodie de la création.... »

Après un quart d'heure d'entretien sur ce grave sujet, nous convînmes d'aller le lendemain ensemble voir la répétition de l'opéra nouveau.

Lorsque nous arrivâmes, il n'y avait encore sur le théâtre que le machiniste, le décorateur, l'auteur du poëme, et le maître des ballets, occupés à essayer la principale décoration, que l'on mettait pour la première fois en place. Le décorateur n'était frappé que de l'effet isolé qu'elle devait produire : le machiniste de la difficulté qu'il voyait à *la servir ;* le maître de ballet du peu d'espace qu'elle laissait à la danse ; et l'auteur, qui faisait semblant de n'y voir que le cadre de son tableau, s'applaudissait en secret d'éblouir, par l'éclat de la bordure, les yeux des spectateurs, dont il n'était pas aussi sûr d'intéresser l'esprit. A la manière dont il s'exprimait, on pouvait s'apercevoir qu'il était du nombre de ces poëtes-décorateurs qui veulent faire de l'Opéra le paradis des sourds.

Insensiblement tout le monde arriva, et la foule des chanteurs, des danseurs, des musiciens, des comparses, remplit le théâtre. Quelle cohue ! quelle confusion ! Les uns parlent, les autres chantent ; ceux-ci dansent, et à force de ronds de jambe se font un cercle autour d'eux. Je circule de groupe en groupe en prêtant l'oreille; dans les uns on parle de la pièce nouvelle comme en parleront le surlendemain les journaux. « C'est un enchanteur, dit-on ici : une musique délicieuse, des ballets charmants; quel dommage que l'action soit aussi nulle, et les vers aussi plats!—La pièce est excellente, dit-on plus loin; les vers sont pleins de charme et de mélodie; mais, bon Dieu! quelle musique! du bruit, du fracas, des réminiscences, et pas un motif! »

« Voilà deux avis bien différents, disais-je à M. Walker : lequel croire?

« —Probablement la dernière moitié de chacun, me répondit-il; mais nous *verrons bien*. »

Nous sortîmes de la foule, et nous nous mîmes à parcourir les coulisses. Ici les groupes étaient moins pressés, à mesure qu'on s'éloignait du tourbillon, les conversations devenaient plus intimes, et les interlocuteurs moins nombreux; on remarquait la même dégradation dans le ton des voix et dans le ton des lumières : là où l'on voyait le moins clair, on parlait le plus bas.

Ce vaste tableau, dont il était impossible de saisir l'ensemble, se composait d'une foule d'épisodes sans rapport, sans liaison; tout était incohérent, bizarre, décousu, mais non pas entièrement dénué de cette grace, de ce charme inhérent au lieu même. J'avais à peine le temps d'arrêter un regard sur les images fugitives qui passaient sous mes yeux. Mon attention se portait-elle sur cette grande danseuse qui, la main appuyée contre une coulisse, écoutait, en élevant la jambe au niveau de son épaule, un petit jeune homme en besicles, qui se baissait pour lui parler; une réflexion morale se présentait-elle à mon esprit en remarquant

> Cette tige sans fleur, caduque en son printemps,
> Expirant de vieillesseà l'âge de vingt ans,

j'en étais aussitôt distrait par une observation d'un autre genre. Un de ces vétérans de la fatuité qui ont vieilli dans les balcons de l'Opéra, et qui ont vu se succéder quatre ou cinq générations de danseuses, avait bien de la peine à suivre, même des yeux, une petite fille de quinze ou seize ans dont il portait le schall, et qui voltigeait autour de lui comme une hirondelle autour d'un vieux saule.

A quelques pas de là, une autre prêtresse de Terpsychore souriait modestement à un grand homme mince, décoré d'ordres étrangers, et lui disait, en terminant en attitude une pirouette à la Gosselin : « Baron, je ne promets rien, il faut que j'en parle à ma tante.—Comment! vous avez une tante? demandait celui-ci. — Je le crois bien, répondit en passant un petit danseur en veste blanche; elle a même une mère dans les grandes occasions. »

M. Walker me fit successivement connaître par

leur nom les principaux sujets, que je ne connaissais encore que par leurs talents. Les anecdotes plus ou moins gaies, plus ou moins singulières, dont il égaya cette nomenclature, sont du ressort de la biographie.

Il était près de huit heures, on commença par répéter l'ouverture, et nous allâmes prendre place au parterre. Le compositeur, auprès de la rampe, battait la mesure de la tête et des gestes; rien de plus curieux à observer que sa figure, où se répétaient d'une manière très comique toutes ses intentions musicales : elle prenait tour-à-tour, et suivant le mouvement de l'orchestre, un caractère gracieux, tendre, enjoué, martial ou terrible; une note fausse, un son hasardé qu'il saisissait dans ce chaos d'instruments, lui faisait faire une grimace qui dégénérait en convulsion pour peu que la dissonance se renouvelât. On s'interrompait à tout moment pour marquer les fautes qui se trouvaient dans les parties, pour recommencer un passage qui allait plus mal à mesure qu'il était plus répété; les musiciens s'impatientaient, le chef d'orchestre ne se reconnaissait plus au milieu des renvois dont la partition était surchargée; enfin, l'ouverture achevée, on pouvait croire que dix répétitions semblables ne suffiraient pas pour en assurer l'exécution.

La pièce commença : l'auteur du poème, qui était connu de Walker, vint s'asseoir près de lui, et nous pria de vouloir bien prêter quelque attention à l'ouvrage, pour lui en dire ensuite notre avis. La tâche n'était pas facile, comme on va voir. L'exposition se faisait entre deux personnages dont l'un, la cravache à la main, débitait son récitatif en pirouettant sur le talon et en faisant des mines à une petite personne assise à l'orchestre; l'autre entremêlait sa déclamation notée des ordres qu'il donnait au tailleur pour son costume. On interrompit l'ouvrage, dès la seconde scène, pour attendre la *princesse*, qui manqua son entrée d'un grand quart d'heure; le compositeur eut la hardiesse de lui témoigner quelque mécontentement : elle prit de l'humeur, passa tous ses airs, et chanta si bas dans les duo, dans les morceaux d'ensemble, qu'elle fit perdre le ton et manquer la *réplique* à tous ceux qui se trouvaient en scène avec elle.

Dans une espèce de monologue auquel le poète attachait beaucoup d'importance, il interrompit l'acteur pour lui faire observer qu'il estropiait ses vers et qu'il ne les faisait pas assez entendre : celui-ci lui répondit « qu'il n'était point ici question de vers, et qu'on entendait toujours assez les siens..... »

Le second acte se terminait par un pas de ballet qu'il était d'autant plus nécessaire de répéter, qu'il faisait partie de l'action; mais *Vénus*, qui devait figurer, venait d'envoyer prévenir qu'une entorse l'empêchait de quitter Cythère; les *Graces* disparurent.

Les *Jeux* et les *Ris* auraient bien voulu suivre leurs traces; mais le maître des ballets, armé de sa grosse canne dont il frappait les planches à coups redoublés, en rassemble aussitôt les nombreux essaims. Comment imaginer que ces hommes en redingotes, ces femmes emmitouflées, qui paraissent se mouvoir en cadence avec tant de peine et d'ennui au bruit si peu harmonieux du bâton ferré qui les guide; comment s'imaginer, dis-je, que ces mêmes personnages, transformés le lendemain en zéphyrs, en nymphes légères, enchanteront l'esprit, éblouiront les yeux par la légèreté de leurs pas, par la grace et l'abandon de leurs mouvements? Peut-on se figurer que ces esquisses grossières deviennent tout-à-coup des tableaux ravissants?

Le troisième acte, qui fut chanté par les *doubles*, finit sans que j'eusse pu deviner le sujet de l'ouvrage, malgré le soin que prenait l'auteur de déclamer trop haut les vers que l'acteur chantait trop bas. « Eh bien! monsieur, franchement (me dit alors le moderne Quinault), que pensez-vous de la pièce? — Que le sujet peut en être intéressant et bien choisi; qu'il y a peut-être de beaux vers, de belle musique, des ballets charmants; mais, s'il faut vous dire toute la vérité, je n'ai rien compris à l'action, car je n'ai pas entendu vingt vers; je ne puis juger ni de la musique, dont on n'a pas exécuté cent mesures de suite, ni des ballets, dont je n'ai vu que les masses.... — C'est la première fois que l'Ermite vient à une répétition, reprit M. Walker; il s'est perdu dans ce labyrinthe; moi, qui en tient le fil, je crois pouvoir vous prédire un très beau succès. Les décorations sont charmantes, on y exécute des vols prodigieux; les premiers sujets figurent dans la danse, et je sais de bonne part que les tuniques de ces dames ne passeront pas le genou : il y a là de quoi faire courir Paris pendant trois mois. Après cela, si vous m'en croyez, coupez beaucoup dans le premier acte; dans le second, arrivez le plus vite possible au ballet, et souvenez-vous que le troisième ne doit servir qu'à préparer le divertissement final. » L'auteur nous quitta, très rassuré sur son ouvrage; et moi je me demandai (s'il était vrai que le goût et l'opinion de M. Walker sur l'Opéra fussent en effet le goût et l'opinion du jour) ce qu'était devenu ce théâtre,

> Où les beaux vers, la danse, la musique,
> De cent plaisirs font un plaisir unique.

N° XL. [18 AVRIL 1816.]

TUER LE TEMPS.

> .... *Hominum genus incassùm frustràque laborat*
> *Semper, et in curis consumit manibus œvum :*
> *Nimirum quià non cognovit quis sit habendi*
> *Finis, et omnino quod crescat vera voluptas.*
>
> LUCRÈCE, liv. V.
>
> L'homme s'agite incessamment, sans objet et sans but ; toute sa vie se passe en vaines inquiétudes, parcequ'il ne sait point mettre de bornes à ses desirs, et qu'il ne s'arrête pas aux véritables jouissances.

Il y a dans la langue une locution devenue proverbiale à force d'avoir été employée, qui ne m'en paraît pas moins avoir le double inconvénient d'exprimer une idée fausse par une image ridicule. Je n'entends parler que de *tuer le temps;* c'est un meurtre que beaucoup de gens méditent, mais que personne n'exécute, et, dans ce complot d'une espèce toute particulière, la victime finit toujours par être l'assassin.

Le temps est une hydre dont les têtes innombrables renaissent sous la massue d'Hercule ; ou, pour me servir d'une comparaison plus juste, que je ne suis pas sûr d'avoir trouvé le premier, le temps ressemble à cette plante animale que l'on nomme *polype* : coupez-la en autant de morceaux qu'il vous plaira, chaque partie n'en sera pas moins un tout, et le corps principal n'en restera pas moins complet. Il en est de même du temps : vous en ôtez des jours, des mois, des années ; de nouveaux jours, de nouveaux mois, de nouvelles années reparaissent, et le temps n'a rien perdu. Relativement à l'homme, le temps est immortel. N'établissons donc pas de lutte avec cet athlète invulnérable : au lieu de le perdre, en cherchant à le tuer, pourquoi ne pas s'en faire un ami ? Pourquoi ne pas le mettre de moitié dans nos projets et dans nos espérances ? Ce n'est jamais à l'homme laborieux et occupé que le temps déclare la guerre ; il craindrait d'acheter trop cher la victoire : c'est contre l'homme oisif et dissipé que l'indolence et le luxe ont mis hors d'état de se défendre, qu'il dirige constamment ses attaques.

S'il est une chose bien prouvée au monde, c'est que l'homme est né pour agir : le sort vous a-t-il placé au-dessus des besoins et des travaux journaliers auxquels la nature assujettit l'espèce humaine, cultivez votre ame, éclairez votre esprit, créez-vous de nobles occupations, employez le temps à vous rendre meilleur, et conséquemment plus heureux ; vous ne vous plaindrez plus qu'il vous opprime ;

vous en sentirez le prix, et ne lui reprocherez plus que la rapidité de sa course.

Le temps n'est jamais neutre: s'il n'est pour nous un ami utile, il devient un ennemi redoutable; dans ce cas même, disons-nous bien que c'est un ennemi avec lequel il faut vivre, puisqu'on ne lui échappe que par la mort.....

J'en étais là de mes réflexions sur ce grave sujet, lorsqu'un M. de Gréville, que je n'avais pas revu depuis le dîner que nous avons fait ensemble dans une *Pension Bourgeoise* [1], entra chez moi malgré la précaution que j'avais prise de faire fermer ma porte. Sa visite, dans un moment où je m'étais arrangé pour être seul, ne m'était rien moins qu'agréable; et comme je m'aperçus qu'elle était sans but et sans motif, je crus y mettre un terme en répétant avec affectation que j'étais pressé par le travail, et que je n'avais pas une minute à perdre. « Vous êtes bien heureux, me dit-il; moi, j'ai, de fondation, cinq ou six heures dans la journée au service du premier venu. —Vous ne faites pas valoir vos présents.—Non, ma foi; je donne les choses pour ce qu'elles valent.—Et moi, pour ce qu'elles coûtent: je ne livre aucun de mes moments sans en recevoir la valeur. — Raison de plus pour en avoir de reste. — Mais non pas pour les perdre, répondis-je un peu brusquement et en

---

[1] Voyez le n° xx du volume Ier, page 216.

trempant ma plume dans mon écritoire comme si j'eusse voulu continuer à écrire.—Je vous devine, mon cher Ermite, reprit M. de Créville en souriant; mais j'entends mieux vos intérêts que vous-même : l'impatience que je vous cause en ce moment, et que vous manifestez d'une manière un peu caraïbe, trouvera sa place dans votre *discours*, dont je lis le titre en gros caractères sur la feuille de papier placée devant vous: c'est un petit épisode dont vous pourrez tirer parti. »

La finesse de cette observation me fit sourire à mon tour, et je vis que je pouvais gagner le temps que cet aimable désœuvré venait perdre avec moi.

« Je vous préviens en ami, me dit-il, qu'il n'est pas un de vos lecteurs qui ne sache, comme moi, tout ce que vous pouvez dire de beau, de vrai, et d'utile sur la perte du temps. C'est une question bien simple que la morale embrouille. Il y a deux manières d'employer le temps: travailler, et s'amuser; il n'y en a qu'une de le perdre, c'est de s'ennuyer. On travaille quand il le faut; on s'amuse quand on peut; mais on s'ennuie par tempérament, par caractère: c'est un vice de conformation. Travaillez, vous dit-on, amusez-vous; vous ne vous ennuierez pas; c'est comme si l'on me disait: portez-vous bien, vous ne serez pas malade. Je m'ennuie, justement parceque je ne puis ni souffrir le travail, ni trouver le plaisir; je tue le temps; parceque je ne sais qu'en faire. — Ce ne sont point les conséquences, c'est le principe de votre raisonnement que j'attaque; l'ennui n'est point un vice de conformation: c'est une maladie de l'ame, née du dégoût et de la satiété des plaisirs. On en peut guérir, comme de toute espèce de réplétion, par l'abstinence. Vous avez fort bien dit qu'il n'y avait que deux moyens d'employer le temps, le travail et le plaisir; mais j'ai bien peur que vous ne restreigniez la valeur de ces deux mots au travail des mains et aux plaisirs des sens. En partant de cette acception, peut-être auriez-vous raison de dire que l'ennui qui naît de leur privation est incurable; mais le cœur et l'esprit ont leurs occupations, leurs voluptés, qui se renouvellent, qui se modifient avec l'âge, et qui assignent une valeur positive à chacune des minutes de la vie. Je ne nie point que l'ennui ne soit un mal, un mal très réel; mais je pense qu'on peut en guérir sans avoir recours au suicide, et c'en est un véritable que de tuer le temps, quoi que vous en puissiez dire. — Je sais que les médecins consultés par M. le duc de Brancas-Lauragais, pour mademoiselle Arnoult, ont autrefois déclaré qu'on pouvait faire périr quelqu'un d'ennui; mais ils n'ont pas dit qu'on en mourût soi-même. D'après leur décision, par exemple, ma visite pourrait fort bien mettre votre vie en danger; mais je suis si sûr de ne m'en porter que mieux, que je la prolongerais volontiers, au risque de tout ce qui pourrait en résulter pour vous. Ne vous effrayez pourtant pas, ajouta-t-il en se levant, je vais porter mon ennui à des gens qui sont en fonds pour me le rendre, et chez lesquels je vous inviterais à m'accompagner, si vous étiez plus curieux de recueillir des faits que d'aligner des sentences. — Je vous prends au mot, lui répondis-je, à condition que vous ne m'attraperez pas une seconde fois, en m'annonçant de l'ennui et en ne me procurant que du plaisir. — Venez, venez; si vous vous amusez cette fois, ce ne sera pas ma faute. »

Je sortis avec M. de Gréville; nous montâmes dans son cabriolet, et il me conduisit au haut de la rue Blanche, chez un de ses amis, dont il eut beaucoup de peine à se rappeler le nom. « Vous allez voir, me dit-il, un homme qui n'a rien à faire, rien à dire, rien à penser dans ce monde, et qui s'acquitte de tout cela à merveille. » Nous traversâmes la cour et le vestibule, et nous trouvâmes dans le jardin, au milieu d'un vaste parterre, un petit homme de quatre pieds et demi, debout, assis sur un tabouret, une loupe à la main, et s'occupant à contempler des œillets et des tulipes. Après les premiers compliments, je félicitai M. Despolières (j'avais appris son nom) sur le goût qu'il paraissait avoir pour la botanique. « Je ne me mêle pas de botanique, me dit-il ; je m'amuse à regarder ces fleurs, que j'ai fait venir de Hollande à grands frais. On m'assure que j'en ai la passion, et je les admire avec mon jardinier pendant deux ou trois heures tous les matins: *c'est toujours autant de pris sur la journée.* »

Pour me tenir en haleine, je hasardai sur l'emploi du temps quelques réflexions que mon homme écoutait, ou plutôt n'écoutait pas, en regardant alternativement ses fleurs et sa montre. Une cloche se fit entendre. « Grace au ciel, il est onze heures, dit-il en se levant, je vais déjeûner. — Le grand air vous a donné de l'appétit, à ce qu'il me semble? lui demanda Gréville. — Non reprit-il, je n'ai jamais faim; mais je me mets à table quatre fois par jour; j'y reste long temps, et *c'est autant de pris sur la journée.* »

M. Despolières avait assez pris sur la mienne; nous le laissâmes déjeûner seul, et nous nous rendîmes chez un M. Labaume, dont le caractère et la conduite mériteraient un article à part. C'est un homme qui a perdu le premier quart d'heure de sa vie, et qui passe le reste à courir après. De tous les verbes de la langue, il ne sait conjuguer que le futur, et son existence est un long projet. « Vous me prévenez, dit-il à Gréville; j'aurais été vous voir dans la semaine pour en avoir le plaisir d'abord, et puis pour vous parler d'une affaire importante. — Je suis flatté de vous avoir évité la peine de passer chez moi; l'Ermite, que j'ai l'honneur de vous présenter, est un homme sans façon, il va prendre un livre, tandis que nous causerons ensemble...... »

M. Labaume se hâta de me tranquilliser sur la crainte que je témoignais d'être importun.

« C'est moi, dit-il, qui ai des excuses à vous faire; j'allais sortir, messieurs, lorsque vous êtes entrés; on m'attend dans une maison où je devrais être depuis une heure...... — Nous ne vous arrêtons pas, reprit Gréville. — Il m'en coûte d'autant plus de vous quitter, continua le maître de la maison en faisant vingt fois le tour de sa chambre d'un air affairé, que je ne trouverai certainement plus la personne chez laquelle je cours en toute hâte, et qu'elle sera cause que je manquerai ma journée tout entière. Je ne connais rien de pis que ces gens exacts qui ont toujours l'œil sur l'horloge, et qui comptent le temps pour quelque chose. — C'est qu'ils s'imaginent peut-être, lui répondis-je, que la vie en est faite? — Convenons d'un jour pour nous revoir, lui dit en sortant Gréville. — Oui, sans doute, nous en conviendrons, » reprit-il en lui serrant la main, et il nous quitta.

« Voilà un homme qu'on n'accusera pas de tuer le temps, dis-je à mon conducteur en remontant en voiture, il ne saurait où le prendre. — Il ne sait pas même s'il existe; on en peut juger à l'étonnement qu'il témoigne chaque fois qu'il est forcé d'en reconnaître les traces. Aura-t-il remarqué un rosier chargé de fleurs, il sera tout surpris, trois semaines après, de les revoir fanées. Dernièrement, je me trouvais chez lui au moment où il revoyait, après une absence de dix-huit ans, un neveu qu'il avait quitté au berceau; peu s'en fallut qu'il ne refusât de le reconnaître : il ne concevait pas qu'un enfant pût devenir un homme.

En discourant sur cet original, nous arrivâmes chez une dame de Breffort, cousine de M. de Gréville. Il était près d'une heure. Elle était encore au lit. On nous fit entrer. Je voulus excuser l'inconvenance de ma visite. « Gréville a très bien fait de vous amener chez moi, me dit-elle; je l'en avais prié. Votre livre m'a fait passer quelques heures, et c'est un service que je n'oublie jamais. Le temps est si long, qu'on doit savoir gré à qui nous en débarrasse... — Sans doute, répondis-je, lorsqu'on n'a ni mari, ni enfants.... — Comment, ni mari, ni enfants?.... J'ai de tout cela, monsieur, autant qu'on en peut avoir. — Dans ce cas, j'aurais pensé qu'au milieu des soins et des plaisirs d'une grande famille les jours devaient être pour vous bien faciles à remplir. — Mon mari a ses affaires; je ne le vois presque jamais. Les enfants ont une gouvernante, des maîtres de toute espèce; je n'épargne rien pour leur éducation; je les aime beaucoup; mais tout cela est bientôt fait; et sans les romans, le jeu, la médisance et les marchandes de modes, je ne sais vraiment pas, avec nos cent mille livres de rente, à quoi nous autres pauvres femmes nous pourrions passer nos journées. — Vous avez bien encore quelques autres ressources? — Lesquelles, s'il vous plaît? — Voulez-vous me permettre, madame, de vous répondre par des vers assez peu connus qui me viennent en mémoire? — S'ils sont bons, je serai sûre qu'ils ne sont pas nouveaux.

« — Observer l'effet d'un pompon
Et méconnaître un caractère,
Applaudir un joli sermon,
Et réformer le ministère,
Rire d'un projet salutaire,
Et s'occuper d'une chanson,
Immoler les mœurs aux manières,
Et le bon sens à des bons mots;
Dire gravement des misères,
Et plaisanter sur des fléaux;
Siffler l'air simple d'un héros,
Et chérir des têtes légères;
Se flétrir dans la volupté,
S'ennuyer d'un air de gaieté,
N'avoir de l'esprit qu'en saillie;
Paraître poli par fierté,
Perfide par galanterie;
Médire par oisiveté,
Quelquefois par méchanceté,
Plus souvent par coquetterie;

Quitter Cléon par fantaisie,
Aimer un duc par vanité,
Un jeune fat par jalousie :
Tel est ce monde tant vanté ;
Telle est la bonne compagnie. »

....Le temps me presse, et l'espace me manque : peut-être trouverai-je dans un autre discours l'occasion de reprendre mon entretien avec cette dame, et de passer en revue les différentes manières de *tuer le temps* à Paris, dans le grand monde, où s'ourdissent contre lui les plus vastes et les plus vaines conspirations.

N° XLI. [2 mai 1816]

L'HOMME INSUPPORTABLE.

> Avec des talents, de l'esprit et des vertus, on se rend insupportable dans la société par des défauts légers, mais qui se font sentir à tout moment.
> VOLTAIRE

Comme j'entrais hier, vers deux heures, chez madame de Lorys, elle disait à son portier, qu'elle avait fait monter: « Ne vous avais-je pas dit, Martinet, de mettre sur la liste des personnes que je ne reçois pas le matin M. de Volsange? — Pardonnez-moi, madame. — Il est monté cependant. — Ce n'est pas ma faute. Je lui ai dit, comme de raison, que madame n'était pas au logis. Propos de suisse, m'a-t-il répondu sans s'arrêter; on y est toujours pour moi. — Allez, Martinet; une autre fois il vous croira. — Quel est, dis-je à madame de Lorys, ce M. de Volsange que vous consignez si inhumainement? — C'est un homme de qualité, plein d'esprit, de talent, et, qui plus est, de vertus. — C'est donc pour ne pas humilier les autres que vous éloignez celui-ci? — Non; c'est qu'il a un défaut qui détruit toutes ses bonnes qualités : il est insupportable. — Avec des vertus, des talents, et de l'esprit! Dans toute autre bouche que la vôtre, madame, un pareil reproche ne ferait pas la satire de celui à qui il s'adresse. — Dans l'espèce de solitude où vous avez vécu, mon cher Ermite, vous vous êtes occupé à peser les hommes un à un; vous ne cherchez en eux qu'une valeur intrinsèque, et vous faites peut-être trop peu de cas de ce qu'on peut appeler *leur valeur relative*. Tout sauvage que vous avez été, ou peut-être parceque vous l'avez été, vous convenez de bonne foi que l'homme, né avec le germe des qualités sociales, ne peut trouver que dans l'état de société tout le bonheur dont sa condition est susceptible. La nature n'y conserve de ses droits que ceux qui peuvent se mettre en commun et s'accorder avec les devoirs que la société impose. Vous voulez être heureux, je veux l'être aussi; nous le voulons tous, et cette volonté commune nous rend insupportable celui que nous trouvons toujours armé, fût-ce même de ses vertus, contre notre amour-propre et nos plaisirs. — Voilà, madame, une définition de l'homme *insupportable* qui figurerait à merveille dans un chapitre de Condillac, mais d'après laquelle, en juge impartial, j'hésiterais encore s'il fallait prononcer entre lui et ses accusateurs, toujours en supposant que vous ne fussiez pas du nombre. — Un portrait fidèle vous ramènera plus sûrement à notre avis qu'une discussion métaphysique, où vous auriez sur moi trop d'avantage.

« M. de Volsange, que la nature semble avoir mis tout exprès au monde pour y être incommode, trouve dans ses avantages mêmes un moyen de remplir sa destination. Sa taille, démesurément grande, rapetisse tout ce qui l'entoure; et il serait plus facile à une femme de se pendre à son bras que de s'y appuyer. Ses traits ne manquent ni de régularité, ni de noblesse; mais chacun est si invariablement attaché à la place qu'il occupe dans sa figure, que la joie ou les chagrins des autres n'y produisent jamais la plus légère altération. Il vous suit des yeux, et jamais de la pensée; c'est un portrait qui vous regarde sans vous voir. Loin qu'on puisse lui reprocher d'être fier du beau nom qu'il porte, il a pour maxime habituelle que « tout homme est fils de ses œuvres; » il répète à qui veut l'entendre qu'il est plus glorieux du moindre talent qu'il s'est donné que de la naissance qu'il a reçue. Ce texte éminemment philosophique, qu'il brode à tout propos, et principalement en présence de ceux qui sont plus personnellement intéressés à défendre la seule prérogative qu'ils possèdent, n'est certainement pas fait pour lui concilier leur bienveillance; aussi disent-ils, avec quelque raison, qu'il a au plus haut degré l'orgueil de n'être pas orgueilleux.

« A cet égard sa modestie est telle, qu'il n'a pas dédaigné, après la mort de sa première femme, de rendre hommage aux attraits et aux vertus de sa femme de chambre; et comme celle-ci a eu la sagesse ou la prudence de ne point écouter les offres un peu moins honorables qu'il avait d'abord hasardées, il a cru devoir épouser cette Paméla, pour que sa vertu ne restât pas sans récompense.

« L'ostentation avec laquelle il a bravé un de ces préjugés utiles, dont l'oubli total aurait pour la société de si funestes conséquences, l'a mis dans une position tout-à-fait fausse dans le grand monde où il tient à vivre: il a fait de vains efforts pour y présenter sa femme, et j'ai tout lieu de croire que ce dédain, dont il aurait dû la venger, a fini par influer sur leur bonheur domestique.

« Il y a deux manières de se rendre insupportable: par des défauts qui tiennent au caractère; par des inconvénients qui résultent des habitudes. Volsange les réunit: par suite de ce même orgueil ou de cette même modestie dont je parlais tout-à-l'heure, il veut toujours traiter d'égal à égal avec ses supérieurs comme avec ses inférieurs; ce qui lui donne, auprès des uns et des autres, une attitude à-la-fois gênante et gênée, dont on cherche, en l'évitant, à lui épargner la fatigue.

« La sincérité est sans doute une aimable vertu: Volsange a trouvé le moyen d'en faire quelque chose de pire qu'un vice. Sans méchanceté, sans impolitesse, il est aux petits soins pour dire à chacun ce qui peut lui déplaire davantage. Se trouve-t-il avec une femme assez belle encore pour faire illusion sur son âge, il emploiera tout ce qu'il a d'esprit à la consoler sur l'apparition d'un cheveu blanc qu'il aura découvert sur sa tête; à lui rappeler une époque éloignée qui équivaut à un extrait de baptême. La dernière fois que nous nous trouvâmes ensemble chez ma nièce, où il dînait avec un académicien élu de la veille, et très heureux de l'être, il n'eut point de cesse qu'il ne lui eût prouvé, le plus honnêtement du monde, et jusqu'à l'évidence, que les honneurs académiques étaient presque toujours le partage de ceux qui les méritent le moins. Il croirait flatter les vices, ou adopter les erreurs de ceux à qui il parle, s'il ne leur en faisait, au moins indirectement, le reproche. Incapable de perdre l'occasion de dire ce qu'il croit la vérité, il ne sera jamais arrêté par la crainte de blesser un ami ou de se faire un ennemi mortel. Sans mesure dans l'éloge comme dans la critique, et toujours d'aussi bonne foi, il louera un homme en face de manière à le faire rougir, et le déclarera sans rival en présence de tous ses rivaux.

« S'il arrive que l'on qualifie d'*insociabilité* cette franchise désobligeante, il ne manque pas de répondre qu'il la préfère au commerce de faussetés que s'imposent les uns, et au silence stupide dans lequel se renferment les autres. Ce serait en vain qu'on essaierait de lui prouver qu'il y a, entre ces différents excès, un terme moyen ; que l'indulgence réciproque fait partie des devoirs relatifs des hommes en société; qu'il faut y savoir capituler avec l'ignorance, la sottise et l'amour-propre, comme avec un ennemi supérieur en nombre ; il se tairait alors, et son silence ne serait pas moins désobligeant que ses paroles.

« Un des travers les plus insupportables de Volsange, c'est de croire qu'il n'y a de jolies femmes que celles à qui il a fait la cour, et d'événements importants que ceux dans lesquels il a figuré. Sa liaison avec madame de *** et ses *motions* à l'assemblée constituante, dont il était membre, sont les sujets intarissables de sa conversation. Il y revient sans cesse, et, à quelque distance que vous le rejetiez, au moyen d'une douzaine de transitions qu'il s'est faites, il se replace bientôt sur son terrain. On lui pardonnerait peut-être ce monopole de la conversation, qu'il n'exerce pas sans talent, s'il y employait des formes plus variées et moins tranchantes: mais il pérore d'un ton magistral; au lieu de vous dire une chose toute simple, il vous la *déclare si solennellement,* qu'il vous donne toujours l'envie d'être d'un autre avis que le sien, lors même que cet avis est le vôtre. Consent-il à vous faire une question, vous croyez pouvoir répondre; mais il vous arrête à chaque mot pour en avoir l'explication, et triomphe de l'impatience qu'il vous cause. Si quelqu'un, à table, profitant de l'extinction de voix auquel il est heureusement sujet, parvient à fixer, par quelque récit intéressant, l'attention de la compagnie, il trouvera vingt moyens de la détourner, en parlant bas à ses voisins, en offrant à tous les convives, l'un après l'autre, un mets qu'il a devant lui et dont personne ne veut; il incidentera sur des noms propres, sur des dates, ou déjouera le narrateur en émoussant le trait de son discours, ou en annonçant d'avance le dénouement de l'aventure qu'il raconte.

« Les défauts essentiels du caractère de M. de Volsange ne contribuent cependant pas autant à le rendre insupportable qu'une foule de petits inconvénients qu'il apporte dans le commerce de la vie habituelle, et dont chacun a sa part. Demandez à *Cécile* pourquoi elle ne le peut souffrir; elle vous dira qu'il vient toujours la prier à danser, et qu'il brouille toutes les contredanses, dont il ne sait pas une figure. Vrai fléau de concert, il ne manque jamais de saisir le moment où l'oreille est le plus agréablement captivée pour ouvrir une porte, ou pour se promener dans le salon, en faisant crier le parquet sous ses pas. Vous avez consenti à lui donner une place dans votre loge, au théâtre; attendez-vous à ne pouvoir rien écouter. Une scène vous intéresse; il vous prouve qu'elle n'a pas le sens commun. Talma vous fait frissonner, mademoiselle Mars vous enchante, madame Branchu vous ravit; il vous cite Le Kain, mademoiselle Contat, madame Saint-Huberti. L'émotion de la jeune personne près de laquelle il est assis va jusqu'aux larmes; il s'occupe à détruire cette douce illusion, et la fait rougir de son attendrissement, en se moquant de l'objet qui l'excite. Pendant tout le temps du spectacle il vous bourdonne à l'oreille les vers que l'on va dire, ou fredonne dans un autre ton l'air que l'on chante.

« Volsange est, à tous égards, un homme de bonne compagnie; néanmoins il a contracté des habitudes que l'on y réprouve avec raison. Il affecte de parler une langue étrangère devant des femmes qui ne l'entendent point. A table, il pérore en gesticulant, la cuiller ou la fourchette à la main, et il est rare qu'il ne laisse pas quelques traces de son discours sur les habits des personnes près desquelles il se trouve. Je connais quelques femmes qui l'ont pris dans une véritable aversion, parcequ'il prend du tabac en mangeant, et qu'il nettoie ses dents avec la pointe de son couteau.

« En faisant beaucoup de bien, M. de Volsange a trouvé le secret d'être insupportable à ceux même qu'il oblige, et, plus d'une fois, de ranger les bons cœurs du côté de l'ingratitude. La publicité qu'il donne à vos besoins est toujours la condition du service qu'il vous rend, et dont rien ne peut vous acquitter; il n'admet ni compensation ni prescription pour la reconnaissance qu'il vous impose : à tout prendre, il vaut beaucoup mieux être son débiteur que son obligé.

« — Voilà en effet, madame, le portrait d'un homme bien incommode, et je conçois l'éloignement qu'il vous inspire. Mais je viens rarement chez vous sans y trouver un M. *de Nevilette,* généralement connu pour un homme d'un commerce très peu sûr, d'un esprit dangereux, d'un cœur profondément corrompu, à qui l'on reproche, entre autres peccadilles, d'avoir tué son meilleur ami en duel; d'avoir rendu très malheureuse une femme charmante; d'avoir trahi lâchement son bienfaiteur: sa gaieté, que l'on vante, n'est au fond qu'un persiflage continuel, et le bon ton qu'il professe ne peut vous faire illusion sur ses vices. Cependant *Nevilette* est reçu, et Volsange est éconduit! — C'est que l'un n'est que méchant, et que l'autre est insupportable. »

N° XLII. [9 mai 1816.]

LES NOIRCEURS.

Habent insidias hominis blanditiæ mali
               Phed., fab. XXI.

Les caresses des méchants couvrent toujours quelque perfidie

Les trois quarts des hommes ne pensent pas, et les deux tiers du reste pensent par procuration, et règlent leurs opinions sur le préjugé de l'époque, ou sur le caprice du jour: cette triste vérité est plus sensible à Paris que par-tout ailleurs: il y existe une toise commune à laquelle on mesure tous les objets: il ne s'agit pas de savoir si telle chose est bonne ou mauvaise, si telle action est juste ou injuste, si tel écrit est utile ou dangereux, si tel homme est honnête ou méchant; la chose, l'action, l'écrit, l'homme, est-il ou n'est-il pas reçu? Voilà ce dont on s'informe, et sur quoi se fondent les réputations dans tous les genres.

Rien de plus rare dans cette ville que de trouver un homme qui ait un caractère, une volonté, un jugement à lui, dont la conduite soit le résultat des principes qu'il s'est faits, dont les discours soient le fruit de ses propres réflexions : cette paresse ou ce défaut de réflexion qui décide tant de gens à se servir d'opinions et même de phrases toutes faites, est un des travers de l'espèce parisienne, sur lequel nous nous égayons le plus volontiers dans nos conférences du jeudi chez madame de Lorys. Ce jour-là, cette dame réunit à la campagne quelques uns de ses amis, qu'elle appelle *ses philosophes*; la porte est close pour tous les profanes; la matinée se passe le plus souvent en promenades instructives, auxquelles préside notre encyclopédiste en qualité de professeur d'agronomie et de botanique; le soir, tandis que la dame châtelaine fait de la tapisserie, nous agitons quelque question de politique, de littérature, ou de morale.

Jeudi dernier, nous avions remis sur le tapis ce M. de Nevilette dont il a été question à propos de M. de Volsange[1], et Walker, dont il est un peu parent, nous le livrait de la meilleure grace du monde. « C'est un homme, nous disait-il, qui se vante, comme Rulhière, de n'avoir fait qu'une *noirceur* dans sa vie, et auquel on peut adresser la question qu'on faisait à ce dernier : Quand finira-t-elle ? — Ce mot de *noirceur*, interrompis-je, est un de

---

[1] Voyez le numéro précédent, *l'Homme insupportable*.

ceux qui revient le plus souvent dans le langage du monde, et dont la signification ne présente pas encore à mon esprit une idée bien nette. A l'emploi le plus ordinaire qu'on en fait, à la manière dont les femmes sur-tout le prononcent, je suis quelquefois tenté de croire qu'il n'exprime qu'une espièglerie, un tour d'adresse, un amusement de société; mais vous m'obligez à lui chercher une tout autre signification, en l'appliquant aux méfaits d'un pareil homme. — Il ne s'agit que de lui rendre toute sa force étymologique, continua le philosophe André, et vous verrez, pour peu que Walker veuille nous citer quelques exemples à l'appui de sa définition, que ce mot peint assez bien l'ame du personnage. —J'en suis fâché, reprit Walker, pour certaine proposition que l'Ermite nous a souvent avancée comme un axiome de morale, mais Nevilette, avec beaucoup d'esprit, est aussi méchant qu'un sot, et, ce qui est encore plus affligeant à dire, il a réussi dans le monde sans la moindre hypocrisie, en faisant une guerre ouverte à la vertu, et en tirant vanité des triomphes qu'il a remportés sur elle.

« Je ne l'ai perdu de vue dans aucune situation de sa vie, depuis le collége, où nous avons été ensemble, jusque dans la retraite mondaine où il vit aujourd'hui, et je puis attester qu'il s'est constamment signalé par des noirceurs qui ne lui ont pas valu moins de succès qu'elles ne lui ont attiré de haines. Je vous citerai à ce sujet quelques unes des anecdotes qui reviennent à ma mémoire.

« Au collège de Navarre, où nous avons fait ensemble nos études, il avait toujours soin de se lier avec le plus fort de sa classe, qui lui faisait ou lui corrigeait ses devoirs; il s'assurait ainsi, sans travailler, la seconde ou la troisième place dans les compositions hebdomadaires; ce n'était là qu'une ruse innocente; il trouva l'occasion d'en faire une véritable noirceur : un premier prix au concours général, à l'université, était pour l'écolier qui le remportait une source d'honneurs, et quelquefois un commencement de fortune. Nevilette, qui n'y voyait qu'un premier moyen de faire parler de lui, se mit en tête non de le mériter, mais de l'obtenir. Parvenu en troisième, il avait pour *ami de cœur* un jeune boursier, nommé Mala, dont la supériorité en version latine était si généralement reconnue, que personne ne doutait qu'il n'obtînt le premier prix d'emblée. Mala concourut pour deux; mais, en servant son ami, il ne voulait pas, comme on peut croire, nuire à ses propres intérêts, et dans cette lutte contre lui-même il s'était ménagé l'avantage. Nevilette, par une perfidie dans les détails de laquelle il serait fastidieux d'entrer, trouva moyen, en prenant connaissance de la copie de Mala, d'y glisser d'un trait de plume quelques fautes grossières qui lui assurèrent le prix sur son trop généreux rival. Il raconte de la manière du monde la plus plaisante ce qu'il appelle la *déconvenue du boursier*.

« En sortant du collège, il entra sous-lieutenant dans un régiment de cavalerie, où il fut nommé capitaine trois mois après *par rang d'ancienneté*. Ce fut encore à son industrie qu'il fut redevable de cet avancement rapide. La révolution était commencée, et l'esprit d'insubordination se manifestait parmi les troupes ; le régiment auquel Nevilette appartenait était en garnison dans une place frontière du Nord; les officiers réunis, dans un repas de corps, délibérèrent sur la question qui partageait alors la noblesse : Prendra-t-on le parti d'émigrer ? restera-t-on sous les drapeaux ? Les avis n'étaient rien moins qu'unanimes; Nevilette prit la parole, et, quoiqu'un des plus jeunes, il parla en faveur de l'émigration avec tant de chaleur, avec une éloquence si chevaleresque, qu'il décida la résolution que l'on prit de partir le lendemain matin aux portes ouvrantes. On s'était donné rendez-vous au premier village au-delà de la frontière; tout le monde s'y trouva, excepté Nevilette, qui crut devoir rester pour instruire le commandant de la place d'une désertion qui lui valut une compagnie.

« Peu d'aventures galantes ont fait plus de bruit que sa liaison avec madame de Valménil. Elle sortait à peine de l'enfance lorsqu'il en devint amoureux : le peu d'estime que la famille de cette jeune personne avait pour lui ne l'empêcha pas de la demander en mariage : « Je ne viens pas, dit-il cavalièrement au père, vous demander le cœur de mademoiselle votre fille, dont elle a bien voulu payer ma tendresse; mais puisque vous disposez légalement de sa main, j'ose croire que vous m'en trouverez digne. » Le père se contenta de lui répondre qu'en vertu de ce droit paternel qu'il voulait bien reconnaître, sa fille était promise à M. de Valménil, qui devait l'épouser dans deux jours, « Un honneur différé n'est pas un honneur perdu (reprit Nevilette d'un air ricaneur) : j'aurai, n'en doutez pas, l'honneur d'être votre gendre. » La jeune personne épousa le chef d'escadron Valménil, lequel, six mois après, à son grand regret, fut nommé à un régiment destiné à faire partie de l'expédition de Saint-Domingue : il fut tué dans cette campagne désastreuse, et sa veuve n'attendit pas la fin de son deuil pour acquitter la promesse que son amant avait faite à son père; elle devint la femme de Nevilette. Quand vous voudrez, messieurs, il vous racontera lui-même quels ressorts il a fait jouer pour arriver à son but en procurant à son rival un avancement dont il avait très habilement calculé les chances. Je ne répéterai pas avec tout Paris qu'il a fait mourir de chagrin une épouse charmante, dont le seul tort, bien cruellement expié, était d'avoir conçu pour un pareil homme une passion fatale, qu'elle a payée de sa réputation, de son bonheur et de sa vie.

« Nevilette a joué, pendant quelque temps, un rôle à la cour; et dans ce pays, où les noirceurs sont si communes, il a trouvé le secret d'étonner les plus habiles. Comme toutes ces aventures sont encore *palpitantes de l'intérêt du moment,* et que d'ailleurs il ne suffit pas d'un fil pour se conduire dans un pareil labyrinthe, je n'y suivrai pas ce nouveau Thésée, qui s'est lancé depuis dans la carrière des lettres.

« A toute autre époque, le défaut d'instruction lui en eût interdit l'entrée; mais avec quelque chose qui ressemble à de l'esprit, avec une mémoire perfide et un fonds inépuisable de méchanceté, il pouvait prétendre comme un autre aux honneurs du pamphlet, et à la gloire de la dénonciation anonyme. Nevilette débuta par un coup de maître, en publiant, sous le nom d'un absent, une biographie de personnages vivants, dans laquelle figurent de la manière la plus *plaisante* (pour me servir de ses expressions) des hommes d'une conduite irréprochable, du mérite et du talent le plus généralement reconnus; des femmes dignes de la plus haute estime. Les articles les *plus gais* sont consacrés à ses connaissances, à ses amis et à ses parents. Mais comme cette *noirceur* passait un peu les bornes qu'on y met, il a pris la sage précaution (pour dérouter ceux qui ne le connaissent pas) de se montrer blessé lui-même au milieu des gens qu'il immole.

« —Voilà, je vous l'avoue, un abominable homme! reprit l'ami Binôme; mais il n'a pas le privilége exclusif des *noirceurs*, et je pourrais vous citer à mon tour telles personnes que vous accueillez avec distinction, et qui, sur ce point, ne seraient pas de beaucoup en reste avec lui; entre autres (sans vous les nommer autrement que par leurs actions) cette coquette à-peu-près surannée qui vient de faire épouser sa fille à son amant invalide; ce grand seigneur, notre voisin de campagne, qui a jadis emprunté une si forte somme à cet honnête bourgeois auquel il nie aujourd'hui sa dette, pour donner *à ces petites gens* une leçon dont il est à craindre qu'ils ne profitent trop bien; cet homme, au maintien si doux, qui s'est cru obligé, en conscience, de trahir le secret d'un ami pour obtenir sa place; cet honnête neveu, qui se donne tant de peine pour faire interdire une tante qui lui servit de mère, et de la fortune de laquelle il veut hériter de son vivant; cet honnête écrivain qui loue emphatiquement son maître et son bienfaiteur dans un journal où il travaille sous son nom, et qui le déchire et le dénonce dans une autre feuille où il fait insérer ses articles anonymes...

« — Maintenant, dis-je à ces messieurs, je sais à quoi m'en tenir sur la véritable signification du mot *noirceur*, et je vois que sous ce titre on peut faire l'histoire de tous les vices qui déshonorent l'espéce humaine. — Voire même, ajouta le philosophe André, celle de tous les crimes exécutés avec ces formes polies, avec ces précautions délicates, qui les soustraient à l'examen des tribunaux et à la justice des lois. »

N° XLIII. [16 mai 1816.]

LA MÈRE RADIG.

His nam plebecula gaudet.
Ce lieu est le rendez-vous de la populace.

En embrassant d'un coup d'œil l'ensemble physique et moral de cette grande ville, on serait tenté de croire qu'il est le résultat d'une gageure entre quelques uns de ces génies cabalistiques qui présidaient, dit-on, à la formation des cités, et dont l'un aurait fait le pari de réunir, dans une enceinte de sept lieues, toutes les incohérences, toutes les contradictions, tous les extrêmes, en bien et en mal. Les objets n'y sont point réunis, ils n'y sont qu'entassés. Les matières les plus précieuses et les plus viles, les formes les plus élégantes et les plus abjectes, les vices les plus odieux, les vertus les plus pures, les excès de la civilisation et de la barbarie, tout est là pêle-mêle, et pourtant rien ne se confond, par cela même peut-être que rien ne se convient. Cette remarque suffirait aux yeux de mes lecteurs pour justifier les fréquentes disparates qu'ils peuvent trouver dans mes discours. Je vais par sauts et par bonds, parceque je cours sur un terrain inégal, dont la nature et l'aspect changent à chaque pas. J'étais à l'instant dans le vallon, me voilà sur la hauteur : j'ai encore un pied dans un parterre, que l'autre est déja dans un bourbier. Mon album à la main, je vais esquissant tout ce qui s'offre à ma vue, sans m'embarrasser de mettre plus d'ordre dans les copies que je n'en trouve dans les modèles.

Je n'ai point été, la semaine dernière, à la campagne : je voulais jouir, à Paris, du spectacle de la *fin du monde,* qu'on nous avait annoncée pour jeudi sans remise. Comme cette représentation n'a pas eu lieu, je dois, avant de passer outre, tenir note de l'annonce qui en avait été faite sur la foi de quelques astrologues allemands. Ces messieurs, après avoir braqué sur le soleil la grande lorgnette d'*Herschel,* avaient découvert sur son disque lumineux une nouvelle tache trois cents fois plus grande que la terre, en nombre rond. Bien que, depuis longtemps, on sache à peu près à quoi s'en tenir sur ces *macules,* qui ne sont rien autre chose que des exhalaisons solaires qui finissent par se dissoudre et par retourner au soleil, dont elles émanent; que, par compensation des *macules,* on ait depuis découvert des *facules,* autre espèce de taches plus brillantes que le corps même du soleil; malgré tout cela, dis-je, la nouvelle tache observée, augmentée et commentée, ne jeta pas moins l'alarme parmi ce troupeau de bipèdes qui craint pour son étable au moment d'entrer à la boucherie. Cette fois, on oublia de s'en prendre à *saint Médard*, et on mit sur le compte de la tache solaire les pluies continuelles, les débordements de rivière et autres petits fléaux que l'on prenait pour les avant-coureurs de la grande catastrophe. J'attendais l'événement avec un sang-froid dont il ne faut pourtant pas faire trop d'honneur à ma philosophie : à mon âge, on joue sur le velours ; on ne risque plus que la vie des autres.

Le fatal 18 juillet est passé ; le monde n'est pas encore fini, les choses reprennent leur train accoutumé : l'ambitieux se tourmente, le jeune homme s'agite, le vieillard projette, et moi j'observe.

Quand *Zaméo* (qui venait me demander s'il fallait mettre le cheval à la cariole) apprit que nous n'irions pas cette semaine à la campagne, et que nous passerions pour la première fois un dimanche à Paris, je m'aperçus que cette nouvelle lui causait une joie très vive. Je voulus en connaître la cause. « Maître Paul, me dit-il, c'est que nous avons fait la partie, avec mademoiselle *Françoise*, d'aller, un de ces jours, chez la mère *Radig*, et qu'elle aura bien plus de plaisir si je puis l'y mener dimanche. » J'entendais parler pour la première fois de la mère Radig et de mademoiselle Françoise. Je fis à Zaméo quelques questions sur ces deux dames ; j'appris que l'une (qu'il ne connaissait encore que de réputation) était une cabaretière de la Villette, et que l'autre était une petite frangère de Ménil-Montant, avec laquelle mon jokey sauvage s'était apprivoisé depuis quelques mois, à mon insu. Je me souvins d'avoir vu le nom de cette mère Radig cité dans les journaux, d'avoir entendu chanter dans les rues une ronde en son honneur. Je pris des informations auprès de mon ami Walker. Le portrait qu'il me fit de cette femme, la colère que lui causait l'odieuse célébrité du repaire qu'elle habite, excitèrent ma curiosité au lieu de l'éteindre, et quelque chose qu'il pût me dire pour m'en détourner, je voulus voir, par mes yeux, des objets pour lesquels il témoignait tant d'aversion. Je connaissais la délicatesse ou plutôt l'excessive susceptibilité de son goût, et j'avais eu plus d'une occasion de m'assurer qu'il en faisait trop souvent la règle de ses répugnances.

Pour laisser à Zaméo la disposition entière de sa soirée, j'avais été dîner seul dans une des caves du Palais-Royal (repaire d'un autre genre, où je me propose de conduire un jour mes lecteurs), et j'étais parvenu, en me promenant entre deux averses, jusqu'à la barrière de la Villette, où, sans autre information, je suivis la foule qui se grossissait à mesure que nous approchions du cabaret de la mère Radig, dont le nom volait de bouche en bouche escorté des plus étranges épithètes.

Quelque préparé que je fusse par les descriptions de Walker au spectacle qui m'attendait, j'étais aussi loin d'en soupçonner la turpitude que je le suis d'en pouvoir donner l'idée.

La partie du faubourg de la Villette la plus voisine de Paris n'est guère composée que de guinguettes, d'auberges, de cabarets, tous plus ou moins remarquables, à l'extérieur, par un air de propreté et même d'élégance. Une seule masure, du plus misérable aspect, interrompt, du côté du canal, une file de maisons bien bâties. C'est là que nous nous arrêtâmes, devant l'enseigne de *la Providence,* que l'on a substituée à celle dont le dégoûtant emblême avait du moins le mérite d'une application très convenable.

Après avoir franchi le rempart de fange dont ce bouge est environné, j'entrai dans une première salle, ou plutôt dans un premier cloaque, où cinquante personnes assises, et cent autres debout, s'agitaient, juraient, hurlaient au milieu d'une atmosphère infecte, dont une épaisse fumée de tabac était le plus agréable correctif.

J'aurais voulu m'en tenir à ce premier coup d'œil; mais, outre qu'il n'était plus en mon pouvoir de rétrograder, je ne pouvais oublier le but et l'objet principal de ma visite, vers lequel j'étais d'ailleurs emporté malgré moi par le flot de canaille dont j'étais obligé de suivre la direction.

J'arrive enfin dans ce qu'on appelle le *jardin,* c'est-à-dire dans un bourbier, aux deux côtés duquel sont dressées des tables de bois pourri qui ne peuvent contenir la dixième partie des buveurs qui se pressent autour. C'est à l'extrémité de cette cour, sous un dais formé de vieilles tapisseries, que siége, entre deux tonneaux, l'idole de ce temple impur, digne en tout point de ses adorateurs et du culte qu'ils lui rendent. Pour se faire une idée de l'état de dégradation où peut arriver la nature humaine, il faut avoir vu la mère Radig, coiffée d'un sale bonnet de coton, le regard allumé de vin et d'impudence, la poitrine débraillée, les bras nus, distribuant à droite, à gauche, et tout à-la-fois, du vin, des injures et des soufflets; il faut avoir entendu les sons rauques de cette voix qui n'appartient à aucun sexe, et dont les expressions n'appartiennent à aucune langue; il faut avoir eu le courage d'observer quelques instants les commençaux d'une pareille maison, pour lesquels il faudrait créer les mots de *lie du peuple,* si l'usage ne les avait déja consacrés. En m'en servant pour désigner particulièrement une espèce d'hommes et de femmes, rebut des dernières classes de la société, dont la plupart, sans aucun moyen avoué d'existence, passent leur vie dans la plus crapuleuse débauche, je ne crains pas que l'on m'accuse de vouloir jeter le mépris sur cette multitude d'honnêtes artisans qui viennent, après une semaine d'utiles travaux, chercher, même en ce lieu, un délassement dont on leur pardonne d'abuser quelquefois.

Je poursuivais le cours de mes observations, lorsque la mère Radig, m'avisant à quelques pas d'elle, m'offrit un des pots qu'elle venait de remplir. Je refusai le plus poliment qu'il me fut possible: « Eh! dis donc, vieux roquentin, cria-t-elle, si tu ne veux pas boire, que viens-tu faire ici? — Vous voir, répondis-je en riant. — Me prends-tu pour une bête curieuse? » répliqua-t-elle. En même temps elle me jeta à la figure le vin qu'elle m'avait offert. Son mouvement fut plus prompt que mesuré : la libation faite en mon honneur tomba tout entière sur un charbonnier qui, sans tenir compte à la dame de son intention, l'apostropha si vivement, qu'à un échange d'injures, succéda, presque aussitôt, un échange de coups de poing, du voisinage desquels je jugeai à propos de me retirer. La lutte fut moins longue que violente ; on fit cercle autour des athlètes, et l'on monta sur les tables pour jouir d'un combat dont l'honneur resta tout entier à la mère Radig. Je n'assistai point à son triomphe, où j'aurais craint de jouer un rôle, et je me retirai dans la grande salle que l'on appelle le *Pavillon de Flore*. Boileau a beau dire qu'il n'est point

.... De monstre odieux,
Qui, par l'art imité, ne puisse plaire aux yeux,

je craindrais, quelque soin que j'apportasse à ménager la délicatesse de mes lecteurs, de leur faire partager le dégoût qu'inspire un pareil lieu, en essayant de leur en retracer l'image. Il leur suffira de savoir que le Pavillon de Flore de la mère Radig est, au physique et au moral, la sentine immonde de tous les genres d'impuretés. Je ne fus pas étonné de n'y pas rencontrer *Zaméo;* il est encore trop sauvage pour se plaire au sein de la corruption.

Un homme à figure humaine (qui me paraissait observer ce lieu d'un autre œil que moi), et à qui je demandai, en le lui dépeignant, s'il n'avait pas vu mon Caraïbe, m'apprit qu'il y était entré, mais qu'il en était presque aussitôt sorti en témoignant, ainsi que sa jeune compagne, par des gestes très expressifs, combien ils se trouvaient déplacés en pareille compagnie.

En continuant à causer avec le voisin, que je fus étonné de trouver si bien instruit, j'achevai d'apprendre l'ignoble histoire de la mère Radig et de son cabaret, sans pouvoir y trouver le moindre prétexte à la vogue honteuse dont ils jouissent. Elle est telle, cependant, qu'il se débite dans ce taudis trois ou quatre mille bouteilles de vin par jour, et que les cabaretiers de la Villette ont offert une somme considérable à cette femme pour la déterminer à quitter leur voisinage. La phrase proverbiale : *Il y a du monde jusque sur les toits*, est ici rigoureusement exacte ; on a vu quelquefois, le dimanche, des tables dressées sur le toit de la maison, et l'on s'y disputait les places.

Je m'en retournai, tout honteux de ce que j'avais vu ; et la comparaison que je faisais de cette mère Radig avec Ramponeau, chez lequel j'avais été dans ma jeunesse, était tout entière en faveur de ce dernier. La figure de ce cabaretier de la Courtille avait quelque chose de si grotesque, de si jovial, que les arts s'en étaient emparés : on le retrouvait par-tout à califourchon sur le tonneau qui lui servait d'enseigne. Tel était le plaisir qu'on trouvait à le voir, qu'un certain *Gaudon*, célèbre joueur de marionnettes de ce temps-là, lui proposa douze francs par jour, pour le montrer pendant trois mois sur son théâtre : l'engagement fut signé ; et le refus que fit Ramponeau de le remplir devint la matière d'un procès où figurèrent deux des célèbres avocats de l'époque, *Beaumont* et *Coqueley*.

Ramponeau habitait un caveau, mais un caveau propre, décoré, autant qu'il m'en souvient, d'une manière assez pittoresque, au moyen d'une treille en peinture qui tapissait les murailles.

Ramponeau faisait honneur à la liqueur qu'il débitait, mais il avait soin de ne se griser que le soir ; la mère Radig est dans un état d'ivresse continuelle. S'il est vrai que le spectacle hideux d'une femme en cet état attire chez elle la foule, qu'il devrait en éloigner, ne serait-il pas du droit et du devoir de l'autorité de faire cesser un scandale dont le moindre mal est un outrage journalier à la pudeur et à la morale publique?

N° XLIV. [23 mai 1816.]

LES IMITATEURS.

O imitatores, servum pecus!
Hor.

Pauvres imitateurs! sot bétail!

L'imitation (me disait M. André en revenant du bois de Boulogne, où nous avions rencontré un de ses amis qui conduisait, en cocher, sa propre voiture), l'imitation est toujours borgne et boiteuse : borgne, parcequ'elle ne peut apercevoir toutes les qualités de son modèle; boiteuse, parcequ'elle cloche en le suivant. Si ce gros Langler, que nous venons de voir perché sur le siège de sa berline ouverte, avait en effet la passion des chevaux, s'il trouvait quelque plaisir *à guider un char dans la carrière*, ou qu'il excellât dans l'art des Automédon, je lui pardonnerais de se donner en spectacle, et, le fouet à la main, de disputer le pas à tous les cochers de fiacre de Paris; mais quand je songe que ses goûts, ses inclinations, ne sont pour rien dans cette fantaisie, qui ne l'amuse pas du tout; à laquelle il ne se livre que par esprit d'imitation, et pour se mettre à la suite de quelques *gentlemen drivers*, je ne puis me défendre d'un mouvement de pitié auquel j'ai beaucoup de peine à ne pas donner l'expression du mépris. »

Ce bon M. André est l'ennemi le plus irréconciliable du grand troupeau des imitateurs, et quand on le met sur ce chapitre, on lui fait dire des choses qu'on trouve peut-être d'autant plus étranges, qu'elles sont plus raisonnables. *Cela ne ressemble à rien; cela ressemble à tout*: telle est pour lui, en politique, en morale, en littérature, la forme habituelle de l'éloge le plus complet ou de la critique la plus amère des hommes aussi bien que des choses. Je n'ai pas voulu perdre l'occasion de connaître à ce sujet sa pensée tout entière, et je me suis contenté, en termes de coulisses, de lui donner la *réplique* de toutes ses *tirades*.

« On peut, lui dis-je, abuser de l'imitation comme on abuse de la science, de l'esprit, de la vertu même; mais puisqu'elle n'est, après tout, que la traduction des préceptes en exemples, si les premiers sont bien choisis, je ne vois pas comment les autres seraient nuisibles? — Voilà ce que c'est, répondit-il, d'adopter ou de fabriquer des définitions qui éblouissent au premier coup-d'œil, et qui n'ont que l'inconvénient de ne rien définir: imiter, selon vous, c'est *traduire les préceptes en exemples;* je serai plus précis, plus clair, et je crois plus exact en disant qu'*imiter c'est contrefaire.* Je ne vois sur la terre qu'un peuple de singes dont les plus grands s'appellent la race humaine, et qui ne diffèrent des autres que par la gravité de leurs gambades. La nature a fait de l'instinct la raison des animaux; privés de l'intelligence qui prévoit, du jugement qui compare, de la réflexion qui choisit, ils obéissent machinalement à ce besoin d'imitation, au développement duquel se borne toute leur perfectibilité. Mais l'homme qui a reçu du ciel la faculté d'acquérir des idées, de les retenir, de les combiner entre elles; l'homme, à qui seul l'imagination a été donnée, devrait trouver dans ce sens intérieur une source intarissable d'originalité. Avec trois traits principaux, dont se compose la face humaine, la nature a trouvé le moyen de donner une physionomie particulière à chaque individu : comment se fait-il que les innombrables combinaisons de l'imagination et de la mémoire ne produisent, à très peu d'exceptions près, que des caractères, des esprits, des talents qui se ressemblent d'un bout de la terre à l'autre? — C'est que partout une éducation semblable doit avoir à peu près les mêmes résultats, et qu'on ne peut, quoi que vous en puissiez dire, apprendre qu'en imitant; si ce n'est pas chez l'homme un instinct animal, c'est du moins un penchant naturel qui s'annonce dès l'enfance. Se fait-il une mission dans un village, tous les enfants suivent la procession; y arrive-t-il un régiment, tous font l'exercice. — Cette disposition est sans doute la première qu'il faut cultiver; la mémoire précède l'imagination, mais les idées connues, dont cette première faculté s'empare, ne sont que des engrais; on veut y trouver des semences. Je m'explique, en suivant la même comparaison : l'esprit humain est un vaste domaine que l'éducation cultive; mais ce domaine, si varié de situations, d'aspects, renferme une foule de germes differents, qui exigeraient des soins particuliers pour arriver à un parfait développement, à une entière maturité; mais sans égard au genre, à l'espèce, aux circonstances locales, on en soumet la culture aux procédés d'une même routine, d'où l'on n'obtient, en dernier résultat, que des terres labourées sans fruit, qu'il aurait autant et peut-être mieux valu laisser en friche. Notre France est un des pays où ce vice de l'éducation, que j'appelle *imitative,* est le plus pernicieux, par la raison que c'est peut-être celui dont les habitants sont doués de plus d'imagination.

« Je ne connais rien de plus impertinent, je le dis tout net, que vos éducations d'université; je regarde ces colléges, où deux cent mille enfants sont enfermés pendant dix ans de leur vie, pour apprendre une langue morte dont les quatre-vingt-dix-neuf centièmes ne feront jamais le moindre usage, ne tireront jamais le moindre profit, comme ces châssis de verre sous lesquels on étouffe des milliers de plantes pour en faire végéter quelques-unes. Mais cette question importante de l'éducation publique nous éloigne de notre sujet; j'y reviens en jetant un coup d'œil sur l'état de notre littérature, si cruellement affaissée sous le poids de l'imitation.

« Ce n'est certainement pas la faute de la nature; nulle part elle n'a été plus féconde en esprits originaux: depuis Rabelais jusqu'à Le Sage, depuis Corneille jusqu'à Vadé, depuis Bossuet jusqu'à Scarron, quelle prodigieuse variété de talents, de formes, de styles (sans compter le Protée littéraire, qui les rassemble tous)! D'où vient donc l'insipide uniformité dont nous nous plaignons aujourd'hui? De ce que tout le monde imite, et que personne n'imagine; de ce que chacun veut être un autre au lieu d'être soi-même. Nos littérateurs, sans cesse occupés à modeler leur esprit sur celui des autres, ressemblent à ces sauvages qui pétrissent la tête de leurs enfants nouveau-nés, pour leur donner une forme convenue, sans s'embarrasser s'ils gênent ou déplacent leur cervelle. — Dans les arts, au moins dans ceux dont le but est l'imitation de la nature, vous ne nierez pas que la perfection ne consiste à en approcher le plus près possible. — Pardonnez-moi, je vous nierai tout cela: les arts doivent chercher dans la nature les types et non pas les modèles de ce beau idéal dont l'imagination est la véritable source. Vous imiteriez à s'y méprendre le chant de tous les oiseaux du monde, que vous ne feriez jamais qu'une détestable musique; et quelque habile sculpteur que vous puissiez être, vous feriez *poser* l'un après l'autre les plus beaux hommes, tous les *Dorcet* de l'Europe, que, sans le génie qui l'a conçu, vous ne reproduiriez pas un *Apollon du Belvédère*.

« Les gens qui conviennent le plus franchement de cette vérité en tirent une singulière conséquence. Le beau idéal, disent-ils, est l'objet des arts; les anciens ont quelquefois rencontré ce beau idéal, donc il faut imiter les anciens; et moi, je dis: Étudiez-les, et ne les imitez pas, sous peine de rester constamment au-dessous d'eux. L'antique! l'antique! répète-t-on sans cesse; l'*Antinoüs* est antique, donc l'Antinoüs est plus beau que le *Cyparis*, qui est moderne; ce qui équivaut à redire qu'Homère est plus beau que Virgile de deux mille ans. — Ce n'est pas faute de moyens pour vous combattre que j'abandonne successivement toutes mes positions; c'est afin de vous amener sur le champ de bataille dont j'ai le mieux étudié le terrain, et nous y voici: que l'imitation soit un écueil en fait d'éducation, d'arts, de littérature, c'est un paradoxe que l'on peut soutenir comme beaucoup d'autres, et à l'appui duquel il est plus facile de trouver des raisons que des preuves; mais, en fait de société politique, vous voudrez bien convenir que là où les principes sont invariables, les lois établies, les droits reconnus et les devoirs réciproques, il ne peut y avoir de véritables originaux que les méchants. — Je pourrais rétorquer le sophisme en soutenant que là où tout est prescrit, excepté la vertu, qui ne saurait se prescrire, il ne peut y avoir de véritables originaux que les gens vertueux; mais cela nous jetterait dans les distinctions métaphysiques des lois positives et naturelles, du bien et du mal essentiel ou relatif, dont nous ne sortirions jamais; je n'examine les inconvénients de l'imitation que dans leurs rapports avec les mœurs générales; dans ce sens, je l'appelle la mode, et je l'envisage comme un masque dont le moindre inconvénient est de donner à tout un peuple la même figure, ou, si vous l'aimez mieux, de lui ôter toute physionomie. *Il faut faire comme les autres; il faut dire comme les autres:* grace à cette maxime de la mode, je ne vois, je n'entends que des gens que j'ai vus, que j'ai entendus par-tout: je cherche des caractères, je ne rencontre que des portraits; je demande des médailles, et je ne trouve que de la monnaie courante.

« La mode et la routine ne sont occupées dans ce monde qu'à gâter l'œuvre de la nature; à force de *repeints* (pour me servir du terme technique), elles parviennent à faire de misérables copies des meilleurs originaux. Vous douteriez-vous, en voyant ce M. de Mérival, si fier, si gourmé, si personnel, que la nature en avait fait un homme gai, loyal, franc jusqu'à la rudesse, et serviable jusqu'à l'importunité? Il a fallu qu'il travaillât long-temps pour défigurer ainsi son caractère; mais on lui a tant répété qu'il *faut faire comme tout le monde,* c'est-à-dire comme les gens avec lesquels on vit, qu'il ne reconnaît plus ses amis, pour peu qu'ils soient malheureux; qu'il ne répond plus aux questions que vous lui faites, sur quoi que ce soit, que par le mot d'ordre qu'il va prendre dans l'antichambre de son patron; et que, par respect pour ses aïeux, il laisse mourir de faim ses parents.

« Je ne sais pas jusqu'à quel point la nature avait eu tort, en créant madame Dufenil, d'en faire un démon de coquetterie, de légèreté; de lui donner beaucoup d'esprit et de lui refuser le sens commun; mais je sais bien qu'avec son maudit caractère, tel que la nature le lui avait fait, elle était du moins amusante, si elle n'était pas estimable; qu'elle avait des mouvements de bonté, des lueurs de raison : aujourd'hui madame Dufenil, pour être ce qu'elle appelle aussi *comme tout le monde,* veut faire à toute force du sentiment et de la politique; parcequ'elle a conservé le nom de son mari, en changeant quinze ou vingt fois d'amants, elle déclame avec fureur contre le divorce; elle vient de faire le voyage de Suisse pour assister aux conférences mystiques de madame Krudener, et se propose d'ouvrir bientôt à Paris un cours de *martinisme* à l'usage des intrigantes de haut parage... »

L'arrivée inattendue de cette dame interrompit notre entretien, et pourra nous fournir l'occasion de le reprendre.

N° XLV. [30 mai 1816.]

LE DIMANCHE A PARIS.

*Quippe etiam festis quædam exercere diebus
Fas et jura sinunt*

VIRG., *Géorg*, liv. I.

Il est des délassements et des occupations que la religion et les lois autorisent également aux jours de fête.

Comme il se pourrait qu'au nombre de mes lecteurs il s'en trouvât quelques uns auprès de qui Virgile, en pareil cas, ne parût pas une autorité suffisante, et qui se rangeassent à l'avis du concile de Cologne, qui prétend que le dimanche (jour du Seigneur) doit être consacré tout entier au service de Dieu, je m'autoriserai, pour soutenir le contraire en termes non moins orthodoxes, des propres paroles de l'Écriture :

« Vous vous occuperez pendant six jours : vous cesserez vos travaux le septième, afin que votre bœuf, votre âne, se reposent, et que le fils de votre esclave et l'étranger qui est parmi vous puissent, ainsi que vous, prendre quelque divertissement[1]. »

Je sais bien que le mot *refrigeretur*, qui se trouve dans le texte, et que je traduis par ceux-ci *prendre quelque divertissement*, signifie rigoureusement *donner quelque relâche;* mais il est clair qu'il reçoit une acception plus étendue en l'appliquant à l'étranger (*advena*), qui peut se reposer sans votre permission, mais qui ne peut s'amuser chez vous sans votre participation. Cela dit, pour réconcilier les gens un peu trop scrupuleux, non pas avec les excès, mais avec les plaisirs auxquels le peuple parisien se livre le dimanche, je vais essayer d'esquisser en quelques traits le tableau de cette grande ville un jour de fête. Je dois prévenir que je me reporte quelques semaines en arrière pour trouver un ciel moins nébuleux, un temps moins couvert que celui qui attriste en ce moment le joli mois de mai.

En sortant de chez moi, dimanche matin, j'ai rencontré, sur le boulevart de la Madeleine, madame d'Essenilles: nous allions l'un vers l'autre, et nous nous sommes reconnus au même instant. Je remarquais bien l'embarras où la mettait ma présence, et l'envie qu'elle avait de m'éviter; je m'y serais prêté de bonne grace, mais il n'était plus temps. N'espérant pas me faire prendre le change,

[1] *Sex diebus operaberis, septimo die cessabis, ut requiescat bos et asinus tuus, et refrigeretur sicut et tu filius ancillæ tuæ et advena.*
Exod., xxiii.

elle a pris le parti de m'aborder franchement.
« Vous me voyez toute honteuse, me dit-elle. —
Honteuse! madame, et de quoi, s'il vous plaît? —
D'être rencontrée à Paris un dimanche: c'est du
plus mauvais ton; personne ne le sait mieux que
moi. — Ce qu'il y a de consolant, c'est que vous ne
pourrez y être vue que par quelqu'un qui s'y trouve.
— Il y a des gens pour qui tout est sans conséquence, et d'autres dont les moindres démarches
attirent tous les yeux, et sont justiciables de ce qu'on
appelle le *bon ton*. — C'est le cas très différent où
nous nous trouvons l'un et l'autre : j'en conviens ;
mais faites-moi le plaisir de m'expliquer, madame,
en quoi le bon ton peut être blessé de votre séjour
à Paris un jour plutôt qu'un autre. — Mon cher
Ermite, nous n'avons que quelques pas à faire ensemble, et les lois, ou si vous l'aimez mieux, les caprices du bon ton ne sont pas de ces questions que
l'on traite en courant ; tout ce que je puis vous dire
pour le moment, c'est qu'une femme comme il faut
ne doit pas se montrer le dimanche à Paris dans la
belle saison, parcequ'elle est censée à la campagne;
parcequ'en se donnant l'air de partager les délassements du peuple, ceux qui ne la connaissent pas
peuvent supposer qu'elle n'est point étrangère à ses
occupations; parcequ'elle s'expose à être saluée,
dans une promenade publique, par sa lingère ou
sa marchande de modes, et que peu de gens sa-

chant apprécier la nuance du salut qu'elle lui rend, on peut croire qu'elle traite d'égale à égale avec une petite bourgeoise qui viendra, le lendemain, faire antichambre chez elle pendant deux heures pour avoir un à-compte sur son mémoire. —Vous m'en direz tant, madame, que je finirai par croire que le bon sens est directement l'opposé du bon ton, dans lequel je voulais absolument qu'il entrât pour quelque chose. — Je ne me suis jamais avisée d'examiner ce qu'ils peuvent avoir de commun ensemble ; c'est votre affaire ; mais je sais que le bon ton est le résultat d'un sentiment d'autant plus vif, d'autant plus impérieux, qu'il est tout-à-fait exempt de réflexion. Adieu, sage Ermite ; j'entre dans cette maison, pour n'avoir pas encore une fois à rougir aux yeux d'un homme de ma connaissance que j'aperçois, et qui serait, j'en suis sûr, moins indulgent que vous. »

En quittant madame d'Essenilles sur le Boulevart, au coin de la rue de Caumartin, je songeai que j'étais à quelques pas de la demeure de l'ami Walker, et qu'il pourrait m'être très utile dans l'emploi que je voulais faire de ma journée. C'est un homme dont je me sers dans certaines occasions comme on se sert d'une loupe pour rapprocher ou pour éclaircir les objets. Malheureusement il venait de sortir à l'instant même ; je le voyais à quelques pas devant moi, et j'aurais pu le rejoindre au haut de la rue

Sainte-Croix, si les voitures qui affluaient à Saint-Joseph ne me l'eussent fait perdre de vue.

J'entrai dans cette église, où je fis une remarque dont je ne veux pas presser la conséquence. L'église était pleine; mais, à l'exception de cinq ou six jeunes gens qui accompagnaient leurs mères, et de trois ou quatre vieillards au nombre desquels je me comptais, cette assemblée de fidèles n'était composée que de femmes. J'avais eu plusieurs fois occasion d'observer la foule de pauvres qui remplit le porche des églises; je fus étonné d'en trouver si peu à Saint-Joseph; le suisse, à qui je fis part, en sortant, de mon observation, me dit d'un ton à me laisser incertain sur sa pensée : « Cela n'est pas « étonnant; c'est le quartier des riches. »

Je ne reconnais pas d'objets du même genre qui se ressemblent moins au monde que les deux plus grandes capitales de l'Europe un jour de dimanche. L'aspect de Londres est triste, silencieux : les rues, dont les maisons et les boutiques sont exactement fermées, ressemblent à ces longs corridors d'une chartreuse, où quelques religieux se promènent en silence. Paris, au contraire, se présente sous un aspect plus agréable, plus varié et plus bruyant que les autres jours. L'amour du plaisir, chez les habitants des rives de la Seine, est encore plus actif que l'amour du gain. Il n'en est pas de même aux bords de la Tamise, et cette différence dans le caractère des deux peuples pourrait fort bien avoir produit toutes les autres. Mais laissons un parallèle qui me fournira quelque jour un bon chapitre, et, pour aujourd'hui, ne sortons pas de nos barrières.

C'est un tableau très gai, très animé, que celui que j'ai sous les yeux, en ce moment, dans les différentes rues que je parcours aux environs du Palais-Royal. Ces maisons, dont presque toutes les fenêtres ouvertes sont garnies de fleurs et de femmes à tous les étages; ces boutiques à demi fermées, où l'on a soin de laisser entrevoir les objets les plus propres à tenter les acheteurs; ces familles entières vêtues de leurs plus beaux habits, qui marchent dans la même direction, et dont toutes les figures rayonnent déjà du plaisir que l'on projette encore; ces voitures de place, où l'on trouve le moyen de faire entrer sept à huit personnes, et dont le cocher et les chevaux même ont un certain air de fête; toutes ces circonstances, plus rapprochées, plus fréquemment reproduites, donnent à cette ville ce qu'on peut appeler *sa physionomie du dimanche*.

Je m'étais arrêté dans la rue Vivienne, auprès d'une élégante boutique, où deux jeunes personnes, plus jolies que les odalisques du sérail qui servent d'enseigne à leur magasin, causaient sur le pas de leur porte. Pour me donner, dans mes observations, une attitude un peu moins indiscrète, je feignis de lire les nombreuses affiches dont la muraille voisine était couverte. L'attention impatiente avec laquelle l'aînée de ces jeunes personne regardait du même côté de la rue, les mots *le voici!* deux ou trois fois répétés par la plus jeune avec une attention maligne, m'avaient mis en tiers dans leur confidence; et, après avoir vu l'expression de la joie se peindre sur la figure de la belle attentive, je ne fus pas étonné de l'air de réserve qu'elle prit à la vue d'un jeune homme en habit de garde national, le fusil sur l'épaule, qui s'approcha de ces demoiselles avec un empressement que la petite sœur modéra en mettant un doigt sur sa bouche et en retournant la tête, comme pour regarder dans l'intérieur de la boutique. La conversation, commencée à voix basse, fut brusquement interrompue par l'apparition d'un père ou d'un oncle en robe de chambre de siamoise et en bonnet de velours. Le jeune homme feignit d'arriver à l'instant même, et se pressa de dire qu'il allait à la parade. Je m'apercevais que sa présence était moins agréable au bon homme qu'à ces demoiselles, et je devinais aisément qu'il y avait là, comme dans toutes les comédies, un amoureux, une amoureuse, une confidente, et un père *barbare* qui contrariait un tendre penchant. J'avais bien remarqué que la sœur cadette tenait en main et roulait dans ses doigts un petit papier, sur lequel le jeune homme avait les yeux, et dont je soupçonnais la destination, sans imaginer comment il parviendrait à son adresse en présence d'un argus qui me semblait très vigilant. La petite personne s'avisa d'un moyen tout-à-fait ingénieux. « Je ne sais pas comment vous pouvez faire, M. Durand, dit-elle au jeune homme, pour porter, pendant deux ou trois heures, une arme aussi lourde; » et, en feignant de soulever le fusil, elle laissa glisser le billet dans le canon. « Bah! c'est une plume, répondit M. Durand en le portant à son épaule. Je vous assure, ajouta-t-il, qu'il ne m'a jamais paru plus léger. » Cela dit, il s'éloigna en jetant sur les deux sœurs un regard plein d'amour et de reconnaissance.

Le Palais-Royal, dont l'attrait particulier tient à l'éclat de ses boutiques, est moins agréable et moins fréquenté les dimanches que les autres jours de la semaine; le jardin n'est peuplé que de lecteurs de journaux et d'étrangers, pour qui la Rotonde est un lieu de rendez-vous.

C'est aux Tuileries que se rassemble le dimanche toute la petite bourgeoisie parisienne, qui se subdivise en trois ou quatre classes, dont les nuances, parmi les femmes, deviennent chaque jour plus difficiles à saisir. La fille d'un marchand, d'un procureur, n'a rien qui la distingue aujourd'hui de la fille d'un bon artisan : leur parure est semblable, leur coiffure est la même, leurs manières sont également étrangères à leurs habitudes, et ce n'est guère qu'en faisant attention aux hommes qui les accompagnent qu'on peut deviner à quelle classe de la société elles appartiennent. Celui qui est venu se promener dans cette grande allée le samedi, au milieu des femmes les plus élégantes, des hommes les plus brillants, dont se compose ce qu'on appelle *le grand monde*, et qui s'y trouve le lendemain, à la même heure, au milieu de l'assemblée du dimanche, croit assister à la représentation de la même pièce jouée par des acteurs de province.

J'ai déja eu plusieurs fois l'occasion de peindre les différentes scènes dont ce lieu est journellement le théâtre; je pourrais tout au plus en varier les couleurs; mais l'espace qui me reste suffit à peine à l'esquisse générale que je trace en courant.

Pour continuer ma revue dominicale, je partis des Tuileries à cinq heures, pour aller dîner dans le quartier du Temple. En remontant les Boulevarts, j'eus occasion d'observer qu'une partie des promeneurs se portait vers les barrières de Montmartre et de la Villette, tandis que l'autre se dirigeait vers les petits théâtres. Le dîner que je fis, au Cadran-Bleu, avec une famille de braves gens qui voulurent bien m'admettre à leur table, est encore un épisode dont je suis obligé d'ajourner le récit.

Après mon dîner, je me donnai le plaisir d'entrer dans tous les cafés, de visiter toutes les curiosités, de m'arrêter devant toutes les parades que l'on trouve à chaque pas sur cette partie du Boulevart. Je faisais d'agréables réflexions sur cette multitude de plaisirs qu'on pouvait se procurer à si bon marché, quand je m'aperçus qu'on m'avait débarrassé de mon mouchoir, de ma montre d'argent et de ma tabatière; je promets de m'en venger, en faisant quelque jour un beau discours contre les filous, pour l'instruction des badauds.

J'allai prendre du café au jardin des Princes, où le hasard me fit rencontrer les deux jeunes marchandes de la rue Vivienne, avec leur père. Je m'imaginai que le garde national devait être de la partie; et, à force de le chercher, je le découvris tout seul dans un cabinet de verdure adossé à celui où se trouvaient ces dames, dont il n'était séparé que par l'épaisseur de la charmille. Tout vieux que je suis, je me fis une idée de leur bonheur.

N° XLVI. [6 juin 1816]

LES FUNÉRAILLES.

Vix radicitus è vitâ se tollit et ejicit;
Sed facit esse sui quiddam super, inscius ipse,
Nec removet satis à projecto corpore sese, et
Vindicat.
                                            Lucr., liv. III

Il y a bien peu d'hommes qui consentent à mourir tout entiers; on veut retenir quelque chose de la vie et l'emporter avec soi, et l'on a de la peine à s'affranchir de ce corps que le trépas réclame.

En entrant hier matin dans la chambre de madame de Lorys, je la trouvai tout en larmes. Je l'interrogeai sur la cause de son chagrin. Elle me montra, dans un journal qu'elle tenait à la main, la lettre de M. de R***, dont la lecture lui rappelait une jeune femme distinguée par toutes les graces et par toutes les vertus, qui ne vivait plus que dans le cœur de son excellent père et dans la mémoire inconsolable de ses amis.

Le souvenir des douleurs sur lesquelles a passé le temps a je ne sais quel charme où se complaisent les ames tendres. Madame de Lorys trouva, dans l'attention avec laquelle je l'écoutais, un prétexte, qu'elle saisit avidement, de me parler de madame de Brion, avec qui elle avait autrefois fait connaissance dans une terre aux environs de Creil, chez une autre de ses amies non moins aimable, non moins bonne, et que la mort avait également moissonnée à la fleur de l'âge.

Ces tristes récits nous avaient conduits à de sages réflexions sur le terme inévitable vers lequel nous nous acheminons tous d'un pas inégal; et nous tombions d'accord que mesdames de B**** et de Saint-J****, en quittant la vie, avaient éprouvé une bien douce consolation dans la pensée que l'amitié resterait fidèle à leur mémoire, et qu'on dirait de chacune d'elles ce que Cicéron disait de sa chere Tullia : *Éteinte, elle sera encore aimée* (*exstincta amabitur*).

Cet entretien, qui n'était pour moi qu'une préparation aux événements de cette journée, fut coupé plutôt qu'interrompu par une lettre *de faire part*, qui m'invitait à assister *aux convoi et enterrement du très haut et très puissant seigneur Charles-Emmanuel-Rodolphe*, COMTE DE SERGIS, etc. Je n'avais pas eu à me louer de cet arrière-petit-cousin [1], dont les bontés pour moi, depuis son élévation, s'étaient

---

[1] Voyez le volume Ier, n° XVII, *l'Ambitieux*.

bornées à me permettre d'aller lui faire ma cour, sans invitation spéciale, une fois par semaine après son dîner. Je n'étais pas d'humeur à user de la permission, et quelque intérêt que je prisse à son aimable femme, je n'avais pu me déterminer à passer par toutes les épreuves qu'il fallait subir pour arriver jusqu'à elle. La mort de M. de Sergis m'affligea cependant plus encore qu'elle ne me surprit; je n'avais jamais douté qu'avec une santé aussi faible il ne succombât sous le fardeau qu'il s'était imposé du seul aveu de son ambition, sans consulter ni ses moyens ni ses forces.

Si j'avais cru pouvoir me dispenser de me mettre dans la foule des adorateurs de sa fortune, je n'en regardai pas moins comme un devoir de contribuer à lui rendre les derniers honneurs; les seuls dont on ne puisse calomnier l'intention.

Je me rendis au domicile du défunt, d'où l'on avait éloigné son épouse et sa fille. Un intendant, habile à profiter, pour la dernière fois, de la vanité de son maître, s'était chargé de l'ordonnance des obsèques, où il avait eu soin de déployer l'humiliant appareil de la plus fastueuse mortalité.

Bien que je ne m'attendisse pas à trouver, à l'enterrement d'un homme en place, autant de monde que j'en avais vu à ses audiences, je fus néanmoins choqué du petit nombre de personnes qui s'étaient rendues à cette invitation mortuaire. J'en fis la re-

marque à l'intendant: « J'avais prévu le cas, me dit-
« il; j'ai fait prévenir et habiller tous les fournisseurs
« de l'hôtel: ils suivront dans les voitures de deuil. »

En attendant le moment du départ, je me promenais tristement dans ces appartements somptueux, dont le possesseur de la veille ne devait emporter qu'un linceul; je m'arrêtai dans son cabinet à contempler son portrait, où il était peint en grand costume, rédigeant une dépêche et le regard arrêté sur un buste du cardinal Mazarin. Là, ses yeux, armés de dédain, animés d'une orgueilleuse espérance, conservaient du moins quelque chose de la vie dont le modèle était entièrement privé.

De combien de réflexions amères les objets dont j'étais entouré venaient assaillir ma pensée! Cette pendule qui marchait encore, cet *Almanach Royal* ouvert sur la cheminée, à la page même où se trouvait le nom du comte, lequel avait, de sa main, ajouté en marge un de ses titres qu'avait oublié l'éditeur; cette lettre laissée sur son bureau, dont il n'avait pu tracer que ces premières lignes:

« Je ne pourrai, mon cher marquis, m'occuper
« du projet en question avant deux ou trois ans;
« mais aussi pourquoi tant nous presser? Grace au
« ciel, nous avons du temps devant nous..... »

Du temps!... et il n'a pas eu celui d'achever son billet!!!

On vint me prévenir que le cortége se mettait en

marche; je montai dans celle des vingt-quatre voitures de deuil qui suivait immédiatement le char funéraire, qu'on aurait pu prendre pour un char de triomphe, au luxe des ornements, des broderies et des trophées dont il était couvert.

Après une longue station à l'église de la paroisse du défunt, où j'aurais desiré qu'au lieu de prières psalmodiées, un des ministres de la religion nous eût fait entendre, à propos de la mort, un bon sermon sur l'*immortalité de l'ame*, nous nous acheminâmes vers le cimetière du *P. Lachaise*. Au moment où nous y arrivions, deux autres convois, qui s'y rendaient par des chemins différents, se trouvèrent à-peu-près en même temps que nous à la porte principale. Je vis le moment où nous allions nous disputer,

.... dans ce triste passage,
Des vains honneurs du pas le frivole avantage.

Les deux chars qui se présentaient en concurrence avec celui de M. de Sergis, à l'entrée de la funèbre carrière, étaient ceux du commissaire-ordonnateur *Marchand* et du poëte *Millevoye*.

Le premier, connu par d'honorables services, était tombé dans une de ces embuscades dressées çà et là sur le chemin de la vie, pour assurer à la mort le droit fatal qu'elle perçoit sur tous les âges: cet administrateur, que les travaux et les fatigues de la guerre avaient respecté pendant trente ans, s'était noyé dans une promenade sur la Seine.

L'autre, dont les muses déplorent vivement la perte, est tombé dans la fleur de l'âge et du talent. M. de Millevoye avait été particulièrement connu de la personne avec laquelle je faisais ce triste voyage; je l'interrogeai sur quelques circonstances de la vie et de la mort de ce jeune poète; elle se contenta de me réciter ces vers prophétiques, qui terminent une de ses meilleures élégies (*le Poète mourant*):

> Compagnons dispersés de mon triste voyage,
> O mes amis! ô vous qui me fûtes si chers!
> De mes chants imparfaits recueillez l'héritage,
> Et sauvez de l'oubli quelques uns de mes vers,
> Et vous par qui je meurs, vous à qui je pardonne,
> Femmes! vos traits encore, à mon œil incertain,
>   S'offrent comme un rayon d'automne,
>   Ou comme un songe du matin.
> Doux fantômes, venez! mon ombre vous demande
> Un dernier souvenir de douleur et d'amour.
> Au pied de mon cyprès effeuillez pour offrande
>   Les roses, qui vivent un jour.

Le cérémonial réglé, nous entrâmes au séjour de l'oubli dans un ordre tout-à-fait convenable : l'homme d'état passa le premier : à tout seigneur tout honneur; le citoyen laborieux et utile suivit d'un peu loin, et l'homme de lettres resta en arrière. Les restes de M. de Sergis furent déposés au bas de la colline où se trouve *la maison du P. La-chaise*, dans une vaste enceinte sur laquelle était déja tracé le monument somptueux qu'on se propose d'y construire. Après avoir rendu les derniers devoirs à celui que, dans l'ordre de la nature, j'aurais dû précéder au tombeau; après l'avoir vu descendre dans sa froide demeure, et avoir entendu retentir avec effroi, sur son cercueil, la pelletée de terre que m'avait présentée le directeur des funérailles, j'errai quelque temps sur cette terre des morts, en m'étonnant d'en habiter encore la surface.

Qu'elles sont profondes, qu'elles sont sages les réflexions qu'un pareil lieu, que de pareils objets inspirent! avec quel dédain on regarde du haut de la mort, si j'ose parler ainsi, ces niaises vanités, ces petites grandeurs, ces graves riens, à la poursuite desquels nous consumons notre vie! Du point de vue où je me trouvais alors, que l'ambitieux me paraissait bête! que le courtisan me paraissait vil! que le persécuteur me semblait odieux et insensé! Si je puis juger des autres d'après moi-même, une heure de promenade dans un cimetière révèle plus de vérités utiles, plus de sentiments vrais, plus d'idées religieuses à l'esprit et au cœur de l'homme, qu'il ne peut en puiser dans tous les livres de morale.

Cette réflexion me conduit à former le vœu de voir un jour nos cimetières transformés, comme chez les Orientaux, en promenades publiques. Ce projet, sur l'utilité duquel je regrette de ne pouvoir m'étendre en ce moment, serait d'une exécution plus facile au cimetière du *P. Lachaise* que par-tout ailleurs: le terrain est heureusement choisi, les distributions en ont été faites par un architecte habile (M. Brongniard), dont il serait à souhaiter que le plan reçût son exécution tout entière. Il avait fait adopter l'idée touchante et ingénieuse d'élever, sur les ruines de la maison du célèbre jésuite qui donne son nom à ce pieux enclos, une chapelle funèbre, dont la destination religieuse et l'aspect pittoresque sur la hauteur qui domine et couronne le cimetière ajouteraient le seul ornement convenable à la majesté du lieu. Il est à craindre que ce monument n'existe pendant plusieurs siècles que dans les dessins déposés à l'Hôtel-de-Ville [1].

Pour transformer en jardin public le cimetière du *P. Lachaise*, il suffirait d'en diriger les inhumations dans les alignements qui avaient été tracés, et qu'on ne suit déjà plus; d'y construire deux fontaines jaillissantes, et d'y faire quelques plantations d'arbres dans les différentes directions que le seul aspect du terrain indique. Il serait nécessaire que l'administration municipale y entretînt un conser-

[1] Il est exécuté, et le cimetière du P. Lachaise est devenu en quelques années le plus beau jardin funéraire qui existe en Europe.

vateur et plusieurs garçons jardiniers, à qui je voudrais que l'on ôtât ce vilain nom de *fossoyeurs*. Le conservateur, choisi parmi les artistes, se chargerait de faire exécuter, ou du moins de surveiller l'exécution des monuments funèbres; et, grace à ses soins, les arts n'auraient plus à rougir de cette foule de constructions mesquines, bizarres et souvent ridicules, de ces épitaphes impertinentes et puériles, où la raison, la langue et le goût sont également blessés, et qui font trop souvent rire aux dépens des morts, en nous montrant le ridicule assis sur la pierre des tombeaux.

N° XLVII. [5 juillet 1816]

TRAVAIL ET INDUSTRIE.

> Lequel est le plus utile à l'état, d'un homme bien poudré qui sait précisément à quelle heure le roi se leve ou se couche, et qui se donne des airs de grandeur en jouant le rôle d'esclave dans l'antichambre d'un ministre; ou d'un négociant qui enrichit son pays, qui occupe les pauvres, qui donne de son cabinet des ordres à Surate, au Grand-Caire, et contribue au bonheur du monde?
>
> VOLTAIRE.

Dans une de nos petites réunions de l'île Saint-Louis, il nous arriva dernièrement d'examiner une question politique et morale à laquelle nous fûmes amenés par cet aphorisme de M. André le philosophe: *le caractère d'un homme est toujours modifié par l'esprit de sa profession;* il s'agissait de décider « quelle est la profession dont l'état, la société et l'individu retirent le plus d'avantages, et qui contribue le plus efficacement au maintien des mœurs. » Comme il arrive presque toujours, nous commençâmes par être tous d'un avis différent. Chacun, obéissant à son insu au préjugé de son éducation, à la partialité de son goût, à l'influence d'un intérêt plus ou moins personnel, se constitua l'avocat d'une profession favorite, et l'accusateur de toutes les autres. Binôme lui-même, en dépit de toutes ses méthodes analytiques, ne pouvait arriver à une solution raisonnable d'un problème où l'on ne s'entendait (pour parler son langage) ni sur la valeur, ni même sur la nature des *quantités* que l'on employait. « Allons aux voix en y procédant au scrutin secret, dit Walker, et vous allez voir qu'avec des avis si différents nous sommes, au fond, tous du même. Je demande seulement que chacun de nous inscrive sur son bulletin deux professions : d'abord celle qui lui paraît remplir les conditions du problème, et secondement celle qui, selon lui, s'en approche davantage. » Nous en passâmes volontiers par une épreuve aussi simple; Walker procéda au dépouillement de ce petit scrutin, qui se trouva composé des quatre billets suivants :

1er Les armes. — Le commerce.
2e L'agriculture. — Le commerce.
3e La magistrature. — Le commerce.
4e Les lettres. — Le commerce.

« Je n'ai pas besoin de vous prouver, continua-t-il, qu'en nous accordant tous pour donner en cette circonstance la seconde place au commerce, nous lui assignons bien véritablement la première; car notre premier vote n'exprime qu'une prédilection, tandis que l'autre motive une préférence. »

On trouva qu'il y avait dans cette décision plus de subtilité que de justesse, et l'on se remit à discuter de plus belle.

L'ERMITE.

Si, pour les états, comme pour les individus, le premier besoin est l'existence, et le premier devoir la conservation; s'il est également vrai que cette existence soit sans cesse menacée, et ne puisse être efficacement protégée que par le courage et la force, il est évident, pour tout homme qui sent battre son cœur au nom de la patrie, que la plus utile comme la plus noble profession est *celle des armes.*

M. BINOME.

Vous me permettrez de croire qu'il y a un peu plus d'utilité à conduire le soc qu'à manier le sabre; et qu'à tout prendre, il est plus aisé de se passer de soldats que de laboureurs. Peut-être même conviendrez-vous que la vie des rustiques enfants de Cérès est un peu plus favorable aux bonnes mœurs que celle des belliqueux enfants de Mars.

M. ANDRÉ.

C'est une très bonne chose de nourrir son pays; c'en est une très belle de le défendre; mais encore faut-il en avoir un: or, comme il n'y a de pays, moralement et politiquement parlant, que là où il y a des lois; que des lois supposent des magistrats qui les font observer, des juges qui en sont les organes, des avocats qui en assurent la protection à la veuve et à l'orphelin, je déclare que la *magistrature*, considérée sous le rapport des mœurs et de l'utilité publique, occupe de fait et de droit le premier rang dans l'ordre social.

M. WALKER.

Je crois, messieurs, pouvoir appuyer mon avis d'aussi bonnes raisons que les vôtres : mais je n'oublie pas que nous sommes attendus à la barrière de Fontarabie, et j'ai dans l'idée que vous m'écouterez plus favorablement à notre retour.

En nous séparant, la semaine dernière, nous étions en effet convenus d'aller visiter le mercredi suivant les établissements de M. Divès, auquel notre industrie manufacturière est en partie redevable des immenses progrès qu'elle a faits depuis vingt ans.

En remontant la rue de Charonne, nous passâmes devant une des écoles principales fondées pour l'instruction élémentaire, d'après la méthode dite *à la Lancaster;* M. André, qui partage avec M. le comte de Laborde, M. le duc de La Rochefoucauld et M. l'abbé Gaultier l'honneur d'avoir naturalisé en France cette bienfaisante institution, prit avec nous l'engagement de nous mettre à même d'en apprécier tous les avantages. M. Walker ne manqua pas cette occasion de nous apprendre qu'un *négociant* (M. Delessert) avait fondé et doté de la manière la plus libérale deux établissements de cette espèce, destinés à l'instruction des enfants de la religion réformée.

« Je pourrais, continua-t-il, vous citer une foule d'actions également honorables pour le commerce de France; je me borne à la plus récente. M. J. C., négociant de Baltimore, était venu en France pour y composer une cargaison des produits de nos manufactures. Il devait recevoir d'un intéressé, auquel il avait laissé des fonds considérables avant son départ des États-Unis, une cargaison de coton et une remise de 400,000 fr. sur Londres, laquelle avait été effectuée, mais que par un malentendu (qu'il faudrait peut-être appeler d'un autre nom) la maison de Londres avait portée au compte de l'intéressé. M. J. C., après huit mois de courses dans nos villes manufacturières, avait réuni au Havre toutes les marchandises dont il avait fait l'acquisition pour une somme de 800,000 fr., qui avait été payée par la maison Jacques Lafitte et compagnie. Au moment de son départ, M. J. C. reçoit la nouvelle que le bâtiment qu'il avait expédié, depuis huit mois, à la Nouvelle Orléans, pour apporter les cotons en France, avait été détourné de sa destination par l'intéressé. Atterré par ce coup de foudre, l'infortuné négociant tomba dans une mélancolie profonde dont les suites menaçaient sa vie; s'adressant alors à M. Lafitte, il lui confia la situation où le réduisait l'horrible procédé de l'intéressé américain et de la maison de banque anglaise : « Je suis hors d'état de vous rembourser, lui dit-il; faites vendre mes marchandises, je vous tiendrai compte de la perte. — Partez, lui dit en lui serrant la main l'honorable M. Lafitte, partez avec vos marchandises, et reprenez courage, vous me les paierez lorsque vous les aurez vendues. Dès ce moment votre compte est arrêté et porte un intérêt de cinq pour cent. »

Tout en causant, nous étions parvenus au haut de la rue de Charonne. Nous nous arrêtâmes à l'ancien couvent des bénédictines, où M. Divès a établi une manufacture d'étoffes de coton qui rivalisent avec tout ce que l'Angleterre produit de plus parfait en ce genre; et, plus récemment, une filature de laine, qui ouvre à l'industrie nationale une source de prospérité dont on ne peut ni assigner la limite, ni calculer les avantages.

On était à table quand nous arrivâmes, et nous fûmes reçus avec cette cordialité franche, avec cette politesse aisée dont la bienveillance exclut le cérémonial. C'était déjà un tableau plein d'intérêt que celui de M. Divès, au milieu d'une belle et nombreuse famille où il exerçait l'autorité d'un chef avec toute la confiance d'un protecteur et l'affection d'un père.

Pendant le déjeuner la conversation roula sur les

progrès de l'industrie en France, sur les causes qui les avaient produits, sur les moyens de les étendre encore; M. Divès, contre l'avis du philosophe de l'île Saint-Louis, nous prouva que l'emploi et le perfectionnement des machines n'avait et ne pouvait avoir d'inconvénients dans un pays dont la richesse du sol pouvait s'accroître avec la population, et où l'économie des bras dans les arts industriels tournait toujours au profit de l'agriculture.

M. Binôme, après avoir démontré par une foule d'exemples qu'en fait de découvertes les Français ont presque toujours la gloire de la première idée, parut s'étonner qu'à l'application ils n'arrivassent, pour l'ordinaire, qu'à la suite des autres. M. Divès en trouva la cause dans la timide avidité des capitalistes, qui ne viennent au secours d'aucune entreprise, qui croient leurs fonds perdus quand ils n'en touchent pas régulièrement l'intérêt; dans ce travers de la mode, né du défaut d'esprit public, qui salarie en quelque sorte la contrebande, en recherchant de préférence les produits de l'industrie étrangère.

Après le déjeuner nous visitâmes dans le plus grand détail les immenses établissements dont se compose la manufacture de M. Dives.

Nous suivîmes pour ainsi dire pas à pas la marche progressive de la fabrication, en passant de l'atelier où l'on découpe les toisons brutes dans la buanderie, où l'on lave les laines; dans les fours où on les blanchit à la vapeur du soufre; dans les salles où on les peigne, dans celles où on les carde : nous n'insistâmes point pour être introduits dans les ateliers de filature de laine, où M. Datès, employant des procédés qui ne sont point connus, doit craindre d'en exposer le mécanisme à des regards infidèles.

Nous reprîmes la suite des opérations dans les salles où les laines, filées et distribuées par numéro, sont livrées aux tisserands; nous parcourûmes les divers ateliers où se fabriquent les différents genres de tissus, où se *parent* les étoffes en roulant sur des cylindres de fer rouge, et finalement où elles reçoivent les derniers apprêts. Nous nous arrêtâmes ensuite à considérer, dans de vastes magasins, cette même laine, que nous avions vue sous la forme d'une toison sale et grossière, transformée en un tissu rival de celui de Cachemire, et nuancé des plus belles couleurs.

Accoutumé comme je le suis à considérer avant tout les objets dans leurs rapports avec les mœurs, j'avoue que je fus moins frappé des prodiges d'industrie que je voyais en quelque sorte s'opérer sous mes yeux, que des bienfaits dont cette industrie est la source. Comment se défendre d'un mouvement de vénération pour un homme auquel deux ou trois mille autres doivent leur subsistance journalière, qui s'enrichit du bien qu'il fait, et dont la fortune, comme un fleuve nourricier, embellit et fertilise ses rivages!

Je ne pouvais me lasser, en m'arrêtant au milieu de cette multitude d'ouvriers que M. Datès salarie, de regarder ces enfants dont l'adresse laborieuse et précoce est déja une ressource pour leur famille. Je ne pouvais sortir de cette salle, où tant de braves qu'ont épargnés les combats trouvent, dans l'exercice d'une facile industrie, un surcroît de secours contre une honorable indigence. Qu'il m'a paru respectable, la navette à la main, ce fier chef d'escadron, sillonné par le fer ennemi, qui n'a pas craint de déroger à sa gloire par un travail utile!.... Que de réflexions cette circonstance fait naître!...... Je n'ai ni le temps ni l'espace nécessaire pour les consigner ici, et je terminerai ce discours par cette considération de Duclos, de la justesse de laquelle nous avons fini par tomber tous les quatre d'accord :

« Il n'y a pas de membres plus utiles à la société
« que les commerçants : ils unissent les hommes par
« un trafic mutuel; ils distribuent les dons de la na-
« ture; ils occupent et nourrissent les pauvres; satis-
« font aux desirs des riches, et suppléent à la ma-
« gnificence des grands. »

N° XLVIII [27 juillet 1816.]

LES MONTAGNES RUSSES.

> *Quæ venit ex tuto, minus est accepta voluptas.*
> Ovid., *Art d'aimer*, liv. III.
>
> Un plaisir est moins vif lorsqu'il n'est accompagné d'aucune inquiétude.

La raison vient peut-être un peu tard chez les femmes, mais elle y arrive (quand elle y arrive) escortée d'un jugement si prompt et si juste, d'une volonté si persévérante, d'une éloquence si persuasive, qu'elle exerce un empire d'autant plus absolu qu'on ne songe plus à s'y soustraire. De son aveu, madame de Lorys a été très sensible dans sa jeunesse, et passablement capricieuse dans son âge mûr : la vieillesse où elle est parvenue sans aucune des infirmités physiques et morales auxquelles cette époque de la vie est ordinairement sujette, en a fait le modèle accompli de ces vertus modestes, de cette raison supérieure, qui donnent toujours une bonne action pour preuve d'un bon raisonnement. Les grands et terribles événements dont nous avons été témoins, dans ces deux dernières années, ont encore une fois bouleversé toutes les têtes de ce pays : les vrais principes, les droits, les devoirs qui constituent l'ordre social, ont encore une fois été remis en question; les préjugés de la veille, les passions du jour, les espérances du lendemain, se sont armés de nouveau, pour l'intérêt particulier, sous les couleurs du bien général. Madame de Lorys, au milieu d'une famille et d'une société nombreuses où l'esprit de parti exerça comme ailleurs sa fatale influence, ne s'est point écartée un moment de la ligne politique que sa raison lui avait tracée: « Criez, tempêtez, battez-vous même si le cœur vous en dit encore (répétait-elle avec sang-froid aux uns et aux autres), vous en reviendrez *à la Charte*, vous vous y rallierez, vous vous y attacherez de toutes vos forces, ou la France est perdue. » Peu de jours se passaient sans qu'elle ne fît d'un côté ou de l'autre quelque prosélyte à la doctrine constitutionnelle; et cette défection successive avait fini, depuis quelque temps, par opérer dans cette famille une réunion générale que les habitants et les habitués du château de..... s'étaient promis de célébrer chaque dimanche, pendant le reste de la saison, par une partie de plaisir nouvelle.

Chacun était admis à son tour à présenter le programme des amusements de la journée. Les bals champêtres, les sérénades sur l'eau, les promenades dans les environs, en calèche, à cheval, à âne; les dîners dans la forêt, la comédie dans le parc avec illumination, rien n'avait été oublié. Quand vint le tour du colonel de Sesanne, neveu de madame de Lorys, il proposa une partie *aux Montagnes russes.* La renommée de cet établissement n'était point encore parvenue jusque dans la forêt de Senart. Avant d'accepter la proposition du colonel, on exigea qu'il fît connaître avec détail l'espèce de plaisir où il nous conviait. Il s'en acquitta d'autant mieux, qu'il a passé dix-huit mois à Pétersbourg, attaché à l'ambassade française, dont le chef était son parent; sans compter la campagne de Moscow qu'il a faite, et pendant laquelle on peut croire qu'il a été occupé de toute autre chose que d'étudier les mœurs de la Russie.

« Les Russes, nous dit-il (le peuple de l'Europe, après les Français, le plus avide de plaisirs), ont une véritable passion pour les *Montagnes de glace:* les habitants des campagnes disposent à cet effet le penchant des collines, qu'ils arrosent afin d'en rendre la surface plus glissante et plus unie. Dans les villes et dans les châteaux, ces montagnes se forment par des dalles de glace rapportées et disposées sur un échafaudage de soixante ou quatre-vingts pieds d'élévation, qui descend par une pente rapide jusqu'à la rivière.

« Tous les ans, aux fêtes de Pâques, l'empereur

fait construire à ses frais sur la Néwa, en face du palais impérial, une montagne de glace destinée à l'amusement gratuit du peuple de Pétersbourg; les négociants étrangers se réunissent en club pour se procurer le même plaisir sur le *quai Anglais.*

« Le lieu disposé, le jeu consiste à s'élancer du haut de la montagne sur de légers traîneaux, dont l'œil a de la peine à suivre la course rapide, et que le conducteur dirige en appuyant légèrement ses mains sur la surface glacée qu'il parcourt. Il est d'usage de descendre avec une dame qui s'assied sur les genoux de l'homme qui la conduit; mais pour obtenir cette faveur il faut avoir fait preuve d'adresse et d'expérience à un exercice qui n'est point sans danger, et dans lequel la moindre mésaventure connue inspire une méfiance dont on a beaucoup de peine à triompher.

« Pour conserver l'été le simulacre d'un plaisir d'hiver dont ils sont idolâtres, les Russes ont imaginé d'élever pour la belle saison des montagnes en bois, dont la construction dispendieuse se fait pour l'ordinaire aux frais d'une entreprise particulière qui en retire les produits. L'établissement de ce genre le plus en vogue et le plus remarquable est celui de Christophsky, dans une île, près de Kaminiostrow, appartenant au prince Wolkonsky; ces montagnes, où il est du bon ton, à Pétersbourg, de se rendre en drotskys [1] le dimanche, ont dû servir de modéle à celles que l'on vient d'établir à Paris, et que je vous propose de visiter.

« Pour faire parade à vos yeux de toute mon érudition sur les *Montagnes russes*, je vous dirai que Catherine-la-Grande, passionnée pour ce genre d'amusement, avait fait construire à Oranienbaum (château favori de Pierre III) des montagnes en bois de la plus grande magnificence, autour desquelles régnait une double galerie de pierre, soutenue par des colonnes d'ordre ionique, qui subsistent encore. Ces montagnes se déployaient sur un espace de plus de deux *werstes* [2]. On se lançait sur la première du haut d'un pavillon attenant au palais : cet élan, qu'augmentait encore la rapidité de la pente, vous portait au sommet de la seconde montagne, dont la brusque déclivité imprimait au chariot une nouvelle force d'impulsion pour fournir une autre carrière.

« On voit encore à Oranienbaum le traîneau, en forme de cygne, illustré par l'heureux accident du comte Alexis Orlow. Ce jeune et bel officier des gardes *descendait* derrière l'impératrice : un traîneau qui précédait celui de S. M. fit sauter une des plan-

[1] Petite voiture à quatre roues et à deux chevaux, d'une forme particulière.
[2] Environ trois quarts de lieue.

ches de la carrière : l'abyme était ouvert ; le traîneau s'y précipitait de toute la rapidité de sa course : le jeune Orlow met pied à terre, saisit le char, et par un prodige de force et de courage il l'arrête, d'abord, d'un bras qu'il se casse, et continue à le retenir de l'autre : on sait jusqu'où l'impératrice porta la reconnaissance. »

Sur le récit et sur la foi de M. de Sesanne, toute la compagnie du château, au nombre de douze personnes, se mit en route pour les *Montagnes russes*. Mademoiselle Cécile et une de ses compagnes montèrent à cheval avec les jeunes gens, sous la conduite spéciale du colonel ; MM. Binôme, Walker et deux jeunes dames occupaient la calèche ; madame de Lorys me fit les honneurs de son landaw, qu'un général de ses parents, qui s'était blessé la veille en tombant de cheval, conduisait en cocher.

Il était deux heures lorsque nous arrivâmes aux Thermes, près de la porte Maillot, où ces montagnes sont situées : une longue file de voitures et de chevaux de main, arrêtés dans l'avenue, annonçait une réunion brillante et nombreuse. Le premier coup d'œil réalisa tout-à-fait l'idée que nous nous étions faite de cet établissement, d'après la description du colonel. Après avoir pris des billets d'entrée au premier bureau, nous arrivâmes au second, où se délivrent, au prix de cinq sous la course, des cartes de traîneaux, dont nous fîmes une ample provision.

Un escalier d'une soixantaine de degrés conduit au haut d'un premier pavillon d'où l'on s'élance sur la première montagne. Les traîneaux, indépendamment des quatre roues sur lesquelles ils sont montés, sont munis de roulettes horizontales qui s'engrènent dans les rainures pratiquées aux deux côtés de la voie étroite où le traîneau s'engage et dont il ne peut sortir. Madame de Lorys ne permit aux jeunes personnes qu'elle conduisait de se hasarder à descendre qu'après avoir entendu mon rapport, dont le résultat fut qu'il n'y avait aucune espèce de risque à courir.

La permission accordée, Cécile et sa compagne s'emparèrent de deux traîneaux; je m'établis dans celui du milieu pour faire contraste, et pour me ménager le plaisir de voir un moment deux jeunes filles courir après moi; car j'étais le plus lourd et conséquemment je devais descendre plus vite. Le sort en est jeté; on nous lance; je profite de tout l'avantage de ma gravité spécifique, je vole, ou plutôt je tombe le premier au but. Nous attendîmes au pied de la première montagne les autres personnes de notre compagnie; nous les vîmes successivement descendre, et nous admirâmes particulièrement le colonel, qui parcourut cette rapide carrière debout sur son traîneau. Chacun se rendit compte de la sensation qu'il avait éprouvée; notre général, dont on ne prononce guère le nom sans le faire précéder de l'épithète de brave, nous avoua qu'il avait eu peur; cela s'explique : le courage consiste à braver un danger contre lequel on peut se défendre : Henri IV avait peur de verser en voiture.

Après avoir grimpé au sommet de la seconde montagne et l'avoir descendue avec la même intrépidité, je jugeai à propos d'abandonner la carrière à la jeunesse, et j'allai m'établir en observation dans une petite salle de verdure, d'où je pouvais examiner les acteurs, les spectateurs, et le théâtre.

A considérer ces jeux sous le rapport de la gymnastique, je pense qu'ils doivent être utiles à la santé, et que l'hygiène peut en tirer de véritables secours; mais leur succès me paraît sur-tout garanti par des avantages plus aisément et plus généralement appréciés. Quel rendez-vous plus favorable aux tendres intrigues, aux douces confidences, que ces *Montagnes russes?* où peut-on mieux s'assurer, en dépit de la plus active vigilance, un moment d'entretien, quelquefois si précieux? On descend avec la rapidité de l'éclair; mais on est seul, on est ensemble, et *je vous aime* est sitôt dit! Je doute cependant que nos dames poussent jamais l'imitation des mœurs russes jusqu'à s'asseoir sur les genoux d'un compagnon de voyage, bien que l'exemple en ait été donné par une actrice, avec des précautions qui devaient la tranquilliser sur la crainte de perdre l'équilibre.

On voit bien quand on a l'habitude d'observer ; j'en fais juges les personnes qui se reconnaîtront aux remarques suivantes. Un gros monsieur, dont l'excessif embonpoint formait au-dessous de son estomac une énorme saillie, donnait le bras à une dame dont il était aisé de voir qu'il était le mari ; auprès d'eux marchait leur fille, d'une figure charmante, et dont l'œil investigateur eut bientôt découvert au milieu de la foule un jeune homme en redingote polonaise, dont le regard fit monter un pied de rouge sur les joues de la demoiselle. J'observai que, sans se perdre un moment de vue, ils évitaient de s'aborder; il ne tenait qu'à moi d'en tirer une première conséquence, mais je ne hasarde pas mes jugements. Au bout d'un quart d'heure le père, la mère et la fille *descendirent* ensemble, et le jeune homme vint se placer au bas de la montagne ; peut-être s'aperçut-il, comme moi, que la petite personne, pendant sa course, avait porté la main à son fichu, et l'avait ensuite placée derrière elle. Quoi qu'il en soit, j'avais fait une attention particulière au traîneau, et je ne fus pas étonné, un moment après, de voir le jeune homme descendre la montagne opposée sur ce même traîneau ; donner à sa main la même direction qu'avait prise celle de la demoiselle, la porter ensuite à la poche de son gilet, et secouer ensuite son mouchoir en l'air. Pour m'assurer que je ne me trompais pas sur les inductions que je tirais de ce petit manége, je suivis le jeune homme au sortir du traîneau ; j'entrai après lui dans le café qu'on a établi sous la première montagne, et je le trouvai lisant un petit billet qu'il finit par presser sur ses lèvres.

Je n'eus pas le temps de pousser plus loin mes observations; Walker, qui me cherchait, vint m'avertir que ces dames étaient remontées en voiture, et qu'on n'attendait plus que moi pour partir.

N° XLIX. [18 août 1816.]

LA DISTRIBUTION DES PRIX.

> Pour faire croître le mérite, semez les récompenses.
> *Proverbes persans.*
>
> L'émulation est un sentiment volontaire, courageux, sincère, qui rend l'ame féconde, qui la fait profiter des grands exemples, et la porte souvent au-dessus de ce qu'elle admire.
> Le chev. DE JAUCOURT

« Si vous êtes curieux, mon cher Ermite, de voir « une femme que la joie rend à-peu-près folle, venez « déjeuner demain matin avec nous; mais sur-tout « n'allez pas rire de l'excès et de la cause du bon- « heur dont vous serez témoin; je vous préviens « qu'on vous arracherait les yeux. *Experto crede.* »

Ce billet de l'ami Binôme, daté du dimanche 18 août, excita vivement ma curiosité, et je n'eus garde de manquer au déjeuner du lendemain.

Il n'était encore que neuf heures. J'entrais, comme à l'ordinaire, par le corridor qui conduit à la bibliothèque du maître de la maison; mais un domestique me prévint que la famille était réunie dans la chambre de madame, où je fus introduit. On ne m'eut pas plus tôt annoncé, que madame Binôme, parée comme pour un jour de fête, courut à moi, et m'embrassant avec une effusion de sentiment que je partageais déjà sans en savoir la cause : « Eh bien! mon vieil ami, me dit-elle, félicitez-moi! Vous savez notre triomphe; vous en conviendrez, c'en est un véritable!... A treize ans et quelques mois!... Je voudrais bien savoir s'il y en a un autre exemple! Vous allez nous dire cela. » Avant de répondre, je fus obligé de convenir que j'ignorais de quoi il était question. « Comment! vous ne savez pas!... Je reconnais bien là M. Binôme! toujours prêt à discourir sur ce qui se passe dans la lune, et de la plus belle indifférence pour tout ce qui intéresse sa famille!... Il me semble pourtant que la chose en vaut la peine.... Jules a un premier prix au grand concours de l'Université! — Un premier prix à l'Université? — Rien que cela..... Le voilà, ce cher enfant! embrassez-le donc! »

J'embrassai le petit Jules, et je le félicitai de si bonne foi, de si bon cœur, que sa mère fut presque satisfaite de mes éloges. «Vous voyez, monsieur, dit-elle à son mari avec une complaisance mêlée de tendresse et d'orgueil, que je ne suis pas aussi déraisonnable que vous le voulez faire entendre, et que l'amour maternel ne m'aveugle pas. L'Ermite ne dit pas, comme vous, qu'un succès aussi éclatant ne prouve rien pour l'avenir, et il ne se croit pas obligé de mesurer au compas le degré de satisfaction qu'une mère peut manifester en pareille circonstance. — Vous ne devineriez pas, reprit Binôme en nous mettant à table, ce qui me vaut une si verte mercuriale : une simple réflexion : je me suis permis de dire que les succès de collége donnaient des espérances qui ne se réalisaient pas toujours, et qu'il n'était pas sans exemple qu'un jeune homme remportât, même à l'Université, un prix de grec ou de latin, sans être capable de faire une multiplication. — Mon Dieu, monsieur, vous en revenez toujours à vos chiffres, comme s'il était bien glorieux de savoir que deux et deux font quatre! — Il n'est peut-être pas glorieux de le savoir, mais il est certainement honteux de l'ignorer. — Eh bien! on l'apprendra. Je vous prédis, M. Binôme, que votre fils sera tout aussi bon mathématicien que vous, quand il voudra s'en donner la peine. L'Ermite ne nous disait-il pas, il y a quelques jours, que la science du calcul est à la portée de tout le monde? Pour moi, je déclare que je ne connais que des gens qui savent compter... Les mathématiciens courent les rues. — On se sert souvent de cette expression, reprit M. Binôme; mais c'est en parlant de cette foule d'avortons littéraires, échappés des derniers, et souvent même des premiers bancs de l'école, qui se cotisent pour se faire une réputation d'esprit, et dont le bourdonnement insupportable est peut-être un des plus grands fléaux de la société actuelle. — C'est-à-dire, monsieur (interrompit-elle avec plus de passion que de logique), que vous voudriez que votre fils fût un sot; que vous ne connoissez de talent que celui d'un teneur de livres ou d'un arpenteur, et que, pour vous faire plaisir, il devrait renoncer à la couronne classique qu'il obtient aujourd'hui? — Permettez-moi de vous répéter, ma très chère femme, que je ne dis pas un mot de tout cela; que je desire, au moins autant que vous, voir notre Jules prendre un jour sa place parmi les véritables gens d'esprit; que, pour cela même, je ne serais pas fâché qu'à l'étude des mots il joignît celle des faits, et qu'enfin, sans oser en conclure avec vous que la France ait un grand homme de plus, je suis, avec quelque réserve d'expérience, tout aussi heureux que vous de l'honorable distinction qu'il doit recevoir aujourd'hui. »

Ce petit débat de famille, dans lequel on se disputait à qui serait le plus heureux, ne rendit pas ma médiation difficile: on ramène facilement à la même opinion ceux qui sont déja réunis dans les mêmes sentiments. Le dejeuner ne fut pas long; Jules et sa mère étaient trop pressés de se rendre à la salle des séances de l'Institut (lieu désigné pour la distribution des prix). Je n'attendis pas que l'on m'invitât à cette mémorable cérémonie, à laquelle j'avais un double intérêt à me trouver, comme ami et comme observateur.

Les portes du palais de l'Institut venaient de s'ouvrir lorsque nous nous y présentâmes. Un huissier nous introduisit dans la salle des séances publiques, où madame Binôme, à la grande surprise de son mari, alla choisir nos places sur la dernière banquette de l'amphithéâtre du Nord. « Je ne devine pas, lui dit-il quand nous fûmes assis, pourquoi vous nous mettez si loin du but. — Apparemment, répondis-je, pour augmenter le plaisir que nous aurons à l'atteindre. — Il ne vous entend pas, reprit madame Binôme en me regardant avec un sourire d'intelligence. — Vous verrez, continuai-je, qu'il faudra que ce soit moi qui lui explique ce petit secret de la vanité maternelle : ne voyez-vous pas, ajoutai-je, que, si nous étions en bas de la première enceinte au moment de la nomination, Jules n'aurait qu'un pas à faire de sa place au bureau où vont se distribuer les couronnes, et que son triomphe serait à peine aperçu? Réfléchissez, au contraire, aux avantages qui doivent résulter du choix de notre position. On proclame à haute voix le nom de *Jules-Emmanuel-Victor* BINOME : un jeune homme se lève à l'extrémité supérieure de la salle ; tous les yeux se portent sur lui ; il descend. On s'empresse de se déranger pour lui ouvrir un passage ; mais on

a le temps de s'interroger: « Quel est-il? quel âge
« a-t-il?... Quel air modeste! Quelle figure aima-
« ble!... Que sa mère doit être heureuse!... — La
« voilà. — Où donc? — Là..., cette dame qui s'es-
« suie les yeux... » et mille autres propos que le
jeune homme recueille en allant recevoir la couronne, et en revenant en faire un tendre hommage
à sa mère, au milieu des applaudissements qui écla-
tent et se prolongent sur son passage. — Ah! je
conçois maintenant, reprit notre encyclopédiste
avec sa gravité ordinaire. — C'est bien heureux!
répondit sa femme. — J'abonde d'autant plus volontiers, poursuivis-je, dans le sens ou plutôt dans
le sentiment de madame, qu'il vient à l'appui de
mes vieux souvenirs, et qu'il m'explique la préférence que je donne (dans l'intérêt de la solennité
qui nous rassemble) à l'antique enceinte de la Sor-
bonne sur cette salle beaucoup plus brillante, mais
beaucoup moins spacieuse. — Vous ne dites pas,
interrompit notre géomètre, que, de votre temps,
un plus grand nombre de concurrents exigeait un
emplacement plus vaste. Nous n'avons aujourd'hui
que quatre colléges en exercice; on en comptait dix
autrefois: *Le Plessis, Louis-le-Grand, Harcourt, Mazarin, Lizieux, les Grassins, Montaigu, le cardinal
Lemoine, Lamarche, et Navarre...* »

Pendant ce petit colloque, la salle s'était remplie,
et la commission de l'Université avait pris place.

La séance s'ouvrit; M. Naudet, professeur distingué, prononça un discours latin remarquable par l'excellence des principes, l'élévation des idées, la force et la convenance du style.

La distribution des prix commença. Je crois devoir consigner ici quelques réflexions, que j'abandonne à l'examen de mes lecteurs. Pourquoi *le prix d'honneur* appartient-il invariablement à *la composition latine?* Parceque, de tout temps, la chose s'est faite ainsi... Dans cette circonstance, comme en toute autre, c'est peut-être une excuse, mais ce n'est pas une raison. Il me semble que l'on pourrait alterner, en couronnant tour-à-tour l'AMPLIFICATION *française* et l'AMPLIFICATION *latine* (désignation d'autant moins convenable, pour le dire en passant, qu'elle indique ce genre de composition sous un titre qui rappelle un de ses défauts les plus ordinaires).

Les proclamations se faisaient jadis en latin. On a pu laisser tomber en désuétude cet usage un peu pédantesque; mais je trouvais très bon, très juste, que l'éloge des fondateurs des prix de l'Université précédât le nom des élèves qui recueillent cette noble partie de leur héritage. Les bienfaiteurs de cette espèce sont-ils devenus si communs qu'on doive craindre d'en multiplier le nombre par l'appât de la reconnaissance publique?

En continuant à comparer mes souvenirs aux objets que j'avais sous les yeux, ce qui m'a le plus étonné, c'est d'entendre, à plusieurs nominations, le bruit des sifflets se mêler aux acclamations et aux fanfares: les anciennes distributions n'offrent pas d'exemple de cette inconcevable indécence. J'ai interrogé notre *collégien* sur la cause de ce désordre introduit depuis quelques années; elle tient à la persuasion où sont les élèves que les compositions sont mal examinées et mal jugées. Il serait donc utile d'établir un mode d'examen qu'ils connussent, et qui leur répondît de l'attention et de l'impartialité de leurs juges. Pourquoi quelques élèves des classes supérieures n'y assisteraient-ils pas?

A cette réflexion, que je communiquai à M. Binôme, celui-ci m'objecta qu'il ne pouvait y avoir d'infidélité pour la correction et le classement des copies, puisqu'elles ne sont remises aux examinateurs qu'après en avoir enlevé la tête, où se trouve le nom de l'élève et de son collège; sur cette tête et sur la copie on inscrit une devise qui sert à les rapprocher. Ces têtes de copies sont déposées, jusqu'au moment où l'on dresse les listes, dans une boîte scellée. A toutes ces précautions, communes à l'époque actuelle et à l'ancienne, on ajoute aujourd'hui celle de nommer pour l'examen des compositions de rhétorique des personnes étrangères à l'enseignement, c'est-à-dire non professeurs à l'Université.

Autrefois le secret de l'Université n'était pas celui de la comédie; il était religieusement gardé, et l'écolier qui devait avoir un prix venait à la distribution sans connaître son sort. Les professeurs eux-mêmes l'ignoraient. La surprise ajoutait à la joie de l'élève et de ses parents, et prévenait les petites intrigues des écoliers déçus dans leurs espérances. Aujourd'hui la liste se fait en plein conseil de l'Université, les inspecteurs présents. Peut-être a-t-on cru que cet appareil de publicité serait un garant de l'équité des juges; mais s'il était possible de supposer que les examinateurs fussent des hommes corruptibles, l'injustice serait faite avant que l'on dressât les listes. Le mode actuel ne sert donc qu'à désespérer et à irriter les vaincus, en faisant d'avance connaître les vainqueurs.

Je me souviens (moi qui me souviens de loin) que le docteur *Fourneau*, qui proclamait les prix à l'ancienne Université, se tenait debout et parlait haut. Je demande pourquoi l'officier de l'Université actuelle, qui remplit aujourd'hui les mêmes fonctions, parle bas et reste assis? Le præco des jeux olympiques dominait toutes les têtes, et sa voix remplissait un immense amphithéâtre.

J'ai fait une observation dont je voudrais bien qu'on ne tirât aucune induction maligne: autrefois les noms proclamés appartenaient en général à des familles honnêtes sans doute, mais ignorées, mais obscures; aujourd'hui les noms des élèves couronnés rappellent, pour la plupart, des hommes connus dans les premiers rangs de la société, de l'administration, des lettres, et même de l'Université, et ces noms sont trop souvent accueillis avec des applaudissements du genre de ceux que l'on entend aux pièces nouvelles sous les lustres de nos salles de spectacles... Binôme m'a promis sur ce fait une explication satisfaisante; je l'attendrai pour avoir un avis.

Le maréchal de Villars prétendait, même après la bataille de Denain, que le plus beau jour de sa vie était celui où il avait eu un prix au collége : je crois pouvoir assurer que cette journée de bonheur ne laissera pas, dans le cœur de Jules, un souvenir moins exclusif. On pourrait peindre cependant les transports d'alégresse avec lesquels il a entendu proclamer son nom; mais l'ivresse de sa mère! il faudrait l'avoir sentie pour s'en former une idée. Je suivais, sur sa touchante figure, les impressions graduées qu'elle éprouvait à chacun des prénoms de son fils. Elle fit un mouvement pour se lever, quand son nom de famille fut prononcé au milieu des plus générales et des plus brillantes acclamations que nous eussions encore entendues. Elle pâlit, rougit, et pleura. Il y avait dans son émotion quelque chose de si maternel, de si communicatif, que toutes les femmes en furent en même temps saisies, et s'associèrent à la douceur de ses larmes. Comme elle embrassa son fils, quand il revint près d'elle, le front ceint de la seule couronne dont la jouissance ne soit accompagnée d'aucun trouble, dont le souvenir ne soit accompagné d'aucun regret! Jules vint ensuite embrasser son père: « C'est fort bien, mon fils, lui dit-il; c'est fort bien; mais il faudrait avec cela savoir au moins les quatre règles.»

N° L. [30 SEPTEMBRE 1816.]

LA MAISON SINGULIÈRE.

D'originaux divers quel bizarre assemblage !

« Monsieur, je n'ai point d'excuses à vous faire pour l'attention avec laquelle je vous regarde; car je me suis aperçu que j'étais moi-même l'objet de votre curiosité. » Ces mots m'étaient adressés par un vieillard auprès duquel j'étais assis sous un des quinconces du jardin des Tuileries, et dont je cherchais à démêler les traits, qui ne m'étaient point inconnus : « Nous nous sommes vus quelque part, lui dis-je; mais il se pourrait que ce ne fût pas dans ce monde-ci. — Nous avons bien l'air de nous rencontrer bientôt dans l'autre, continua-t-il; mais pour ne parler que de la terre où nous sommes encore, j'ai quelque idée d'avoir fait avec vous le voyage des Indes, il y a de cela une cinquantaine d'années. — Sur l'*Apollon*, peut-être? — M'y voilà : un jeune garde-marine, une petite danseuse déguisée en mousse; un vacarme du diable à bord du vaisseau, et le capitaine Saint-Hilaire qui confisque le mousse à son profit. — C'est cela même : un lieutenant dans le régiment de Luxembourg, qui courait le long de la préceinte pour aller voir ce qui se passait dans certaine *cabine* de la dunette; qui se battit en duel à Porto-Praya avec le petit garde-marine, et que l'on avait surnommé l'anti-Breton. — C'est M. de Pageville! — C'est M. le vicomte de Valmont! »

Le temps a cela de bon qu'il use dans notre esprit les impressions défavorables aux objets sur lesquels il a passé : en revoyant, après un demi-siècle, ce M. de Valmont que je n'avais jamais pu souffrir étant jeune, j'oubliai combien j'avais eu à m'en plaindre; j'oubliai même les torts que j'avais eus avec lui, pour ne me souvenir que des circonstances au milieu desquelles nous nous étions connus, des chagrins et des plaisirs que nous avions partagés.

Je laisse à penser si l'entretien fut long et animé entre deux vieillards qui avaient à se rendre compte de trente-cinq ans de voyages et de vingt-cinq ans de révolution : je ne dirai rien des aventures de ce singulier personnage, pour ne point affaiblir l'intérêt de ses Mémoires, qu'il a l'intention de publier, et dans lesquels on trouvera le tableau le plus fidèle des inconséquences et des bizarreries de l'esprit humain. Il ne sera question dans ce discours que de la maison qu'il habite; on verra que le cadre convient merveilleusement au portrait.

En nous quittant, nous nous étions mutuellement donné nos adresses, et dès le lendemain, à huit heures du matin, j'étais chez le capitaine Thomas (c'est le titre et le nom que M. le vicomte de Valmont a pris depuis 1814, par suite de cet esprit de contradiction qui fait le fond de son caractère). Je le trouvai dans une vaste maison de la rue des Filles-Saint-Thomas, où il occupe, au premier étage, un fort bel appartement sur la cour. Le capitaine était coiffé d'un bonnet de police placé de travers sur une perruque à la Préville, un grand pantalon de drap ponceau à la moresque, et une espèce de casaque en forme de dolman, complétaient son costume du matin, et en faisaient une des plus drôles de figures dont on puisse se faire l'idée. Le valet qui m'introduisit n'était pas moins étrange que le maître : avec sa calotte rouge et sa jaquette grise nouée avec une ceinture de cuir, on l'aurait pris pour un forçat échappé de la chiourme.

« Eh! bonjour, mon vieux *pèlerin*, me dit-il en me voyant entrer (ce mot de *pèlerin* est l'expression favorite du capitaine); vous arrivez à temps pour prendre avec moi une tasse de gloria[1]. C'est toujours par-là que je commence ma journée. »

Après avoir épuisé le chapitre des souvenirs, entamé dans notre premier entretien, nous en vînmes

---

[1] Boisson faite avec du thé et du rum.

au présent, dont nous parlâmes avec économie ; quant à l'avenir, nous le traitâmes comme le renard de la fable traite les raisins qu'il désespère d'atteindre.

Je fis compliment au capitaine Thomas sur le logement qu'il habitait. « Il fait partie, me dit-il, d'une maison comme il n'y en a peut-être pas une seconde à Paris : c'est à-la-fois l'arche de Noé, la tour de Babel, et la boîte de Pandore. Le monde moral est là tout entier ; sans sortir de chez moi, je me donne chaque jour la comédie, et, qui plus est, j'ai le plaisir d'y jouer mon rôle. Une semblable réunion de *pèlerins* et de *pèlerines* est un vrai miracle du hasard. En attendant que je vous montre les acteurs, je veux vous faire connaître le théâtre. »

En disant cela, il ouvrit une fenêtre, et nous parcourûmes des yeux les différents étages dont ce bâtiment carré se compose.

« Le rez-de-chaussée, continua-t-il, dont nous ne tarderons pas à voir le locataire, est occupé par un ancien maître des requêtes, autrefois fort riche, lequel a un mépris si profond pour les gens qui vont à pied, qu'il s'est fait loueur de voitures pour continuer *à rouler carrosse*. Sa vanité ne va pas plus loin ; quant à ses plaisirs, qui ne supposent pas un esprit moins relevé, ils se bornent, comme vous pourrez tout-à-l'heure vous en convaincre, à apprendre à nager, dans cette auge de pierre, à un gros chien barbet, dont les hurlements indiquent l'heure de la leçon, à laquelle tous les locataires ont coutume d'assister à la fenêtre.

« Le premier et le second étage sur la rue sont occupés par des demoiselles qui tiennent beaucoup moins à l'opinion qu'à la faveur publique.

« Au-dessus de moi logent deux veuves, de mœurs différemment irréprochables : l'une, dans l'automne de l'âge, est un véritable misanthrope femelle : elle hait pourtant moins les femmes qu'elle ne les méprise. Fille d'un grand seigneur elle épousa en premières noces un simple bourgeois, sans autre motif que de sortir d'une classe où l'égoïsme et l'orgueil lui paraissaient avoir leur source. Malheureusement, l'esprit de cette dame n'était pas moins exigeant que son cœur : la probité négative de son époux, qu'aucune force d'ame, qu'aucune instruction, qu'aucune délicatesse de goût n'accompagnaient, ne la dédommagea pas suffisamment du sacrifice qu'elle avait fait, et dont elle était près de se repentir, lorsque son mari mourut de frayeur au commencement de la révolution, pour s'être vu incorporé dans un bataillon de garde nationale. Quelques années après, elle épousa en secondes noces un homme de lettres célèbre par des écrits où respiraient la philosophie la plus pure, le patriotisme le plus éclairé ; mais comme il trouvait le moyen d'accommoder la sévérité de ses principes et la noble indépendance de son caractère à tous les gouvernements qui se succédaient dans le cours de l'orage révolutionnaire, sa femme ne tarda pas à s'apercevoir qu'il y a quelque chose de plus méprisable qu'un noble sans autre mérite que sa naissance, qu'un bourgeois sans autre vertu que sa vulgaire bonhomie, et que ce pouvait bien être un bel esprit aux gages de la puissance : quelques années d'épreuves, en lui donnant les moyens de s'en assurer, lui firent supporter avec résignation la perte de ce second époux. Depuis cette époque, elle a vécu solitaire au milieu de Paris et dans la maison la plus tumultueuse qu'on y puisse trouver : pour se séparer des humains, elle n'a pas même daigné les fuir.

« L'autre veuve est une jeune et jolie femme, véritable héroïne d'un roman de chevalerie. Mariée à quinze ans avec un officier de hussards, elle a fait à cheval avec lui les deux dernières campagnes, et ne l'a jamais quitté, même sur le champ de bataille. Dans la retraite de Moscou, elle a montré jusqu'où l'amour pouvait élever le courage, jusqu'où le dévouement et la volonté pouvaient suppléer à la force ; elle a perdu son mari à Champ-Aubert, et fut blessée du coup dont il mourut. Chaque fois que je la vois, je ne manque pas de lui faire une déclaration d'amour ; elle en riait autrefois, elle n'y répond déjà plus que par un demi-sourire ; s'il lui arrive de m'écouter sérieusement, c'est une affaire faite, je l'épouse.

« Le logement qui nous fait face est habité depuis plusieurs mois par des Anglais. Vous connaissez ma vieille aversion pour les gens de ce pays; l'âge, l'expérience et les événements n'y ont rien changé. Sans égard aux traités de paix, je me suis constitué avec eux en état d'hostilité permanent. Vous ne devineriez jamais de quelle nature est la guerre que je fais à ces *pèlerins* d'Albion qui sont venus se placer sous ma couleuvrine. Je m'étais aperçu qu'il y avait entre eux et les demoiselles du principal corps-de-logis un échange de regards obliques, qui manquaient leur effet par un défaut de direction dans l'emplacement des batteries; j'ai mis à la disposition de ces dames une des pièces de mon appartement, d'où elles peuvent battre de plein fouet les positions de l'ennemi. Les traits qu'elles lancent, les mines qu'elles font jouer, leur assurent une victoire qui, suivant toute apparence, coûtera cher aux vaincus.

« Le corps de-logis au fond de la cour est occupé par un dentiste italien et par un compositeur célèbre: il n'y a pas de jour que leur voisinage ne donne lieu aux scènes les plus bouffonnes: tantôt c'est un homme, la figure empaquetée, qui entre chez le compositeur, se jette dans un fauteuil, ouvre la bouche avec une grimace horrible, et veut absolument que le musicien visite sa mâchoire ; tantôt c'est un auteur de province qui, se trompant également d'étage, croit faire une visite au successeur de Grétry, et n'est averti de sa méprise qu'en voyant l'Esculape s'avancer sur lui le davier à la main. L'un se plaint de ne pouvoir travailler le jour sans être interrompu par les cris des gens que le docteur soulage ; celui-ci se plaint de ne pouvoir fermer l'œil pendant la nuit, parcequ'il plaît au compositeur de harceler jusqu'à deux ou trois heures du matin les touches d'un maudit piano discord, pour y trouver le chant de l'opéra qu'il compose. Je ne connais rien de plus divertissant que leurs querelles journalières, auxquelles j'ai tout lieu de croire que la malice des voisins n'est pas toujours étrangère.

« Au troisième étage, et dans les mansardes, sont logés des essaims d'artistes de tout genre et de toute espèce, attachés aux différents théâtres ; chanteurs, danseurs, choristes, joueurs d'instruments : vous ne tarderez pas à entendre la bruyante symphonie qui signale chaque matin leur réveil. »

Nous rentrâmes et continuâmes à causer dans l'appartement, jusqu'à ce que les aboiements du barbet nous avertirent que le spectacle allait commencer.

En effet, je vis successivement se montrer à la fenêtre tous les originaux que m'avait annoncés le capitaine (sauf la veuve aux deux maris, dont les persiennes restèrent constamment fermées). Un peintre aurait trouvé là des études de tête de tous les caractères possibles.

Tout le monde salua de la main ou de la voix le capitaine Thomas, à l'exception des quatre Anglais, occupés à faire la guerre à l'œil avec les demoiselles qui s'étaient déja rendues à leur poste.

Je n'essaierai pas de donner une idée d'un tableau dont l'effet résulte de la bizarrerie et de l'incohérence d'objets qu'il me serait aussi difficile de peindre que de noter le tintamarre résultant dans cette maison du bruit des voix, des instruments divers, des cris de toute espèce, accompagnés des hurlements du caniche, auquel son maître apprenait à nager à grands coups de fouet.

N° 11 [7 octobre 1816]

LES ÉLECTIONS.

*What are without it (virtue) senates? Save a face
Of consultation deep and reason free;
While the determin'd voice and heart are sold.
What boasted freedom? Save a sounding name.
And what elections? But a market vile
Of slaves self-bartered.*

     Thomson's, poems, *Liberty*.

Sans vertu, qu'est-ce qu'un sénat? Rien qu'un simulacre de représentation où les voix et les cœurs sont à l'encan. Qu'est-ce que cette liberté vantée? Rien qu'un nom sonore. Qu'est-ce que les élections? Rien qu'un marché d'esclaves qui se vendent eux-mêmes.

Quelque résolution que j'aie prise de ne point m'ingérer dans les affaires politiques, où la vérité est si difficile à connaître et presque toujours si inutile à dire quand elle n'est pas dangereuse, il est cependant des circonstances où l'intérêt national et l'intérêt particulier sont tellement identiques, où l'action individuelle a tant d'influence sur l'action publique, qu'il y aurait au moins inconvenance de la part de celui qui fait état d'observer les mœurs de son temps et de son pays, de ne tenir aucun compte de ces grands mouvements de la société. Dans une monarchie constitutionnelle, les élections rentrent dans le domaine des mœurs nationales, et peut être ne sait-on pas encore assez de quelle importance il est de consulter ces dernières pour établir solidement les autres.

J'ai entendu traiter, ou plutôt discuter cette grande question chez M. Binôme, dans un dîner qu'il a donné la semaine dernière, avant de partir pour se rendre au collége électoral de département dont il est membre. Plusieurs électeurs se trouvaient au nombre des convives, entre autres M. de Mérange[1] et M. le comte de Glaneuil.

« Nous allons remplir une mission importante, dit au dessert M. Binôme, après avoir fait retirer les gens : j'ai pensé qu'une conférence à ce sujet, avec quelques amis éclairés et sages, ne serait pas sans utilité pour nous : ceux qui regardent jouer, et qui sont intéressés à la partie, y voient ordinairement mieux que ceux qui tiennent les cartes.

« Si nous vous demandons des avis, continua-t-il, ce n'est pas faute de conseils; depuis huit jours j'ai reçu vingt lettres de gens qui, sans me connaître, se sont crus obligés d'éclairer ma religion d'électeur; je vous lirai les deux plus courtes :

[1] Voir le n° xxx, page 317, volume I".

« Je suis instruit, monsieur, que des personnes
« malintentionnées cherchent à nuire à M. N***
« dans l'esprit de MM. les électeurs du département
« de...., en qualifiant d'intrigue son zèle infatigable;
« en le représentant comme un homme qui cherche
« dans l'inviolabilité temporaire attachée aux fonc-
« tions de député un asile contre la foule des créan-
« ciers qui le poursuivent : vous ne serez pas dupe
« de cette manœuvre de l'envie, et vous ne refu-
« serez pas votre suffrage à un homme distingué
« dans tous les temps par sa courageuse opposition
« au ministère, et qui ne peut manquer d'y être in-
« cessamment porté lui-même. En toute autre cir-
« constance, je croirais pouvoir vous assurer que
« dans la supposition où M. N*** se verrait un jour
« forcé d'accepter une place où l'appelle le vœu pu-
« blic, il n'oublierait pas que vous n'êtes pas à la
« vôtre. Je croirais faire injure à tous deux en tra-
« hissant ses bonnes intentions pour vous au mo-
« ment où il sollicite les vôtres. Je vous supplie même
« de lui laisser ignorer une démarche que condam-
« nerait son extrême délicatesse. »

« Voici la seconde lettre, dont la signature ne me
paraît pas aussi authentique que la première :

« Monsieur, vous êtes électeur dans le dépar-
« tement de..... Votre nomination à la nouvelle
« chambre des députés est un point résolu parmi
« certains hommes beaucoup moins connus (fort

« heureusement pour vous) par l'attachement qu'ils
« vous portent que par la haine qu'ils ont voué à
« M. N***, votre compétiteur. Dans l'impossibilité
« d'arriver brusquement au choix qui leur convient,
« ils croient devoir se contenter, pour le moment,
« de retenir la place; ils ont fort habilement choisi
« pour cela, j'en conviens, un homme distingué par
« la modération de ses principes, qui a trouvé le
« moyen de se concilier l'estime d'un parti sans avoir
« encouru la haine de l'autre; mais plus je professe
« d'estime pour ce même homme, plus il est de
« mon devoir de le prévenir qu'il est, à son insu
« sans doute, l'instrument d'une faction dont nous
« sommes certains de déjouer les projets. L'assu-
« rance formelle que je vous en donne doit être
« pour vous la preuve que l'élection résolue de
« M. N*** part de plus haut que le collége électoral,
« et qu'il y aurait pour vous de graves inconvénients
« à permettre que vos amis établissent entre vous et
« M. N*** une lutte où le moindre risque que vous
« ayez à courir est de laisser dans la mémoire de
« gens qui n'oublient rien le souvenir de votre dé-
« faite. »

Ces deux lettres, que l'on commenta en riant, fournirent à quelques uns de ces messieurs l'occasion de raconter les intrigues au moyen desquelles les courtiers d'élections avaient essayé de les circonvenir.

« Glaneuil et moi, dit M. de Mérange, nous avons reçu la visite d'un candidat qui fait ses affaires lui-même. Ce n'est pas sa faute si le hasard nous a mis dans le secret du double rôle qu'il joue avec un talent qui suppose un long exercice. Ce monsieur, en se présentant chez moi, revêtu de la *candidature*, s'ouvrit de la manière du monde la plus franche sur le desir et sur l'espoir qu'il avait d'être nommé député.

« Étranger à toute autre ambition qu'à celle du bien public, convaincu qu'il n'est dorénavant pour la France d'autre moyen de salut, de prospérité, de gloire, que dans l'établissement solide, il ose même dire dans le culte de la monarchie constitutionnelle, il se croit comptable envers son prince et sa patrie des principes qu'il professe, et dont quelques talents peuvent contribuer à assurer le triomphe. Ce monsieur exprimait des opinions si raisonnables avec une éloquence si persuasive, qu'il put s'apercevoir en me quittant des dispositions favorables où je me trouvais pour lui.

« — On est toujours sûr de réussir auprès de M. de Mérange (reprit le jeune comte de Glaneuil), quand on lui parle de charte, d'idées libérales, de division de pouvoirs; pour moi, je l'avoue bien franchement, je déteste la révolution et tout ce qui la rappelle de loin ou de près à mon esprit; c'est un droit que j'ai payé assez cher (continua-t-il avec un soupir) pour qu'on ne m'en conteste pas l'exercice. Cela ne veut pourtant pas dire que je sois partisan du pouvoir absolu : je voudrais aussi la liberté politique, mais je la voudrais sous des formes françaises ; et, pour vous expliquer mon idée en deux mots, au lieu de chambres haute et basse, je voudrais des états généraux périodiques. Cette opinion, purement spéculative, n'influe cependant en rien sur ma conduite, et ne m'empêche pas de me réunir de cœur, sinon d'avis, avec ceux qui aiment leur pays d'une autre manière. Le candidat qui vint solliciter ma voix n'était bien informé que de mon aversion pour les révolutionnaires, et des cruels souvenirs qui la nourrissent ; aussi ne me parla-t-il que de la nécessité d'écraser l'hydre qui lève en ce moment une *tête constitutionnelle*. « Point « de demi-mesures, me dit-il ; ce n'est point avec « un filet d'eau qu'on nettoie les écuries d'Augias. « Tout ce qui n'est pas pour nous est contre nous ; « et tous les parents de la révolution, à quelque « degré que ce soit, doivent être frappés du même « anathème. Tout est perdu si le gouvernement « transige avec les idées du siècle. »

« L'homme qui me parlait ainsi est le même qui tenait la veille à M. de Mérange un langage tout différent. Il était encore avec moi lorsque ce dernier entra. Vous pouvez juger de la question que nous nous amusâmes à faire subir à ce candidat aux deux visages, et des risibles efforts où nous le réduisîmes pour concilier les opinions disparates qu'il avait affichées avec chacun de nous. »

L'intention que manifesta un des convives de ne point se rendre à l'assemblée des électeurs dont il fait partie, donna occasion au philosophe André de faire une sortie un peu vive contre l'indolence véritablement coupable des bons citoyens : « Je ne serais pas embarrassé de prouver, ajouta-t-il, que presque tous les maux qui ont affligé la patrie depuis vingt-cinq ans ont eu leur source dans le défaut de concert et d'activité de cette foule d'honnêtes gens qui détestent le mal sans se mettre en peine de l'empêcher, qui veulent le bien à condition de ne rien faire pour l'obtenir. »

André s'étendit beaucoup sur l'importance des fonctions d'électeur, sur la nécessité de les remplir, et insista sur la sagesse de la loi, qui exige la présence de la majorité absolue des membres dont se compose un collége électoral pour valider ses élections. « Par ce moyen, ajouta-t-il, on évitera les scissions d'assemblée dont certain directoire tira jadis un si bon parti pour faire nommer ses créatures : ses affidés s'apercevaient-ils, à la simple nomination des bureaux, que les élections ne seraient pas conformes aux instructions qu'ils avaient reçues, ils s'empressaient de faire scission et de *floréaliser*, ce qui voulait dire infirmer les nominations faites par la majorité des colléges, en procédant, au premier cabaret voisin, à de nouvelles élections, qu'on ne manquerait pas de reconnaître comme le véritable choix du peuple.

« — La loi de *floréal* avait ses inconvénients, reprit M. Binôme; mais la nouvelle n'en est pas exempte, et je pourrais appuyer de plus d'une preuve récente la justesse du petit calcul que je vais vous soumettre. Soit un collége électoral composé de deux cents membres; il en faut *cent un* pour que l'élection soit valable; retirez-en *cinquante* (et c'est le moins possible) pour les malades, les infirmes, les vieillards, les indolents qui ne se rendent pas à leur poste, reste *cent cinquante* électeurs; maintenant, supposez une minorité turbulente de *cinquante* membres, qui se sont assurés, par la formation du bureau, que le résultat du scrutin ne sera pas conforme à leurs vœux : ils se retirent, l'assemblée ne se trouve plus composée que de *cent* membres, et l'élection ne peut avoir lieu.

« Puisque nous cherchons à nous éclairer sur les intrigues dont une assemblée électorale peut être le théâtre, je dois vous signaler encore une petite manœuvre que j'ai vu pratiquer avec succès. On veut, par exemple, attirer l'attention du collége sur un homme qui n'est bien connu que du parti qui le porte: quelques voix s'élèvent pour contester son droit d'élection sous un prétexte quelconque, dont il lui sera facile de triompher; cet homme monte à la tribune, parle bien, se défend avec chaleur, se présente comme victime de cette même cabale dont il est l'instrument: l'injustice est palpable; chacun veut contribuer à la réparer; et celui à qui l'on disputait le titre d'électeur est nommé député. »

M. Walker prit à son tour la parole. « Il est plus aisé, dit-il, de se prémunir contre les mauvais choix que d'en faire de bons, et je vous en dirai le motif (dussiez-vous m'accuser de juger tous les hommes d'après ceux du pays dont je suis originaire); c'est qu'il y a peu de probité qui ne cède à l'intérêt de faction; alors on voit les choses de travers, on soutient les paradoxes les plus extraordinaires. Je connais de très honnêtes gens qui vous diront, quand vous voudrez, qu'une immense dette publique est le plus sûr garant de la prospérité nationale; qu'il n'y a de liberté qu'en Angleterre, et que nous ne jouirons jamais de ce bienfait en France tant qu'on n'y sera pas maître d'écraser les gens de pied à la porte des spectacles et d'y vendre sa femme au marché.

« — Je pense, répondis-je à M. Walker, que toute la difficulté consiste, dans les élections, à neutraliser l'esprit de parti, et, pour le moment, à écarter les gens qui ont de grands *intérêts révolutionnaires* à défendre; bien entendu que, dans cette classe, je comprends ceux qui se vantent d'avoir tout gagné, et ceux qui se plaignent d'avoir tout perdu à la révolution : la reconnaissance des uns et la haine des autres me paraissent également à craindre : la probité, l'honneur, les vertus domestiques, l'amour de la patrie, des lois, et du prince, tels doivent être les titres à vos suffrages.

« — Vous oubliez le plus important, reprit M. de Mérange : le mérite et les lumières. La nation française ne sera jamais bien représentée que par des gens d'esprit; je ne crains pas de répéter après Bacon cette vérité dure : *Dans les temps corrompus, les hommes habiles sont plus nécessaires que les gens simplement vertueux;* on est bien sûr, du moins, de faire entendre à ceux-là que le prince ne doit et ne peut appartenir à aucun parti. Les factions, a dit le plus grand des publicistes, doivent effectuer leur mouvement autour du trône; mais à une grande distance, comme ces planètes secondaires qui ont un mouvement à elles, mais qu'une force supérieure retient dans l'orbite où elles sont forcées d'achever leur cours.

N° 111 [14 octobre 1816.]

LE PAQUEBOT.

An' tu tibi incommodum evenisse arts ?
TÉRENCE.

Est-il bien vrai que ce voyage expose à tant d'incommodités ?

Une circonstance dont il serait trop long et trop fastidieux d'entretenir mes lecteurs, m'a forcé dernièrement de faire un voyage en Angleterre, c'est-à-dire d'aller passer vingt-quatre heures à Douvres. Je n'en prendrai pas occasion de décrire les mœurs, d'analyser la constitution, d'évaluer les finances des Trois Royaumes; de l'aspect de cette ville, je ne conclurai pas que les îles britaniques ne sont qu'un vilain amas de rochers arides; de l'excessif embonpoint de mon hôtesse de Douvres, de sa figure hommasse, de sa passion pour le *claret*, je ne conclurai pas que toutes les femmes anglaises pèsent de deux à trois quintaux; qu'elles s'enivrent tous les soirs, et qu'elles ont de la barbe au menton. Sans doute on me saura gré de cette retenue, pour peu qu'on ait lu tant d'impertinentes relations de voyageurs anglais et allemands, qui prononcent, d'un ton si magistral, sur la politique, le caractère, et les usages d'un peuple chez lequel ils ont séjourné huit jours. Je ne parlerai que de mon passage de Calais à Douvres, et je me bornerai à la peinture d'un paquebot, que l'on pourrait, à quelques égards, comparer à la barque de Caron.

Pressé de partir, j'avais accepté la proposition qui m'avait été faite, par la voie des *Petites-Affiches*, de voyager, à *frais communs*, avec un *particulier connu* qui se rendait en poste à Calais. Mon compagnon de voyage, que je ne connaissais encore que de correspondance, vint me prendre à cinq heures du matin; nous montons en voiture, et nous voilà en route.

La première observation que j'eus occasion de faire porta sur l'énormité du bagage que mon compagnon emportait avec lui: indépendamment de la vache et des malles qui surchargeaient la voiture, l'intérieur était rempli d'une quantité d'objets et de provisions de toute espèce. Cette remarque me fournit l'occasion de nouer l'entretien.

« Monsieur se propose de faire un long voyage, à ce qu'il me semble?—Je suis las de la vie oisive que je mène depuis si long-temps, et pour en varier les scènes, j'ai pris la résolution de visiter une bonne partie du globe. Je commence par l'Angleterre, sans trop savoir pourquoi, car c'est un pays que je déteste. — Vous l'avez habitée, sans doute?—Non, je sors de Paris pour la première fois; mais j'ai lu tout ce qu'on a écrit sur ces tristes contrées, où un rayon du soleil est aussi rare qu'une grappe de raisin. — Cette objection est de peu d'importance pour un voyageur, et vous trouverez là, je vous assure, beaucoup de choses faites pour exciter votre curiosité, quelques unes même dignes de toute votre admiration. — C'est un sentiment auquel je ne suis pas sujet; et, convaincu, comme je le suis, que Paris est encore, à tout prendre, ce qu'il y a de mieux sur la terre, je ne suis pas loin de croire que j'aurais tout aussi bien fait *de rester chez moi.* »

Dans la suite de cet entretien, j'appris que celui avec qui je voyageais se nommait M. Vermenil, qu'il avait cinquante-cinq ans, qu'il était garçon, qu'il jouissait d'une soixantaine de mille livres de rente, et qu'il ne s'était jamais plus ennuyé que depuis qu'il avait été guéri de la goutte par un charlatan non patenté. « Je ne devine pas (lui dis-je pour avoir l'explication de ce dernier paradoxe) ce que vous pouviez trouver d'amusant à la goutte. — J'en avais régulièrement deux accès par an; je prévoyais le mal; je m'en occupais douloureusement pendant sa durée; j'en attendais le terme avec impatience; je jouissais des intervalles de repos qu'il me laissait; je vivais enfin. Depuis que ce maudit docteur, avec son baume, m'a délivré de mon ennemi, je suis dans l'état d'un homme à qui l'on a enlevé une méchante femme avec laquelle il a vécu trente ans, et qui avait su lui faire un besoin du tourment qu'elle lui faisait endurer. En perdant la goutte j'ai gagné le *spleen*, et je voyage maintenant pour me guérir de cette dernière maladie. Fasse le ciel que le remède, cette fois encore, ne soit pas pire que le mal!

Comme il achevait ces mots, notre postillon, qui s'obstinait à ne point céder le pavé à une berline à six chevaux qui venait au-devant de nous, l'accrocha en passant, tomba dans le débord, et nous versa sur le bas-côté de la route. « *J'aurais mieux fait de rester chez moi,* » dit M. Vermenil en se débarrassant du milieu des paquets sous lesquels il était tombé, tandis que j'empêchais le postillon de dételer son porteur pour courir après la berline qui se sauvait au galop. Le mal n'était pas grand; quelques paysans nous aidèrent à relever notre voiture, et, sans autre encombre, nous arrivâmes à Amiens où nous nous arrêtâmes pour dîner.

M. Vermenil trouva tout ce qu'on nous servit détestable; il ne fit pas même grace au pâté qu'il dédaigna, sans égard à la réputation qu'Amiens s'est acquise en ce genre, et dont elle est plus fière que de la naissance de Gresset. Je lui proposai de faire un tour dans la ville, tandis que l'on attellerait nos chevaux; mais il en avait assez vu pour être en état de prononcer « qu'Amiens était une misérable ville, bâtie en bois, dont la cathédrale ne pouvait pas souffrir la comparaison avec Notre-Dame de Paris, et où l'on faisait très mauvaise chère.

L'avantage que j'ai d'avoir couru le monde depuis l'âge de quinze ans m'a dès long-temps familiarisé avec cette suite d'inconvénients inséparables des voyages. En une heure de temps je suis établi, en quelque endroit que je me trouve, aussi commodément que si j'y avais passé plusieurs mois; je prends les hommes et les choses comme ils se présentent, et je fais en sorte de tirer quelque instruction ou quelque plaisir des objets au milieu desquels je me trouve placé. Il n'en était pas ainsi de mon compagnon de voyage. Dégoûté de tout, parcequ'il l'était de lui-même, voyageant sans autre but que de se fuir, et se retrouvant toujours, pour lui tout était incommodité, obstacle, *désappointement*. Il se plaignait du bruit de la voiture, des cahots, de ne savoir où placer ses jambes, où appuyer sa tête; et le refrain de son éternelle complainte, qu'il modulait sur vingt tons plus comiques l'un que l'autre, était toujours: *J'aurais mieux fait de rester chez moi.*

Je m'amusais à calculer, par une règle de proportion, combien de fois il le répéterait avant d'avoir achevé son tour d'Europe, lorsque nous entrâmes à Calais, au milieu d'une pluie de cartes que l'on jetait dans notre voiture pour nous indiquer le nombre et le nom des paquebots prêts à partir.

A peine étions-nous descendus à l'ancienne et célèbre auberge de M. *Dessain*, que plusieurs capitaines vinrent eux-mêmes nous offrir leurs services. Nous nous décidâmes pour le paquebot français *l'Espérance*. Le vent était favorable ; nous devions mettre à la voile dans deux heures, et nous n'avions que le temps de faire porter et visiter nos effets à la douane (formalité que M. de Vermenil trouva fort impertinente, quand il offrit de donner *sa parole* qu'il n'emportait rien qui fût soumis aux droits ; je l'attendais à la même cérémonie sur l'autre rive du canal).

Il était quatre heures de l'après-midi lorsque nous nous rendîmes au port. Le ciel était serein, la mer légèrement agitée par un vent favorable, et déjà le pont du paquebot était couvert de nombreux passagers. A la vue de la planche étroite sur laquelle il fallait passer, peu s'en fallut que mon compagnon n'abandonnât la partie. Il finit cependant par suivre, avec une courageuse résolution, l'exemple que lui donnaient des femmes et des enfants. Nous sommes à bord ; on *démarre* au bruit de cent voix qui vont et reviennent du rivage au navire. « Adieu, ma tante ! — Adieu, mon frère ! — N'oubliez pas la petite provision d'aiguilles. — *My love to Nancy !* — Prenez garde que le vent n'enlève votre bonnet ! — *Tell, Georges, I shall soon be in town !* — Ne manquez pas d'aller à *Scotland-Yard*.

Ayez soin de remettre ma lettre vous-même. » Et cent autres recommandations semblables, que l'on répète encore lorsqu'on ne s'entend plus; cependant la voile s'enfle, le rivage s'éloigne: insensiblement la côte s'abaisse, et déjà nous ne voyons plus que la tour du phare.

Je ramène alors mes regards autour de moi, et je fais la revue de nos passagers. Ils se composent, en partie à-peu-près égale, d'Anglais et de Français de différentes classes, parmi lesquels se distingue une *right honorable lady,* avec ses deux petites-filles *Laure* et *Emma,* nées de pères français, et brillantes de fraîcheur, de jeunesse, et de graces; un *beau* de Londres et ses deux *grooms,* avec lesquels il est facile de le confondre; deux jeunes Parisiens, dont l'un est un modèle de bon ton, de bonnes manières, et l'autre un modèle plus reconnaissable de badauderie et de fatuité; une grosse dame d'un embonpoint qui pourra fort bien paraître suspect à la douane de Douvres, et qui ne peut être qu'une bijoutière ou une marchande de modes, à en juger par l'élégance déplacée de sa toilette, et les boucles de diamants qui pendent à ses deux oreilles. Le reste des passagers rentre dans l'ordre commun, et, par cela même, n'est susceptible d'aucune remarque.

Le premier examen achevé sur le pont, je descendis dans la *cabine,* où je ne fus pas surpris de trouver M. Vermenil étendu sur un des lits que l'on réserve ordinairement aux dames. Il dormait déja d'un profond sommeil, mais son repos ne fut pas de longue durée. Parvenus au milieu du canal, la lame plus longue et plus élevée ne tarda pas à imprimer au navire un mouvement de *roulis* dont presque tous les cœurs furent à-la-fois avertis par un malaise progressif qui s'annonçait par des symptômes différents : les uns restaient immobiles ; les autres étaient pâles ; ceux-ci se plaignaient d'un grand mal de tête ; ceux-là, dans une espèce d'ivresse, voyaient tous les objets tourner autour d'eux. Notre homme de la *cabine* fut un des plus promptement atteints. Éveillé en sursaut par le mal de mer, tout nouveau pour lui : Qu'est-ce que ça? s'écria-t-il... En voici bien d'une autre ! Eh bien !... Ah ! mon Dieu, je vais me trouver mal. Dites-leur donc de finir. » Quand on lui eut fait observer que cela devait se passer ainsi, et qu'il souffrirait moins sur le pont, il se hâta d'y monter, en jurant contre le capitaine, et en témoignant son regret de n'avoir pas pris un paquebot plus *solide*.

Il vint prendre place sur un banc transversal, à côté de la marchande de modes et d'un gros *shopkeeper* à qui il avait entendu dire que la place la plus voisine du grand mât était la meilleure.

La mer grossissait toujours, et le *tangage* qui succéda au *roulis* porta bientôt au dernier degré les angoisses d'un mal dont j'étais le seul passager qui ne fût pas atteint. Vieux *loup de mer,* je me ressouvenais de mon ancien état, et j'allais de l'un à l'autre porter des consolations et des secours aux malades. Les deux jolies petites-filles de milady étaient principalement l'objet de mes attentions, et en pressant, par une cuillerée d'huile que je leur fis prendre, le dernier résultat du cruel tourment qu'elles éprouvaient, je parvins à leur procurer quelques moments de calme.

Quant à M. Vermenil, il y avait quelque chose de si extravagant dans ses plaintes, de si ridicule dans ses contorsions, qu'il arrachait le rire même à ses compagnons de souffrance. « Parbleu, cria-t-il, en se tenant la tête avec les deux mains, il faut que je sois un grand coquin, un grand misérable, quand je pouvais rester tranquille chez moi, au milieu de toutes les douceurs, de toutes les jouissances de la vie, de venir m'enfermer dans cette bière flottante pour y souffrir toutes les tortures!... Aie! aie! je suffoque. — *And me too,* disait le marchand anglais, *I wish, to god, I was at home.* — Au diable le baragouin! reprit M. Vermenil en colère; il s'agit bien de plaisanterie. — Je ne plaisante pas, continua l'Anglais; j'avé le droit de me plaindre comme vous. — Eh bien! plaignez-vous poliment, reprit l'autre... » Je ne sais jusqu'où une querelle commencée aussi raisonnablement eût été portée sans l'accident qui vint y mettre fin. Une grosse lame qui nous prit en travers renversa le banc où siégeaient les deux interlocuteurs, qui se crurent engloutis tout vifs. L'effroi fut général ; mais telle est la douloureuse apathie où vous plonge le mal de mer porté au plus haut degré, que personne ne songea à se relever ; le marchand anglais tomba sur le *gentleman*, et le bourgeois de Paris sur la marchande de mode. Ce ne fut qu'en changeant de position et lorsque le fort de la crise fut passé, que M. Vermenil s'aperçut, avec une colère qu'on doit maintenant pouvoir se peindre, des inconvénients du tête-à-tête où il s'était trouvé.

Au milieu de toutes ces scènes pénibles et grotesques, nous descendîmes à Douvres, où les douaniers ne nous permirent pas même d'emporter un sac de nuit : nous fûmes reçus, en notre qualité d'étrangers, au milieu des huées d'une troupe de femmes et d'enfants qui s'étaient rassemblés sur le port pour nous voir descendre, et qui s'attachèrent particulièrement à notre badaud voyageur, lequel répondait au *french dog*, qu'on faisait retentir à ses oreilles, par le mot *angliche* canaille, qu'il assaisonnait de la plus singulière épithète.

Je ne manquai pas, le lendemain, de me rendre à la douane avec mon premier compagnon de route, pour être témoin de la scène que je prévoyais.

Je ne me souviens pas d'avoir vu de ma vie un homme dans un accès de colère plus burlesque que celui dont M. Vermenil fut pris en voyant retourner tous ses coffres, éparpiller, étaler toute sa garderobe : ce fut bien pis quand on lui signifia que tous ceux de ses effets qui n'avaient pas encore été portés devaient payer un droit au moins égal à leur valeur intrinsèque; que son argenterie ne pouvait lui être rendue qu'en morceaux; il eut beau jurer, tempêter, maudire les douaniers anglais (les créatures de cette espèce les plus odieuses, il faut l'avouer, qu'on puisse trouver sur le globe), une partie des effets fut saisie, l'argenterie fut brisée, et on le laissa maître, après avoir payé un droit exorbitant pour le reste, de partir pour se rendre à Londres.

« Que je sois pendu, s'écria-t-il, si je fais un pas de plus dans cette île maudite, que la mer puisse engloutir! je repars à l'instant même pour la France, et Dieu me préserve de jamais *sortir de chez moi!* »

Il fit en effet reporter son bagage, diminué de moitié, sur un paquebot prêt à mettre à la voile pour Calais; et quelque chose que je pusse lui dire, je n'obtins pas même qu'il retardât son voyage de vingt-quatre heures pour repartir le lendemain avec moi.

N° LIII. [28 octobre 1816.]

PARIS AU CLAIR DE LA LUNE.

PREMIÈRE PROMENADE NOCTURNE

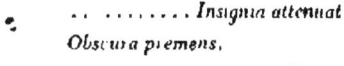
> ....*Insignia attenuat*
> *Obscura premens.*
> HORACE.
>
> Il produit au grand jour ce qui se cachait dans la nuit.

Il y a des incrédules que MM. de Puységur et Faria ne convertiront jamais au *somnambulisme;* ce n'est pas à ces esprits forts que s'adresse le petit préambule que j'ai cru devoir mettre en tête de ce discours, et qu'il faudra se rappeler en lisant tous ceux que je publierai par la suite sous ce même titre de *Promenades nocturnes.* Je possède à un degré très extraordinaire cette vertu *somnambulique,* dont la découverte fait tant d'honneur au siècle où nous vivons. Pour l'exciter en moi, il suffit, après m'être fortement préoccupé d'une idée quelconque, de m'endormir en me faisant magnétiser suivant une méthode systématique que j'ai inventée pour mon usage, et dont le secret doit mourir avec moi. A peine ce sommeil artificiel s'est-il emparé de mes sens, que je me trouve transporté au milieu des objets mêmes qu'un moment auparavant je desirais examiner et connaître. Je vois, j'entends tout ce qui se fait, tout ce qui se dit autour de moi, et, par le seul effet de ma volonté, je me mets en rapport immédiat avec les choses et les personnes, et je communique avec elles. Qu'on ne me demande point compte de la possibilité du fait; qu'on ne m'interroge point sur les moyens : les résultats sont-ils positifs, les observations sont-elles justes, les détails sont-ils rigoureusement vrais? J'en appelle aux personnes mêmes qu'on verra figurer dans ces tableaux nocturnes.

Il était minuit, et, tout en tisonnant mon feu, je formais le plan d'un panorama nocturne, qui me semblait devoir compléter la galerie des *Mœurs Parisiennes* dont j'achève l'entreprise : mais comment faire? Je n'avais pas à ma disposition le démon familier de Lesage. Le *somnambulisme* pouvait m'offrir un moyen : je veux à l'instant même en faire l'épreuve; je m'endors et je pars.

La nuit était froide : je prends ma fourrure et mon bonnet de poil que les Russes m'ont fait payer bien cher, et je me transporte au sommet de la tour méridionale de l'église Notre-Dame, sans trop savoir comment et par où j'y arrive.

Assis sur la corniche, je cherche d'abord à me rendre compte des premières impressions que je reçois, et de l'effet que produit à mes regards cette masse d'objets que la lune blanchit plutôt qu'elle ne les éclaire. Mon oreille est plus promptement avertie que mes yeux: à travers je ne sais quel murmure vague, monotone, je distingue le roulement lointain des voitures, les coups de marteau que l'on frappe aux portes, les avertissements uniformes des cochers qui rentrent avec leurs maîtres; l'aboiement des chiens, où je démêle les cris des chiens de garde, les hurlements des chiens égarés, et les jappements aigus des roquets. De tous ces sons combinés résulte un bruissement confus qui porte à mon ame l'idée contradictoire d'un silence bruyant et d'un repos tumultueux. Peu-à-peu les objets s'éclaircissent; d'un coup d'œil j'embrasse Paris dans toute son étendue; et j'apprends sa véritable origine, qui ne remonte pas au temps de Jules-César, comme le prétend Raoul de Presles; dont le nom ne vient pas d'un temple d'Isis, comme l'assure Sauval, et qui n'a jamais fait un grand commerce de figues, quoi qu'en dise l'empereur Julien dans son *Misopogon*. Mais comme tous ces points sont d'assez peu d'importance, qu'il faudrait écrire des volumes pour détruire des erreurs consacrées et établir des vérités qui ne sont pas utiles, je ne vois pas la nécessité de m'engager dans une pareille discussion : or donc, sans m'embarrasser de savoir à quelle époque de misérables charbonniers ont donné le nom de ville à la réunion des cabanes qu'ils avaient bâties sur les bords de la Seine, sans chercher à concilier vingt historiens inconciliables pour découvrir ce qu'il importe si peu de savoir, j'accepte comme prouvé tout ce qu'ils débitent sur les antiquités de Paris, et je me contente de le bien voir tel qu'il est aujourd'hui.

Pour peu cependant qu'on tienne à connaître la date précise de la construction de l'église au haut de laquelle me voilà perché, je dirai, sur ma responsabilité personnelle, que la première pierre en fut posée en l'honneur de saint Denis, un vendredi 27 avril de l'année 365, par un officier du palais de l'empereur Valentinien Ier, sur les ruines d'un ancien temple de Jupiter Wooden (Jupiter des bois); que le roi Childebert, fils de Clovis, répara cette église en 522; et l'augmenta d'une nouvelle basilique, qu'il dédia à *Notre-Dame;* et qu'enfin Philippe-Auguste la fit terminer en 1185.

Jusqu'à la fin du neuvième siècle, où les Normands en firent le siège, cette capitale, la plus grande en superficie de toutes celles qui pèsent aujourd'hui sur l'Europe, était renfermée entre les deux bras de la Seine, dans ce petit espace ovale que l'on appelle encore la Cité: c'est à cette conformation topographique, qui ne s'éloigne pas trop de la forme d'une barque, et non pas au goût des habitants de Paris pour la navigation, qu'il faut attribuer le choix d'un vaisseau qu'ils ont adopté pour ses armoiries.

En partant du point central où je me trouve, cette ville, qui s'est agrandie de siècle en siècle par un développement à-peu-près circulaire, s'étend aujourd'hui sur une surface de dix mille arpents, de *Montmartre* à *l'Observatoire*, dans la direction du nord au sud, et de la *Manufacture des glaces* au *Champ-de-Mars*, dans la direction de l'est à l'ouest.

Il est à remarquer que la circonférence de cette ville, naturellement partagée en quatre parties par deux diamètres perpendiculaires, dont l'un est tracé de l'orient à l'occident par la Seine, et l'autre du midi au septentrion par la rue Saint-Jacques et la rue Saint-Martin, qui la continue de l'autre côté des ponts; il est à remarquer, dis-je, que cette division physique correspond à une division morale, par laquelle je veux commencer mon cours d'observations.

En portant les yeux à gauche, dans cet arc de cercle compris entre Saint-Lazare et les Champs-Élysées, que j'appelle par extension le *quartier du Palais Royal*, je découvre une plus grande quantité de lumières; il me semble qu'il s'y fait plus de bruit que dans tout le reste de la ville : c'est le *quartier du luxe*.

Toujours en regardant au nord, je décris de l'œil un autre arc de cercle, de l'Hospice du Nord à celui des Quinze-Vingts; il règne dans cet espace un calme parfait, une obscurité profonde : c'est le *quartier du Temple et de l'industrie.*

Je me retourne, et, réunissant la Salpêtrière au Val-de-Grace, je découvre au milieu d'un épais brouillard une masse de maisons élevées, dans les greniers desquelles on voit çà et là briller quelques pâles lumières : c'est le *quartier du Jardin des Plantes,* la patrie des sciences, *le Pays Latin.*

J'achève la circonférence en conduisant une ligne courbe de la barrière d'Enfer à la Savonnerie; ma vue se promène dans un champ plus vaste, sur des édifices modernes ou récrépis, sur lesquels les rayons de la lune se réfléchissent avec plus d'éclat : c'est le *quartier des Invalides;* la noblesse y a plus particulièrement élu son domicile.

Après avoir achevé cette circonscription des lieux, je descendis dans le cloître Notre-Dame; je traversai la cour des Chantres, n° 10; et je m'arrêtai à considérer deux médaillons sculptés sur la muraille. Je reconnus l'emplacement qu'occupait la maison de ce maudit Fulbert, qui joua un si vilain tour à sa nièce Héloïse : c'est là, dans cette enceinte, que le chanoine exerça sur Abeilard son infernale vengeance...

Je donnai une larme et un soupir à la mémoire

de ce couple célèbre; et par une de ces brusques transitions auxquelles nous autres somnambules sommes très sujets, je tombai, ou plutôt je m'élevai dans une vague contemplation des merveilles célestes, auxquelles la nuit et le silence prêtaient leur charme mélancolique.

Il me serait impossible de rappeler à ma mémoire cette foule d'images fugitives, cette succession de tableaux fantastiques qui s'offraient à mon esprit, et qu'on ne peut comparer qu'à ces masses de nuages diversement coloriés, auxquelles l'imagination prête à chaque instant de nouvelles formes. Descendu par degrés de ces régions sublimes, mes idées devinrent insensiblement plus positives; je me retrouvai au sommet de ce temple magnifique construit sur le point le plus élevé de Paris, où Voltaire et Rousseau sont encore surpris de reposer ensemble; où Mirabeau n'eut pas la honte de mêler ses cendres à celles de Marat; où les décrets de la Convention, *au nom de la patrie* qui s'en indignait, ont placé plus d'un *grand homme* de cette époque que l'opinion publique en a fait déloger. Du haut du *Panthéon*, ou si l'on aime mieux de *Sainte-Geneviève*, je remarquai les principaux monuments dont j'étais entouré: l'*École de Droit;* la vieille église de *Saint-Étienne-du-Mont*, célèbre par ses vitraux; l'ancienne communauté de *Saint-Aure*, où fut élevé madame Dubarry qui depuis....; une demi-douzaine de collèges, dont le plus ancien est celui de *Navarre*; où se trouve aujourd'hui l'*École Polytechnique*, etc.

En jetant les yeux autour de moi, je remarquai, à un troisième étage, une lumière rougeâtre qui paraissait et disparaissait par intervalles. L'envie me prit de voir ce qui se passait dans cet appartement. Je dis, et me voilà sur le balcon en bois, très peu solide, qui s'avançait en saillie sur la rue. Je touche l'espagnolette de la croisée qui s'entr'ouvre, et je me glisse dans l'appartement. Je trouve, dans une chambre très bien meublée pour le Pays Latin, un homme de trente-cinq ans environ, dont la figure brune, les cheveux noirs, et la tournure de séminariste, me donnèrent, au premier coup d'œil, l'idée de sa profession; il était assis devant un secrétaire à cylindre, et parcourait, avec une distraction visible, de petits carrés de papier, en marge desquels il faisait des marques...

C'était un professeur de seconde du collége de...; il corrigeait en ce moment la composition de ses élèves; et Dieu sait comme les pauvres enfants devaient être jugés! A chaque instant le professeur se levait, prêtait l'oreille, consultait sa pendule, et prenait sa lampe pour aller regarder à travers un petit œil-de-bœuf qui donnait sur l'escalier. Une table à deux couverts était dressée dans un coin de la chambre, et la manière délicate dont elle était servie me faisait naître quelques soupçons sur le sexe du second convive.

Je passai par l'œil-de-bœuf, et je descendis à tâtons l'escalier. Arrivé au rez-de-chaussée, je vis sortir par une porte de derrière, une grosse petite femme bien fraîche: son air mystérieux trahissait encore plus d'espérance que d'inquiétude.

Je pénétrai, en traversant la chambre qu'elle quittait, et en descendant encore quelques degrés, dans une boutique de libraire, où je vis un homme en robe-de-chambre de siamoise et coiffé d'un bonnet de velours, qui s'occupait à faire de vieux livres, en rajustant des titres et en passant une couche d'huile sur des couvertures de parchemin neuf. Dans l'espace d'un quart d'heure, j'appris tous les secrets du métier de bouquiniste, et j'en prenais note lorsqu'il se leva; et, se parlant à lui-même: « Mon locataire le professeur n'est probablement pas couché, dit-il, je veux aller le consulter sur la date de ce *Salluste Elzevir*... » Il alluma un petit rouleau de cire jaune, et le voilà montant l'escalier: je le précédais. Il y a long-temps qu'on répète qu'il y a un dieu pour les buveurs; il n'est pas moins vrai qu'il y en a un pour les amants. La bougie du bonhomme s'éteint; il tombe et pousse les hauts cris, bien qu'il ne se fût fait aucun mal. Le professeur l'entend et n'est pas le plus effrayé; mais il se hâte d'éteindre sa lampe; et, dans l'obscurité où tout le monde se trouve, et dont une seule personne se plaint, chacun finit par gagner son gîte heureux d'en être quitte pour la peur.

Tout en riant de l'aventure, je vais me placer sur une cheminée du collége de France, d'où je vois ce qui se passe dans une petite salle de la tour dite *Saint-Côme*.

Quel spectacle affreux! tout mon corps frissonne d'horreur; je vois distinctement un homme armé d'un poignard qu'il a plongé dans la poitrine d'une femme étendue morte sur le carreau; je crie au meurtre! à l'assassin!.... Cet homme, que je prenais pour un assassin, ne l'était pas encore; il en attend le diplôme, et n'est encore qu'élève en médecine: c'est tout au plus à son maître qu'il faut reprocher la mort de cette femme, sur le corps de laquelle il fait en ce moment une étude d'anatomie. Le seul abus sur lequel je pourrais m'élever en cette circonstance, serait celui de dépouiller les tombeaux, et d'exposer aux outrages de la science des restes sacrés dont la religion a confié le dépôt à la terre.

Je détournai les yeux de ce tableau pénible, et, aisant une petite lucarne au sommet de la plus haute maison du quartier, j'entrai, en suivant la gouttière, dans une espèce de grenier divisé en deux petites chambres, où il fallait être d'une taille au dessous de la médiocrité pour se tenir debout:

ce misérable réduit était habité par un jeune homme de vingt-cinq ans tout au plus, et sa vieille mère. Écoutons-les pour les bien voir.

« Tu es rentré bien tard, mon enfant; je commençais à être inquiète. — J'avais besoin de voir la personne pour laquelle je travaille; elle était à l'Opéra, et n'est revenue qu'à minuit; mais, je vous en supplie, ma mère, ne veillez pas si tard pour m'attendre, cela vous fait mal. — Mon ami, tu sais bien que je ne dormirais pas, si je ne t'avais point embrassé. — Tenez, ma mère, voilà une petite provision de sucre et de café, et un schall bien chaud que j'ai acheté pour vous. — Mon fils, tu ne penses qu'à moi, et tu te laisses manquer du nécessaire. — Le nécessaire pour moi serait de pouvoir vous procurer le superflu, et je suis bien loin d'être assez heureux pour cela. — Ah! le meilleur des êtres (ajouta cette bonne mère, en pressant son fils dans ses bras), il est impossible que tant de vertus, de talents, ne soient pas un jour récompensés. Mon Dieu, je ne vous demande que de vivre assez longtemps pour le voir! Bon soir, mon Adolphe; tu ne travailleras que jusqu'à deux heures. — Je vous le promets. — J'en suis sûre; car il n'y a d'huile dans la lampe que pour ce temps-là. » Quand sa mère se fut retirée, Adolphe se mit à écrire.

Ce manuscrit que ce jeune homme achève, auquel il travaille depuis un mois, est un Mémoire qui va faire la plus grande sensation dans le monde littéraire et politique : il fera nommer chef de bureau, dans une administration, le commis que le chef de division en a chargé; celui-ci obtiendra la faveur de son chef, qui l'en croira auteur, et ce dernier obtiendra la réputation de l'homme d'état le plus habile, et d'un de nos meilleurs écrivains. Ce chef-d'œuvre, qui fera la fortune de trois personnes, sans compter celle du libraire qui l'imprimera, n'a été payé que cent écus à l'homme de génie qui l'a composé, et que la misère assiège. — Quel argument contre la société ! On n'y voit que cela; c'est par-tout, comme dit un philosophe moderne, *une roue de cuivre qui fait mouvoir une aiguille d'or.*

N° LIV. [4 novembre 1816.]

UNE FÊTE PATRONALE.

Non bene junctarum discordia semina rerum
            Ovide, *Mét.*, liv I.
Semences de choses mal assorties.

« . . . . Ne vous en déplaise, madame, après la vie de sauvage (dont l'Ermite nous a fait de si belles peintures, qu'il me prend quelquefois envie d'aller occuper sa hutte au bord de l'Orénoque), celle que je préfère, c'est la vie de château. »

Cette réponse de M. Walker à la jeune comtesse d'Essenille devint le sujet d'une conversation très animée entre dix ou douze personnes réunies, samedi dernier, à la campagne, chez madame de Lorys. Presque toutes sont déja connues de mes lecteurs: le philosophe André, de l'île Saint-Louis; l'encyclopédiste Binôme, mesdames d'Essenille et de Montgenet, dont j'ai dit un mot dans mes *Confidences d'un jeune fille*[1]; ma cousine de Sergis,

---

[1] Voyez le premier volume, page 247

que j'ai fait connaître en parlant de l'*Ambitieux*[1]; un chevalier d'Arboise, ami de madame d'Essenille; la petite Cécile et ses jeunes compagnes, sa grand'mère, M. Walker et moi; telle était la compagnie rassemblée au château de.....

« De quelle vie de château entendez-vous parler, M. Walker? reprit la jolie comtesse: est-ce de celle que nous menons ici depuis vingt-quatre heures? je suis de votre avis; mais s'il est question de celle où je me suis condamnée les deux premières années de mon mariage, pour plaire à mon mari, je vous déclare que je ne connais rien de si insipide. — Cependant, ma nièce, interrompit madame de Lorys, votre terre de Savigny est superbe; j'y ai passé une partie de ma jeunesse avec votre mère, et c'était toujours avec peine que nous voyions arriver la saison qui nous rappelait à la ville. — Il faut supposer, ma tante, que, de votre temps, les offices de village n'étaient pas si longs; que les maris qui vous forçaient d'y aller étaient plus amusants; que vos voisins de campagne étaient moins importuns; qu'il y avait quelques figures humaines dans les environs, et que la poste de Paris arrivait plus de deux fois par semaine. — Ces inconvénients étaient les mêmes; mais ils nous semblaient suffisamment compensés par la fraîcheur des eaux, la pureté de l'air, le

---

[1] Voyez le premier volume, page 178.

charme des bois, la bonhomie des habitants, en un mot, par cette foule de plaisirs champêtres au milieu desquels s'écoulaient des journées que nous trouvions toujours trop courtes, bien que nous nous levassions de grand matin. — Pour moi, je n'ai jamais conçu le plaisir que l'on pouvait trouver à voir naître votre éternelle aurore, à se griller au soleil, à dîner avec M. le curé, à courir le risque de rencontrer à chaque pas, si vous mettez le pied hors de chez vous, des paysans bien grossiers, des paysannes bien maussades; à se promener en calèche dans des chemins coupés d'ornières; à rentrer chez soi fatigué ou meurtri de sa promenade, pour se coucher à onze heures, au bruit du tonnerre, qui rôde toujours auprès de ce maudit château, en dépit de cinq ou six paratonnerres que M. d'Essenille a fait élever. » Ce mot de paratonnerre fit dévier l'entretien, et tira l'ami Binôme de ses distractions habituelles. Il voulut absolument prouver à cette dame que la foudre n'avait pu tomber sur un château muni de flèches à pointes dorées. « C'est peut-être un crime de lèse-physique, reprit la comtesse; mais enfin il a été commis, et tous les raisonnements du monde ne détruisent pas les faits. » J'intervins dans cette discussion épisodique, et je pris parti contre notre savant, qui fut bien aise de trouver en moi un adversaire qu'il pouvait traiter sans ménagement. « Vous avez toute raison en théorie, lui dis-je; mais ce n'est pas ma faute si la nature s'amuse quelquefois à sortir des bornes que la physique lui prescrit. Aux exemples que madame vient de vous citer, j'en ajouterai deux autres:

« En 1789, le 6 janvier, à une heure du matin, moi présent, embarqué sur la corvette *la Badine*, commandée par le prince Victor de Rohan, environ à trois lieues de l'île de Samos, le tonnerre tomba, par distraction sans doute, sur notre mât de misaine, en cassa la vergue, et blessa quatre personnes. Nous avions un paratonnerre sur chaque mât; on en fit la visite après l'accident, et notre chirurgien-major, qui les avait fait poser, eut la douleur de les trouver dans le meilleur état possible.

« Autre distraction du tonnerre: au mois de juillet 1796, à midi précis, il tomba dans la patrie même de Franklin, au fond du Connecticut, sur la maison de M. Hurton, où je me trouvais momentanément. La maison était petite; elle était armée de deux beaux paratonnerres; elle fut brûlée jusqu'aux fondements. »

Cette digression prolongée n'aurait pas amusé ces dames; nous revînmes à nos moutons, qui ne sont pas du goût de madame d'Essenille. « Que voulez-vous, reprit-elle; je n'ai pas *la fibre champêtre*. L'air humide des champs fatigue ma poitrine: ce concert discordant de mille oiseaux d'assez vilains plumages, qui chantent tous plus faux les uns que les autres, est pour mon oreille un véritable supplice, et ce pot-pourri d'odeurs vulgaires, que l'on respire à la campagne, agit sur mes nerfs de la manière du monde la plus désagréable. — Madame a raison, dit notre philosophe aux douze francs par semaine[1], sans trop déguiser l'ironie de son discours; en fait de campagne parlez-moi de Paris! C'est là qu'on respire un bon air! c'est là qu'on se réveille agréablement au bruit cadencé des voitures, aux cris harmonieux des raccommodeurs de faïence et des marchands de vieux habits! C'est sur le boulevart de Gand qu'on se promène à l'aise, et qu'on se couvre d'une noble poussière! C'est dans les sombres allées du feu bois de Boulogne que l'on goûtait ce calme!... — Vous me feriez perdre le mien, interrompit la jolie Parisienne. Auriez-vous bien le front de nous vanter le calme de cette vie de château, où les coqs, les chiens, les cloches, les vaches, les chouettes et les grenouilles, se relaient jour et nuit, et conspirent à l'envi contre le repos d'une pauvre femme dont le sommeil n'est pas à l'épreuve d'un pareil tintamarre? mais quand je vous accorderais que l'on peut dormir à la campagne; qu'on peut chaque jour goûter un plaisir nouveau à revoir ces bois, ces prés, ces ruisseaux

---

[1] Voyez le n° xxx, volume Ier, page 321.

qui se ressemblent tous ; à entendre siffler, croasser, glapir les merles, les pies, et les sansonnets; quelque charme que l'on trouve à toutes ces belles choses, la nuit vient y mettre un terme : que faire depuis neuf heures du soir jusqu'à deux heures du matin? — Ma chère nièce, répondit madame de Lorys, je pourrais vous proposer d'employer à dormir une partie de ce temps qui vous embarrasse si fort; mais, en se couchant de bonne heure, on court risque de se lever matin, et vous avez contre l'aurore une aversion si prononcée!... »

Cette conversation, qui se passait après dîner dans une salle verte du jardin, où nous prenions le café, fut interrompue par Cécile et ses jeunes compagnes, qui vinrent demander la permission d'accompagner les femmes du château à la fête patronale du village... « On avait vu passer beaucoup de carrosses, de petites voitures... Tout Paris y était!...» Ce mot de *Paris* excita vivement la curiosité de madame d'Essenille. Elle témoigna le desir d'aller passer une heure à la fête. On en fit aussitôt la partie. Le temps n'était pas assez beau pour aller à pied; les chevaux furent mis aux *landaws,* aux calèches, et nous partîmes.

Descendus à quelque distance du village, nous marchâmes à travers deux longues files de voitures qui en occupaient les avenues, et nous nous dirigeâmes vers le lieu principal de la fête, au bruit des instruments aigus et des éclats bruyants de la joie populaire.

A mesure que nous avancions, la foule augmentait; et chacun donnant à sa curiosité un but différent, nous ne tardâmes pas à nous séparer. Je restai seul de ma compagnie, et je repris mon rôle d'observateur. Avant de l'exercer sur les détails, je cherchai à me rendre compte de l'effet général de ce grand tableau. Je fus d'abord frappé de l'incohérence des objets, dont le mélange confus ne me présentait aucune image distincte. Ces gens-là, par leurs habits, par leur langage, par leurs amusements, ne me semblaient appartenir ni à la ville ni au village. Il y avait une sorte de recherche dans leur grossièreté, une sorte d'affectation dans leurs manières rustiques; la parure de ces femmes manquait de propreté, mais elle avait de l'éclat; elle brillait comme les haillons du luxe : on ne s'apercevait qu'on était à trois lieues de Paris que pour regretter de n'en pas être plus loin.

Après avoir parcouru l'enceinte de la foire et admiré le progrès des arts dans les formes variées du pain d'épice et des mirlitons, je suivis la foule qui se portait à l'autre extrémité du village, dans un quinconce où se trouvaient réunis tous les genres d'amusements dont se composent, aux environs de Paris, les fêtes de village. Je m'arrêtai successivement devant les jeux de bague, où j'entendis répéter aux spectateurs les mêmes quolibets dont j'avais ri dans ma jeunesse ; devant les bascules et les balançoires, dont on a perfectionné les formes et les dangers ; devant les faiseurs de tours, beaucoup moins habiles que ceux de mon temps, et devant les parades dont les polichinels dégénérés ont hérité de la *pratique*, sans hériter de la verve grivoise et de la gaieté de leurs pères.

Tout en prenant ma part de ces diverses récréations, j'observais avec surprise qu'elles ne réunissaient qu'un très petit nombre de spectateurs, et que tout le monde s'amusait dans une partie du quinconce où je n'apercevais cependant aucun signe extérieur qui motivât un pareil empressement. J'approchai et je vis, dans un espace de quelques toises, une vingtaine de tables préparées pour des jeux de hasard, dont les combinaisons, variées de cent manières à l'aide des dés, des chiffres et des cartes, étaient autant d'appâts offerts à la cupidité. Hommes, femmes, enfants, se pressaient autour de ces tables funestes, où le moindre danger qui les attend est de perdre, en quelques minutes, le fruit de plusieurs mois de travail. La passion du jeu n'est qu'un vice pour les habitants d'une grande ville ; c'est un crime pour les gens de la campagne ; et de tous les fléaux c'est celui dont la contagion est pour eux le plus à craindre. S'il existait chez nous, comme à Rome, une magistrature des mœurs, et que j'en

fusse temporairement revêtu, le premier usage que
je ferais de mon autorité serait de défendre les jeux
de hasard sous les peines les plus sévères, et d'assurer l'exécution de cette loi dans les fêtes de campagne par les mesures de la plus infatigable surveillance; je profiterais, sur ce point, de l'exemple
des Anglais, chez qui l'amour du jeu n'est ni moins
commun, ni moins vif que parmi nous, et qui sont
néanmoins parvenus à l'enfermer, comme la peste,
dans le cordon qu'ils ont tracé autour des grandes
villes. Je ferais naître, dans les fêtes de village, une
plus noble émulation en y fondant un ou plusieurs
prix pour ceux qui se distingueraient à la course, à
la nage, ou dans l'emploi des armes à feu; j'emprunterais ces institutions à la Suisse et à quelques contrées de l'Allemagne, où elles sont depuis longtemps en vigueur; et je n'exclurais de ces jeux que
le *tir à l'oie*, divertissement cruel, où l'on s'amuse
de l'agonie d'un pauvre animal...

Tandis que je me créais ainsi une édilité imaginaire, et que je réformais, sans conséquence, les
abus que j'avais sous les yeux, je me trouvai tout-à-coup environné d'une foule de petits garçons et de
petites filles, qui se mirent à crier : « *C'est lui! c'est
l'Ermite de la Guiane! Il va nous payer du pain d'épice!* » Je ne concevais rien à cette explosion de
célébrité; je venais, pour la première fois, dans
ce village, où je n'étais pas connu, où je ne con-

naissais personne. Ma vanité avait beau faire; elle ne trouvait aucun parti à tirer de ces bruyantes acclamations, auxquelles je voulus en vain me soustraire : le cortége grossissait toujours, et s'était augmenté de deux marchandes de pain d'épice ambulantes. J'aurais peut-être résisté à ces importunités, qui devenaient de moment en moment plus désagréables; mais une de ces jeunes filles, remarquable par sa grace et sa gentillesse, s'avisa de me dire, en me prenant la main : « Bon Ermite, vous ne me refuserez pas du pain d'épice, je me nomme *Amioia*. » Ce nom, que je n'ai jamais entendu sans éprouver la plus vive émotion, donna l'essor à ma générosité; celle qui l'avait prononcé reçut le prix du plaisir qu'elle m'avait fait. Mais au même instant cent bouches m'en procurèrent un semblable, et les deux paniers de pain d'épice furent pillés au nom d'*Amioia*, dont je fus obligé d'acquitter la dette.

Je vidais ma bourse sans rien comprendre à cette aventure, lorsque je vis déboucher de l'enceinte réservée pour la danse toute la compagnie du château, riant aux éclats du tour qu'elle m'avait joué, et dont je n'avais pas eu l'esprit de deviner les auteurs.

La nuit approchait; nous retournâmes au château bien approvisionnés de mirlitons, au son desquels nos jeunes gens dansèrent une partie de la nuit.

N° LV. [11 novembre 1816.]

DEUX SCÈNES

DE LA CHAUSSÉE-D'ANTIN.

DEUXIÈME PROMENADE NOCTURNE.

> *Pudor impudentem celat, audacem quies*
> Sénec., *Sent.*
> La licence prend l'air de la pudeur, et l'audace l'attitude du repos.

Retenu depuis huit jours dans mon fauteuil par une incommodité assez grave, je voulus prendre pendant la nuit l'exercice dont j'étais privé dans le jour. Je me fis d'abord ouvrir la colonne de la place Vendôme, et j'allai me percher sur le haut.

Quel magnifique spectacle s'offre à mes regards! Au couchant, la vaste et belle promenade des Champs-Élysées, les colonnades du Garde-Meuble, la place Louis XV, où la statue de la liberté, transformée en déesse sanguinaire...; mais tirons un voile sur des horreurs qui ont fait couler tant de larmes, et dont frémissent encore tous les cœurs français. Au midi, le jardin des Tuileries, auquel le génie de Le Nôtre a donné le noble caractère qui sied à la demeure des rois; ce château, témoin de tant de fortunes diverses, muet dépositaire des trames mystérieuses qui, pendant quelques années, ont bouleversé l'Europe, et menacé de changer la face du monde; plus loin, ce Louvre, dont plusieurs générations de rois avaient négligé d'achever la merveille...

Au levant, sept des spectacles de la capitale dans un même alignement, et, pour ainsi dire, sur un seul point; le Palais-Royal, demeure de nos rois pendant la minorité de Louis XIV; le marché des Jacobins, construit sur l'emplacement de cette salle fameuse où de factieux démagogues dictaient des lois de sang à cette convention nationale qui mit le sceptre aux mains de la terreur; au nord, les Boulevarts, le quartier d'Antin, naguère couvert de misérables cabanes, aujourd'hui peuplé d'hôtels et de palais; sur la gauche, l'église de la Madeleine, consacrée depuis long-temps par nos regrets; et, derrière cette église, l'humble enclos où la piété d'un citoyen conserva religieusement les dépouilles mortelles d'un roi digne de l'amour et du respect de son peuple... De ces observations générales passant à quelque chose de plus positif, je me mis en tête de savoir ce qui se passait dans une chambre du premier étage de la belle maison, n°..., où je croyais remarquer beaucoup d'agitation.

Dans une chambre à coucher, meublée avec beaucoup de luxe, je vis une jeune femme, blonde et fraîche comme la rose, dans tout l'éclat d'une parure qui annonçait des projets pour le soir. D'un air dédaigneux, où perçait un malin sourire, elle écoutait un petit homme sec, dont le grotesque accoutrement formait le plus plaisant contraste avec le ton dur et l'air hautain qu'il affectait. Qu'on se figure ce personnage, affublé d'une chemise de femme, brodée, garnie de riches dentelles, et passée par-dessus son habit, pérorant avec véhémence, et montrant avec des gestes furieux la fatale chemise, qui paraissait être pour lui la robe du Centaure.

Voici ce que j'appris dans le cours de ce débat conjugal, dont je rapproche les diverses circonstances pour en composer mon récit, sur la fidélité duquel on peut compter.

Cet homme qui gronde est un mari; cela va sans dire: ce mari, brutal de sa nature, avare par caractère, fastueux par accès, fit, il y a peu de temps, présent à sa femme d'une douzaine de chemises dont le prix peut donner une idée de la beauté; elles ont coûté mille francs chacune. C'est une de ces chemises que le mari avait sur le corps. A cette époque, Sainclair, jeune et brillant étourdi, rendait des soins à madame, et chaque jour il faisait des progrès, dirai-je dans son cœur, dans son imagination...? N'importe! il plaisait, et cependant il languissait depuis quinze grands jours, lorsque la sensible Émilie résolut de guérir les maux dont elle était cause.

Certain soir, une adroite soubrette introduisit l'heureux Sainclair auprès d'Émilie, qui, par une attention délicate pour son mari, fit, pour la première fois, usage du présent qu'elle en avait reçu. Le lendemain matin, Sainclair, en prenant congé de sa belle maîtresse, demanda, sollicita, obtint la précieuse tunique, gage et témoin de son triomphe, et quitta Émilie en jurant de n'aimer jamais qu'elle. Ce serment-là n'engage à rien, depuis qu'on a établi de si savantes distinctions entre l'inconstance et l'infidélité; aussi notre étourdi, qui n'a que vingt ans, amant constant, mais très peu fidèle, ne tarda-t-il pas à donner plus d'une rivale à la dame de ses pensées.

Cependant le souvenir d'Émilie vivait dans son imagination; ses charmes étaient sans cesse présents à sa pensée, et même en la trahissant il ne l'oubliait jamais. Par un singulier caprice, il se plaisait à revêtir ses nouvelles conquêtes de l'heureuse batiste qui feignit, pendant quelques heures, de voiler les attraits d'Émilie; mais chaque fois il reprenait le précieux tissu, qui déjà en était à sa dixième aventure, lorsque Sainclair devint amoureux, c'est le mot convenu, d'une jeune actrice, petit diable de la plus drôle d'espéce. Sophie, instruite de la manie de Sainclair, se promit bien d'accepter, mais de ne rien restituer; et c'est avec ce projet qu'elle vint souper chez lui. Vers la pointe du jour, pendant que le jeune homme, sans défiance, se reposait sur ses lauriers, Sophie se leva doucement, s'habilla en un clin d'œil, sortit sur la pointe du pied, et rentra chez elle, enchantée de son espiéglerie. A son réveil, Sainclair, vivement piqué, prit d'abord la chose au sérieux; il écrivit à Sophie, qui répondit en plaisantant; il insista; elle se moqua de lui: se fâcher ne menait à rien; Sainclair le sentit, et comme c'est un garçon doué du plus heureux caractère, deux heures après il avait tout oublié.

Le lendemain, le mari de la dame, qui se mêle aussi d'être galant, vit Sophie au théâtre, et lui proposa de la mener dîner à sa campagne. La petite ne se fit pas prier. Qu'on juge de la surprise du plus sensible des époux, en reconnaissant le tissu merveilleux!... Il dissimule cependant; et, en homme qui sait ce que vaut un caprice, il offre cinquante louis du léger vêtement, dont il obtient, à ce prix, le généreux abandon.

De retour chez lui, il s'est empressé de s'en couvrir, et c'est dans ce singulier costume qu'il est venu faire une scène à sa femme. Mais, comme la *chemise* est plus discréte que certain *sopha* dont on connaît l'histoire, madame se tirera d'affaire; tout s'apaisera, tout s'arrangera; les gens du bon ton ne font jamais d'esclandre pour de pareilles bagatelles. Je laisse donc les deux époux vider sans témoin ce singulier débat, et je cours savoir ce qui se passe dans ce pavillon qui donne sur le jardin de l'hôtel voisin.

Me voilà dans l'intérieur d'une antichambre, où je trouve un domestique endormi dans un fauteuil auprès du poêle. La porte de la pièce suivante est fermée; je l'ouvre, je trouve un petit salon décoré avec un goût exquis, et j'entre dans une bibliothèque où des instruments de musique, un chevalet dressé, m'apprennent que le maître du logis aime et cultive les arts. Il est assis près d'une table éclairée par une lampe, dont le chapeau rabattu projette son ombre sur sa figure, que je ne puis encore apercevoir. Une lettre commencée est devant lui, mais il a discontinué d'écrire; son bras gauche, appuyé sur la table, soutient sa tête penchée dans une attitude mélancolique; ses regards sont fixés sur une miniature charmante qu'il porte à ses lèvres, en laissant échapper un profond soupir. L'instant d'après il se lève brusquement comme pour fuir un objet pénible. Je vis alors un jeune homme de vingt-cinq ans, grand, bien fait, d'une figure douce, noble, intéressante. Une sombre tristesse obscurcissait sa physionomie, où l'on ne remarquait toutefois ni abattement ni faiblesse. Il se promena lentement pendant quelques minutes, les bras croisés sur la poitrine, s'approcha ensuite de la lampe, qu'il découvrit, et s'arrêta devant un grand portrait de femme, dont il était la vivante image. Je conjecturai que c'était sa mère; je ne me trompais pas.

Immobile devant ce tableau, il le contemplait avec attendrissement; des larmes coulaient de ses yeux, qu'il couvrait de ses deux mains, en répétant d'une voix très émue: « O! ma mère! ma mère!... » Après un moment de silence, il continua, mais d'un ton ferme: « Non...; la chose est impossible... C'en est fait... il faut... » A ces mots, il marcha rapidement vers la table, ouvrit une grande boîte d'acajou, et saisit avec vivacité deux pistolets qu'elle renfermait.

Le jeune homme examina soigneusement ces armes, en essaya plusieurs fois les doubles détentes; il tira ensuite de la boîte la poire à poudre et les balles, et les plaça avec ses pistolets dans un étui. Je compris alors qu'il s'agissait d'un duel. Cela fait, il s'approcha de la cheminée, sur laquelle je remarquai une figure en bronze: c'était le Temps, marchant à grands pas, la faux sur l'épaule gauche, et tenant une montre de la main droite; sur le socle, on lisait l'inscription suivante: *Pour jamais.* Le jeune homme répéta ces mots d'une voix émue; et, s'apercevant qu'il était près d'une heure, il revint auprès de la table, regarda de nouveau la miniature qu'il portait dans son sein, et allait l'y replacer, lorsque, frappé d'une idée subite : « Non, dit-il, si j'étais grièvement blessé, on me déshabillerait pour me donner des secours ; on verrait ce portrait... Cette découverte la compromettrait..., la perdrait peut-être... » En achevant ces mots, il enveloppa la chaîne et le portrait dans une lettre qu'il avait écrite avant mon arrivée, cacheta soigneusement le paquet, et y mit l'adresse (un secret pareil n'est pas de ceux que l'on trahit). Il relut ensuite la lettre commencée. Pendant cette lecture, ses yeux se mouillèrent de pleurs qui firent couler les miens. Le jeune homme reprit la plume, et ajouta ces mots, que je lus en m'approchant : « Adieu, ô vous la meilleure, la plus aimée des mères! mes dernières pensées, mes derniers vœux sont pour vous ; si je succombe dans la plus juste des causes, j'emporterai du moins au tombeau la consolante idée de ne vous avoir jamais causé volontairement un chagrin. Adieu!... » Il plia sa lettre, la joignit au paquet qui contenait le portrait, et renferma le tout dans une même enveloppe, sur laquelle il écrivit le nom de sa mère. Il ôta tout ce qui se trouvait sur la table, et plaça la lettre de manière à frapper les regards.

Il fit ensuite quelques tours dans la chambre, et, prenant une physionomie calme, il passa dans la pièce où son domestique était endormi. « Pauvre garçon! dit-il en lui frappant doucement sur l'épaule, il ne se doute de rien... » Le domestique s'éveilla en s'excusant de s'être laissé surprendre par le sommeil. « Tant mieux, Pierre, reprit le jeune homme en s'efforçant de sourire; car il faut nous lever de grand matin; je compte sur ton exactitude, et sur ta discrétion sur-tout. — Monsieur sait combien je lui suis attaché. — Oui, Pierre; et je t'en récompenserai. Dis-moi, as-tu la clef de la porte du jardin? — Oui, monsieur, reprit Pierre en souriant de cet air qui veut dire: je comprends qu'il s'agit d'une aventure galante. — Fort bien : à cinq heures et demie tu selleras mon cheval bai, tu le conduiras sans bruit, et tu l'attacheras près de cette porte; tu viendras ensuite m'éveiller. Sois exact, au moins; il y va... — De votre bonheur... (A ce mot, le jeune homme soupira.) Soyez tranquille, tout sera prêt. Suivrai-je monsieur? — Non, mais tu partiras un quart d'heure après moi dans mon cabriolet, et tu iras m'attendre à Vincennes, près de la grande porte du château. Tu m'as bien entendu? n'oublie rien. — A six heures, monsieur pourra monter à cheval. — Bonsoir, Pierre. — Que le ciel conserve le meilleur des maîtres! »

Le jeune homme passa dans sa chambre à coucher, se mit au lit, tandis que le bon Pierre resta tout habillé dans son fauteuil pour être plus tôt prêt.

P. S. Je suis certain que mes lecteurs, qui s'intéressent autant que moi au sort de ce jeune homme, apprendront avec plaisir l'issue de ce combat, dont je n'ai pas négligé de m'informer le lendemain : incapable d'avoir un tort, il avait reçu un outrage que les lois de l'honneur obligent à laver dans le sang : le sort, juste cette fois, a permis que l'insolent agresseur fût puni, et M. N. est revenu, sain et sauf, essuyer les pleurs que ses lettres avaient fait répandre.

N° LVI. [18 NOVEMBRE 1816.]

LA CHUTE DES FEUILLES.

> De la dépouille de nos bois
> L'automne avait jonché la terre,
> Et sur la branche solitaire
> Le rossignol était sans voix.
> MILLEVOYE, *Élég.*

Tout le monde avait quitté la campagne; madame de Lorys avait annoncé, la veille, qu'elle se disposait à retourner à Paris, et j'étais resté seul avec elle et la jeune Cécile. Je fus surpris, le lendemain matin, de ne voir aucun préparatif de départ.

« Vous ne vous attendez pas, mon vieil Ermite, à la pénitence à laquelle je vous condamne, me dit au déjeuner madame de Lorys; nous avons encore trois jours à passer ici, pendant lesquels nous ne communiquerons plus avec les vivants, je vous en préviens. — C'est un régime auquel j'ai dû me préparer depuis long-temps, lui répondis-je. La pénitence dont vous me menacez ne m'effraie pas, et je suis homme à prendre pour une faveur la solitude à laquelle vous me condamnez en si bonne compagnie.

—Il est bon que vous en connaissiez toute l'étendue, reprit-elle plus sérieusement: c'est un usage immémorial de notre famille, dans lequel j'ai été élevée, dans lequel j'ai élevé ma petite-fille, de consacrer le premier et le second jour de novembre à de tendres méditations, à de pieux souvenirs, auxquels la nature, à cette époque, semble elle-même nous inviter. Je ne quitte point la campagne sans faire de tristes adieux à l'année qui se fane, et que peut-être je ne verrai pas refleurir, sans visiter, dans leur dernier asile, les objets de mes affections qui ont achevé avant moi le voyage que je termine et que ma Cécile commence. »

Je remerciai madame de Lorys de m'avoir admis à partager sa retraite anniversaire, et je m'abandonnai sans peine à ce sentiment d'une religieuse mélancolie qui se peignait avec un charme si touchant dans les traits de l'aimable Cécile.

C'est du fond de mon ame que je plains ces esprits satiriques qui ne voient jamais l'humanité que sous le jour le plus défavorable; sans doute ses imperfections offrent une source inépuisable à leur censure, mais je n'en suis pas moins porté à croire, pour l'honneur de la Providence et de la nature, que le mal dont ils se plaignent avec tant d'amertume est suffisamment compensé par le bien dont ils affectent de détourner leurs regards. Les vices parcourent le monde; les vertus vivent en famille. C'est dans l'intimité de la vie domestique qu'il faut chercher ces belles actions, ces nobles caractères, dont la société s'honore, et dont les exemples sont beaucoup plus communs que ne le supposent ses éternels détracteurs. Ce qui fait prédominer dans le monde l'idée du mal, c'est que l'intérêt public et l'intérêt particulier s'accordent à le mettre en évidence, à le poursuivre avec éclat. Il est, au contraire, dans la nature du bien d'agir avec une sorte de mystère; et comme la reconnaissance particulière qu'il impose, l'admiration froide qu'il inspire, sont, en général, beaucoup moins expansives que la peur et la malignité, dont le mal est ordinairement accompagné, il s'ensuit que l'un ne sort guère de l'étroite enceinte où il s'opère, tandis que la renommée de l'autre s'étend avec fracas. On peut comparer le premier à l'encens qui brûle, sans lumière, sur l'autel qu'il parfume, et le second à la poudre qui détonne en s'embrasant, et dont le bruit, compagnon de désastres, se répète au loin dans l'espace. Cette réflexion ne m'a pas éloigné de mon sujet.

Après le déjeuner, que nous prolongeâmes dans un entretien dont la gravité ne bannissait pas l'intérêt, madame de Lorys se fit apporter une des clefs du parc, et nous partîmes pour la promenade. Le brouillard épais dont le ciel avait été couvert dans les premières heures de la matinée s'était dissipé peu-à-peu, et le soleil éclairait, sans l'échauffer, un horizon sur lequel, dans le cours de cette année entière, il ne s'est pas montré un seul jour dans tout son éclat.

En traversant les longues allées du parc, au milieu d'une pluie de feuilles détachées par le vent, nous promenions en silence nos regards autour de nous, et le même sentiment s'emparait de nos cœurs à la vue de ces arbres dépouillés, de ces bosquets sans oiseaux et bientôt sans verdure, de ces prairies fanées, où Cécile découvrait encore çà et là quelques fleurs qu'elle s'amusait à cueillir.

Après avoir passé sur une petite jetée en pierre qui traverse l'étang, nous arrivâmes par une avenue de peupliers à un rond-point fermé par un saut-de-loup entre une double haie. Nous y entrâmes par la grille dont madame de Lorys s'était fait donner la clef. « Depuis trois mois que vous parcourez ce parc en tous sens, me dit-elle, je suis sûre que vous n'aviez pas remarqué cette enceinte? — Je suis venu plusieurs fois jusque-là, répondis-je; mais les broussailles dont ce lieu était couvert pendant la belle saison ne m'ont pas donné la fantaisie d'aller plus avant. — Vous n'y voyez rien de remarquable, continua-t-elle; et vous ne devinez pas pourquoi l'on s'est donné la peine d'enfermer avec tant de soin quelques arbres plantés sans aucun ordre apparent. — En observant, répliquai-je, l'isolement du lieu, le petit banc de pierre construit au pied de chacun des arbres, j'aurais pourtant supposé qu'il y avait ici quelques extraits mortuaires. — Ce sont, au contraire, poursuivit-elle, autant d'actes de naissance. Chacun des arbres que vous voyez représente un des membres de notre famille. Ce vieux *chêne*, sur lequel près de deux siècles ont déjà passé, et qui ne vit plus que dans une de ses branches, porte le nom de mon bisaïeul, à la naissance duquel il a été planté. Ce beau *tilleul* est l'arbre de mon père. Ce *platane* est de mon âge; et je n'ai pas besoin de vous dire que cet *érable*, sous lequel Cécile est allée s'asseoir, lui rappelle la plus aimable et la meilleure des mères, dont les mains ont planté ce jeune *sycomore* en l'honneur de sa fille, doux et dernier espoir de notre maison!... »

Nous passâmes une heure à feuilleter, pour ainsi dire, ces archives végétales, qui rappelaient à madame de Lorys une foule d'anecdotes et de souvenirs dont ces lieux étaient en quelque sorte semés.

Le curé du village vint dîner avec nous. C'est un de ces hommes de bien que la Providence a choisis pour la représenter sur le petit coin de terre où malheureusement elle les confine. Modeste, instruit, pieux et tolérant, c'est par l'exemple de toutes les vertus qu'il prêche et fait aimer la religion dont il est le ministre, et qu'il donne pour base à la philosophie dont il est également l'apôtre. Je n'ai jamais vu tant de simplicité réunie à tant d'élévation; tant de sagesse sous des formes aussi aimables; et soixante ans d'une vie aussi exemplaire se sont écoulés dans l'obscurité la plus profonde! Qu'est-ce donc que la renommée? qu'est-ce que la faveur? qu'est-ce que l'opinion publique?

La fête funéraire du lendemain (2 novembre) devint le sujet de notre entretien du soir. Le curé convint avec regret que les chrétiens sont restés, dans tout ce qui regarde le culte des morts, fort au-dessous des peuples antiques, et même des nations sauvages. Il passa rapidement en revue les cérémonies funèbres qui se pratiquaient chez les anciens Égyptiens, où les morts, avant d'être admis dans l'asile sacré, devaient subir un jugement solennel; chez les Grecs et chez les Romains, qui rendaient à la mémoire de leurs amis des devoirs si touchants et si pieux. « Peut-être, ajouta-t-il, faudrait-il reprocher aux principes d'une philosophie trop orgueilleuse dans son humilité même cet affranchissement d'un devoir où elle affecte de ne voir qu'un appareil de la vanité et de la misère humaines. De tous les biens, le seul que le trépas ne peut nous ravir, c'est la consolation de laisser après nous un nom qui soit en estime parmi les hommes. La morale publique n'est donc pas moins intéressée que la religion à consacrer le culte des tombeaux.

J'ai consigné quelques pensées sur cet important sujet dans un écrit qui peut être utile, mais que je ne publierai pas de mon vivant, de peur, ajouta-t-il en riant, qu'on ne m'accuse de vouloir augmenter mon casuel. »

A l'appui des observations du curé, je ne craignis pas d'avancer que, de tous les peuples modernes, les Français étaient celui qui avait le moins à se glorifier de ses monuments funèbres; et j'en donnai pour preuve l'ouvrage que l'on vient de publier sur le cimetière du P. Lachaise, dont nous avions un exemplaire sous les yeux. Une observation que nous eûmes souvent occasion de faire en le parcourant, c'est que le petit nombre des mausolées qui s'y distinguent comme ouvrages de l'art appartiennent tous à des familles de la classe moyenne de la société. « Les pauvres gens, dit le curé, n'ont pas le moyen d'honorer les morts; les grands n'en ont pas le temps; les riches n'en ont pas la pensée. — Je serais tentée de croire, en lisant les épitaphes, ajouta madame de Lorys, que les gens d'esprit ne s'en occupent pas davantage...»

Le lendemain matin, lorsque je descendis, je remarquai que tous les gens de la maison étaient vêtus en noir; madame de Lorys et Cécile avaient également pris des habits de deuil.

A dix heures, nous nous rendîmes tous à la chapelle du château, où le bon curé devait dire la messe. Cette chapelle, spécialement consacrée à la sépulture de cette noble et respectable famille, ne s'ouvre que le jour des Morts : madame de Lorys, tout le reste de l'année, se rend à l'église paroissiale.

Le sentier qui conduit à la chapelle était couvert d'une couche épaisse de feuilles mortes, sur lesquelles nos pas glissaient avec un bruit lugubre qui attristait l'oreille et l'esprit. En attendant l'office, nous descendîmes dans un caveau spacieux qu'éclairait une lampe de bronze. Tandis que Cécile et son aïeule priaient sur la tombe maternelle, j'adressais au ciel ma prière accoutumée :

« Dieu qui m'as donné la vie, je te remercie des
« longs jours que tu m'as accordés, et dont quel-
« ques uns n'ont peut-être pas été sans quelque uti-
« lité pour les autres hommes : conserve-moi, jus-
« qu'au terme inévitable dont j'approche, les senti-
« ments et les affections qui m'ont fait sentir le prix
« de l'existence, en m'apprenant à placer la vertu
« dans l'humanité, l'honneur dans le devoir, et le
« bonheur dans l'indépendance. Conserve-moi ce
« desir, qui survit en moi à tous les autres, de con-
« naître la nature, d'en étudier le livre admirable,
« sur chaque feuillet duquel je trouve l'empreinte
« de ta main toute-puissante. »

La cloche nous appelait à l'office des morts. Nous remontâmes dans la chapelle. Notre bon curé, après l'office, nous fit, sur la solennité du jour, un sermon où toutes les vérités de la plus touchante morale, toutes les consolations de la religion la plus sublime, furent mises en usage, avec un talent dont je connais bien peu d'exemples, pour démontrer que l'hommage que l'on rend aux morts consacre la croyance de l'immortalité de l'ame, hors de laquelle il ne peut y avoir ni vertu, ni sentiments vrais, ni espérance sur la terre.

N° LVII. [25 décembre 1816.]

LES MOEURS ET LA CENSURE.

> L'homme de bien, régulier dans ses mœurs, pardonne aux autres comme s'il faisait tous les jours des fautes, et s'abstient d'en faire comme s'il ne pardonnait rien à personne; il n'ajoute pas même foi aux discours scandaleux sur la réputation des autres, parcequ'il craint de leur imputer les vices dont il est capable.
>
> NICOLE, *sur Juvénal.*

Je n'ai jamais assisté à un dîner plus bruyant que celui que nous fîmes la semaine dernière chez madame de Lorys, où se trouvaient réunis M. et madame de Mérange [1], M. David Orioles [2], M. Binôme, le misanthrope André, et l'ami du genre humain Walker. Celui-ci arriva le dernier, salua la maîtresse de la maison, et, sans dire un mot à personne, se mit à se promener de long en large dans le salon, en marmottant avec beaucoup de volubilité des phrases qu'il avait l'air d'apprendre par

---

[1] Voyez le volume I*er*, n° xxx, page 317.
[2] Voyez le volume I*er*, n° v, page 50.

cœur. Plusieurs fois on voulut l'interrompre; mais, d'un signe de la main, il priait qu'on le laissât à ses méditations; puis, s'arrêtant tout-à-coup, et s'appuyant sur le dossier d'une chaise, dans l'attitude d'un orateur, il demanda la parole. Mon homme alors nous débita, sans reprendre haleine (en consultant de temps en temps un petit papier sur lequel il paraissait avoir pris des notes), un discours où il commença par nous assurer que la nation française était la plus corrompue, la plus avilie, la plus malheureuse de l'Europe; que rien n'égalait l'audace de ses vices, si ce n'est l'infamie de ses mœurs; que les femmes, abjurant toutes les lois de la pudeur, toutes les vertus de leur sexe, se jouaient de la foi conjugale, dont elles trafiquaient pour un fichu de cachemire, et scandalisaient les courtisanes par leurs désordres.

Des cris d'indignation s'élevèrent dans l'assemblée, et l'orateur n'obtint la permission de continuer qu'en affirmant qu'il ne faisait que répéter à huis-clos ce qu'il venait d'entendre dire en public, et ce que tous les journaux rediraient le lendemain.

Le terrible discoureur, passant ensuite de la satire des mœurs générales à celle des différents états, redoubla, s'il se peut, d'hyperboles pour nous représenter les savants les plus distingués comme des professeurs d'athéisme, les négociants comme les vampires de l'état, les comédiens comme des empoisonneurs publics, les architectes comme de mauvais chrétiens, et termina par une critique *acerbe* de nos lois civiles, sans épargner nos institutions politiques; d'où il conclut, de la manière la plus consolante, que nous n'avions ni religion, ni mœurs, ni foi, ni loi; ce qu'il était, comme on voit, très important de démontrer dans la circonstance actuelle.

Quand M. Walker eut fini de parler, et qu'il eut appelé en témoignage, sur l'inconcevable fidélité de sa mémoire, M. de Mérange, qui avait, ainsi que lui, entendu prononcer ce discours en séance publique de la bouche même de son auteur, il n'y eut qu'un cri sur l'injustice, sur l'inconséquence d'une pareille diatribe. Le philosophe André seul, trop enclin à juger l'espèce humaine sur le témoignage de la haine spéculative qu'il nourrit pour elle, ne trouvait à redire à cette censure que l'application particulière que l'auteur en avait faite au peuple de l'Europe qui, de son avis même, la méritait le moins. Son sang-froid ne fit qu'animer une discussion où chacun condamnait ce discours avec toute la mesure ou toute la vivacité de son caractère.

« Je n'aime point les jugements par acclamation, dit madame de Lorys; je ne vois ici qu'un jury fortement prévenu, et puisque personne ne se présente pour défendre l'accusé, nous devons lui nommer un défenseur d'office. » Le choix tomba sur M. André.

« Peut-être, dans l'intérêt de la défense, reprit M. Walker, cette tâche cût-elle été mieux remplie par l'Ermite, à qui l'on reproche d'avoir fourni quelques uns *des lambeaux de critique* sur lesquels vous avez à prononcer.

« — J'ai trois raisons, répliquai-je, pour repousser une pareille accusation; je n'en dirai qu'une. En frondant les travers, les abus et les ridicules, en attaquant les préjugés et les vices particuliers à l'époque où nous vivons, j'ai toujours fait en sorte (même en peignant nos mœurs sous le côté le plus défavorable) que les Français y trouvassent de nouveaux motifs de s'estimer eux-mêmes, d'aimer pardessus tout leur patrie, et de respecter les femmes, que je regarde comme la plus belle partie de sa gloire : voilà mes principes. Qu'ont-ils de commun avec ceux du discours que vous venez d'entendre?

« — On ne soupçonnera pas, reprit madame de Lorys, que l'esprit de corps entre pour quelque chose dans l'indignation que m'a fait éprouver une satire dirigée contre un sexe auquel, à soixante-dix ans, on n'appartient plus que par les souvenirs; je ne serai pas suspecte d'intérêt personnel en affirmant qu'en général, et quoi qu'en puisse dire le satirique, les femmes d'aujourd'hui valent mieux que celles de mon temps, à les examiner sous le triple rapport de filles, d'épouses, et de mères. Les avantages dont elles peuvent se prévaloir dans le premier de ces états sont nés en grande partie de l'éducation domestique, substituée pour les filles à l'éducation des couvents, d'où elles ne sortaient que pour se marier. Je suis loin de prétendre que cette époque se distingue par l'extrême sévérité des mœurs conjugales; mais il serait difficile de nier que, du moins dans les classes supérieures, les liens du mariage ne soient plus forts et plus respectés qu'ils ne l'étaient de mon temps. La seule convenance que l'on y consultait pour l'ordinaire était celle des rangs. Il s'ensuivait que les femmes d'alors n'avaient que l'orgueil pour gardien de leur chasteté; mais, comme disait un de mes amis, *quand la vertu n'est gardée que par un vice, il est aisé de gagner la sentinelle.*

« On parle beaucoup du scandale de quelques divorces; mais pour être juste ne faudrait-il pas en comparer le nombre, dans un même laps de temps, avec celui des séparations de corps, si communes à une époque où le célibat était tellement en honneur, qu'il s'était établi au sein du mariage? Je ne serais pas éloignée de convenir, avec notre implacable ennemi, que le luxe des femmes, bien que dirigé par un meilleur goût, n'ait été porté trop loin dans ces derniers temps; mais on sifflerait un couplet de vaudeville où l'on oserait faire entendre que « toute vertu est à la merci d'un cachemire. » Les femmes sont mieux élevées; presque toutes celles de mon rang et de mon âge en conviendront chaque fois qu'elles auront une lettre à écrire, dont elles feront, ainsi que moi, corriger par leur petite-fille les fautes d'orthographe. Ce n'est pas seulement d'injustice qu'un Français fait preuve en calomniant aujourd'hui les femmes de son pays; c'est d'orgueil et d'ingratitude. Pour s'en convaincre, il suffit de réfléchir un moment au caractère sublime, au courage sans exemple, même dans l'antiquité, que les femmes ont développés dans le cours de nos révolutions. »

M. André n'atténua que bien faiblement les torts de son client, en nous prouvant, par des exemples particuliers, qu'au milieu de grandes vertus quelques femmes avaient fait *briller* de grands vices; que plusieurs avaient fait preuve d'une inconcevable légèreté de principes, d'opinions, et même de sentiments, en nous citant le *bal des victimes*, les *salons du directoire*, les *amours de prison*, etc.

« Il en est de certains censeurs, dit à son tour M. Binôme, comme du poisson connu sous le nom de la *sèche*, lequel, serré de trop près par son ennemi, trouble l'eau pour se rendre invisible. On sait fort bien qu'il existe, qu'il a existé de tout temps des hommes qui se sont prostitués au pouvoir, quel qu'il fût; qui ont successivement adopté toutes les opinions en faveur; mais on sait aussi que ce n'est point parmi les savants qu'il faut chercher ces gens-là. Je me demande de quel avantage peuvent être pour l'état et pour la morale les soupçons d'athéisme, de matérialisme, que l'on élève contre des hommes uniquement occupés de recherches scientifiques, dont les travaux ont pour but unique d'éclairer le monde et d'honorer leur siècle et leur patrie?— Je n'ai jamais conçu, reprit M. Orioles, ce que signifiaient ces éternelles déclamations des soi-disant moralistes sur le luxe dans un grand état. S'ils veulent parler de cette vanité folle et ruineuse qui entraîne celui qui en est atteint à des dépenses au-dessus de ses moyens et de sa condition, rien de mieux, que l'on s'explique seulement; mais, sous le nom de luxe, s'ils déclarent la guerre à l'industrie, au commerce; si leurs discours ont pour objet d'arrêter la circulation des richesses, de tarir les deux sources les plus fécondes de la prospérité nationale; le reproche le moins grave qu'on puisse leur faire, c'est de ne rien entendre à la question qu'ils traitent, et de tenir *mal-à-propos* à Paris des *propos* qui seraient fort bons à Zurich. Quant aux mœurs personnelles des négociants, que n'a point épargnées l'inexorable censeur, en admettant, comme il a paru l'insinuer, que ce soit d'après leur conduite dans les troubles révolutionnaires qu'il faille juger les hommes, il est, je crois, facile de lui prouver que de toutes les classes de la société, celle des négociants est restée la plus étrangère aux folies, aux désordres qui ont signalé cette époque. J'ajouterais, si je ne craignais d'avoir l'air de récriminer, que c'est parmi les gens de robe, dont on nous a fait un pompeux panégyrique, qu'on peut trouver la plus grande partie des hommes qui se sont fait, à cette même époque, un nom si cruellement célébre. »

Je ne pris la parole, après M. Orioles, que pour affaiblir un des points de l'accusation.

« — J'avouerai, continuai-je, que l'esprit public est encore la partie faible du caractère français, comme le prouve le discours contre lequel s'élévent tant de clameurs; que nous ne nous sommes pas encore entièrement défaits de cette vanité personnelle qui n'a rien de commun avec l'orgueil national; mais, à cet égard même, il y a de l'injustice à nier nos progrès. Si le patriotisme, pris dans le véritable sens d'amour de son pays et de la liberté publique, n'est pas encore notre vertu dominante, du moins ce sentiment devient-il chaque jour moins rare; et, sous ce rapport, on peut affirmer que le malheur n'a point été inutile à la nation, quoi qu'on puisse dire, la meilleure, la plus sociale, et la plus éclairée de l'Europe. »

Le défenseur répondit à-peu-près en ces termes:

« Obligé de passer condamnation sur les faits, je

défendrai mon client sur le droit et sur l'intention. Le plus sage des ministres du meilleur des rois, Sully, proposait d'établir *une censure publique pour refréner le désordre des mœurs.*

« Ce qu'un grand homme a proposé, un autre l'exécute : la chose est donc bonne au fond, et nous ne disputons plus que sur la forme. Je ne prétends pas justifier sur ce point une mercuriale dont la violence *passe un peu les bornes que j'y mets.* Cependant il y a cette observation à faire, que l'admiration déplacée montre à-la-fois deux dupes : celle qui parle et celle à qui l'on parle ; tandis que la censure injuste n'en suppose qu'une.

« On ne peut donc rien conclure de tout ce qui vient d'être dit contre l'esprit de l'orateur ; quant à l'indignation qu'il manifeste, peut-être est-elle excusable : à qui la sévérité sera-t-elle permise, si ce n'est à celui qui peut mettre le poids d'une vie irréprochable, d'une conduite exemplaire, d'un caractère inflexible, dans la balance de ses opinions ? Le rang qu'on tient dans la société, ou le rôle qu'on y joue, doit nécessairement être pris par vous en considération. On ne sait pas assez que l'on contracte, à son insu, quelque chose des mœurs des gens avec qui l'on a de continuels rapports, comme on se *hâle* au grand air sans s'en apercevoir. Une grande expérience doit rendre *décisif;* et l'habitude de ne voir la nature humaine que sous l'aspect le plus défavorable, excuse, jusqu'à un certain point, l'humeur qu'elle donne et le mal qu'on en dit. En conséquence, je crois devoir proposer à l'assemblée.....»

On vint annoncer que le dîner était servi : on se mit à table ; et au dessert, lorsqu'on voulut remettre la conversation sur le même chapitre, on n'y trouva plus qu'un sujet de plaisanteries, de bons mots intarissables, que les gens sensés ne prennent pas pour des raisons, mais qui n'en sont pas moins, en certains cas, les seuls arguments qu'il convienne d'employer. L'arrêt fut rendu en chanson, sur les conclusions de Walker, et copie du jugement nous fut délivrée sous la forme de couplets.

N° LVIII. [2 décembre 1816.]

LE CAFÉ DES MILLE COLONNES.

> *Nec pol profectò quisquam sine grandi malo*
> *Præquàm res patitur studuit elegantiæ.*
> PLAUTE, *le Marchand*, acte III.
>
> Celui-là court à sa ruine, qui affiche un luxe au-dessus de ses moyens.

On a tant crié contre l'esprit, en l'accusant d'être ennemi du bon sens; on a tant dit qu'il courait les rues en France, qu'il a pris le parti de la retraite, et ne se montre maintenant qu'avec toute la réserve de la pudeur. Je ne sais pas si le bon sens est devenu plus commun qu'autrefois, mais j'affirme que l'esprit est beaucoup plus rare. En attendant que l'on me démontre ce que les mœurs y gagnent, je vois fort bien ce que la société y perd. Dans le monde, je suis frappé de la stérilité de la conversation; et l'orgueilleuse nullité des nouveaux orateurs de salon ne m'étonne pas moins que la patience imperturbable de ceux qui les écoutent. Un bon mot aujourd'hui fait événement dans cette capitale; on se dispute, non l'honneur de l'avoir fait, mais la gloire de l'avoir répété le premier. Le journal qui s'en empare avant les autres vit, pendant un trimestre, sur la vogue d'emprunt qu'il lui procure, et ne triomphe pas toujours avec assez de modestie d'une bonne fortune dont il est tout au plus l'écho. Il fallait que la femme la plus spirituelle de l'Europe revînt des pays étrangers pour nous procurer le plaisir d'entendre de ces mots charmants dont les Mirabeau, les Champfort, les Talleyrand, les Rivarol, étaient autrefois prodigues, et qu'ils semaient dans la conversation au profit des beaux esprits leurs successeurs, dont tout le mérite est dans la mémoire, et quelle mémoire encore!

Mécontent de la société, si je vais au spectacle sur la foi de l'affiche qui m'annonce un des chefs-d'œuvre de la scène tragique, comique, ou lyrique, je n'y trouve personne; et, quand je m'adresse au seul voisin qui se trouve sur ma banquette pour connaître la cause de cette inconcevable solitude, un jour où Molière, Voltaire ou Gluck fait les frais de la représentation; « Talma ne joue pas, me répondit-il; mademoiselle Mars est absente; » ou bien : « Mademoiselle Bigottini, qui danse ordinairement dans le ballet, est malade. » A tous les théâtres, c'est l'acteur que l'on va voir et non plus la pièce. Les vers martelés de Lafosse, le jargon de Marivaux, les platitudes lyriques de Rochon de Chabannes, exprimés par les mêmes organes, ne seront pas moins applaudis que les vers enchanteurs de Racine, que les scènes admirables de Molière, que les chants mélodieux de Marmontel et de Piccini.

Nous n'en sommes cependant pas encore au dernier degré de la dépravation du goût ; et les talents prodigieux de deux acteurs, tels que la scène n'en a peut-être pas vu, peuvent justifier, jusqu'à un certain point, l'enthousiasme exclusif qu'ils excitent, et l'illusion qu'ils produisent. L'esprit et le cœur sont encore pour quelque chose dans le triomphe qu'ils procurent à des ouvrages médiocres ; mais je vois arriver le moment où dans l'art dramatique, comme dans tous les autres, comme dans les sciences, comme dans toutes les professions, il suffira d'éblouir pour attirer un moment la vogue, et d'étonner pour réussir. A cette époque, très prochaine, l'habit et les décorations, dans toutes les conditions de la vie, feront tout le mérite de la pièce et des acteurs.

On donnait *le Tartufe*, et j'avais dîné de bonne heure pour ne pas perdre un mot de la plus belle scène d'exposition qui ait jamais été faite. A six heures et demie j'étais à la porte de la Comédie-Française. La sentinelle m'arrête : on n'entrait plus. L'orchestre des musiciens était envahi, les corridors étaient pleins, les spectateurs obstruaient les coulisses : mademoiselle Mars jouait pour la seconde fois depuis son retour.

Je m'en allais d'assez mauvaise humeur, et les

bras croisés derrière le dos, marmottant les réflexions par lesquelles j'ai commencé ce discours. Je suivais, les yeux en l'air, une des galeries du Palais-Royal. Une inscription plus brillante que les autres arrête mes regards. Je lis en lettres de feu : *Café des Mille Colonnes*. Je me rappelle ce que j'ai entendu dire de cet établissement, et le reproche que m'ont fait quelques uns de mes correspondants de province de ne les avoir pas encore entretenus d'un lieu public dont on raconte tant de merveilles. Je vais pour entrer; un gendarme me ferme le passage, et m'invite poliment à me mettre *à la queue* pour attendre mon tour. Je n'avais rien de mieux à faire pour le moment. J'étais tout porté, et je calculai que je perdrais probablement à revenir un temps plus long et plus précieux que celui dont je devais faire le sacrifice. J'allai prendre ma place à deux ou trois toises de la porte d'entrée. Le hasard voulut qu'au nombre de ces curieux, dont je contribuais à augmenter la foule, je trouvasse mon ami M. Walker. Nous nous saluâmes, comme deux augures qui se rencontraient à Rome, en riant au nez l'un de l'autre. Cette bonne humeur nous aurait probablement accompagnés jusque dans le café magique dont nous nous approchions peu-à-peu, si nous ne nous fussions aperçus que l'empressement de tant d'amateurs n'avait pas le même objet, et que quelques uns d'eux avaient eu la curiosité de savoir ce que nous avions dans nos poches. Pour toute pénitence, je condamne celui qui s'est chargé de la visite des miennes à lire d'un bout à l'autre l'inconcevable discours prononcé par un président à mortier du temps de la Fronde, qu'un bibliothécaire de mes amis m'avait prêté le matin, et que mon curieux a eu la maladresse d'emporter avec mon mouchoir.

Nous avions enfin gagné l'escalier du café des Mille Colonnes, dont le repos est décoré d'une glace si parfaitement ajustée, que j'ai failli m'y casser la tête en y cherchant un passage.

Dès l'entrée, le luxe des choses s'annonce par celui des noms: la cuisine s'appelle *office*, les salles sont des *salons*. Le premier, déja remarquable par l'élégance et la richesse des décorations, tire néanmoins son plus beau lustre de la présence au comptoir d'une jeune et jolie personne, qu'il eût été plus convenable de placer dans la dernière pièce: le plus beau meuble ne se met pas dans l'antichambre.

Il est difficile d'imaginer rien de plus brillant, de plus somptueux, que le salon principal, qu'on appelle *la Salle du Trône*. Les colonnes en marbre vert-campan, les chapiteaux, les arabesques en or, les ornements en bronze, en cristaux, se répètent et se multiplient dans les lambris de glace où l'œil s'égare et ne peut ni compter les objets, ni mesurer l'espace. Là, sur une estrade d'acajou massif, rehaussée de bronze doré, siége sur un véritable trône, acheté à *l'encan* de je ne sais quel *Pertinax*, une reine-limonadière, coiffée d'un diadème en pierreries, laquelle fait, avec une imperturbable majesté, les honneurs d'un autel (pour ne pas me servir du mot ignoble de *comptoir*) surchargé de vases de cristaux, d'argent et de vermeil, destinés aux libations.

Les desservants son dignes du temple et de la divinité : ici, point de ces *garçons* en veste ronde et en tablier blanc, que l'on trouve dans les cafés vulgaires : les jeunes gens qui servent au café des Mille Colonnes, vêtus d'un frac élégant, en bas de soie, en culotte courte, les cheveux coupés et bouclés avec beaucoup d'art, ne dépareraient point le salon le plus brillant de la capitale ; et comme rien n'empêche de prendre pour un mouchoir de batiste la petite serviette qu'ils tiennent à la main, et dont ils dissimulent fort adroitement l'usage, j'ai vu le moment où la méprise que peut occasioner un pareil travestissement devenait funeste à mon compagnon M. Walker. Impatienté de ne pouvoir trouver où se placer, il s'adressa très brusquement à un grand jeune homme qu'il prit pour un *monsieur de la chambre*. Celui-ci voulait absolument prendre pour une insulte une erreur fort excusable au premier, et même au second coup d'œil. Walker, après quelques mots d'excuse, dont ce monsieur ne croyait pas devoir se contenter, prit le parti de lui donner un juste sujet de plainte, et l'affaire en resta là.

Après avoir guetté, pendant un quart d'heure, une table vacante, nous la trouvâmes dans le *boudoir* (c'est ainsi que l'on désigne la dernière salle, beaucoup plus petite que les autres, dont la décoration est tout-à-fait dans le style de ce genre de cabinet). Nous causions en attendant le demi-bol de punch que nous avions demandé. « Voilà, disais-je à M. Walker, un nouvel établissement qui ne peut manquer de prospérer, à en juger par la foule qui s'y porte. — Je suis d'un avis tout-à-fait contraire, me répondit-il. La curiosité est de tous les desirs celui que l'on satisfait le plus facilement, et qui se renouvelle le moins vite : une affluence de quelques semaines suffira pour l'épuiser; et si, comme on le dit, et comme le punch que nous buvons le prouve, les liqueurs que l'on débite ici ne se distinguent que par la beauté du vase dans lequel on les sert, après avoir admiré ce brillant magasin d'orfévrerie, chacun retournera dans le café modeste où rien n'est riche, mais où tout est bon. Je dis plus (ajouta-t-il en prenant ses tablettes), et je vais vous prouver qu'une vogue soutenue ne suffirait pas pour assurer le succès d'une entreprise où les recettes ne peuvent jamais être en proportion avec les dépenses. » Je crois ne pas devoir entrer ici dans les détails d'un raisonnement en chiffres, dont le résultat, exprimé dans mon épigraphe, ne promet au café des Mille Colonnes qu'une existence de très courte durée.

« La vogue, continua-t-il, est un être bizarre qui n'a ni père ni mère : elle naît d'elle-même, comme le champignon, sans semence et sans culture : témoin tous les miracles qu'elle a opérés à Paris depuis quarante ans. C'est toujours de l'obscurité que je l'ai vue sortir. Presque toutes les fortunes dont la vogue a été la source n'ont pas eu d'origine plus brillante que celle du parfumeur Dulac, que les chansons de Collé ont rendu si célèbre. Une très jolie femme, et d'excellents parfums, n'avaient pu achalander sa boutique. Il imagina de creuser de gros navets, et d'y faire germer des ognons de jacinthe et de tubéreuse. Une femme de la cour en orna son salon. Cette *niaiserie*, accueillie d'abord par le caprice, soutenue par la mode, devint bientôt une véritable fureur: Freneuse ne suffit pas à la consommation des navets que Dulac transforma en pots de fleurs, et l'auteur de cette admirable découverte en profita fort habilement pour assurer à sa femme, à sa boutique et à ses parfums, une vogue qui l'enrichit en peu d'années. »

De l'examen des choses nous passâmes à celui des personnes, et, sous ce rapport, le café des Mille Colonnes a pour le moment l'avantage particulier d'offrir le mélange des différentes classes de la société qui se partagent les autres cafés de la capitale. Le *café de la Régence* est depuis soixante ans l'asile des paisibles joueurs d'échecs; les rentiers vont au *café de Foi;* les politiques, au *Caveau;* les officiers à demi-solde, au *café Lemblin;* les agents de change, au *café Tortoni;* les hommes de lettres, au *café Chéron;* etc. Ailleurs, on va pour se rencontrer; ici, l'on ne vient que pour voir; et ce plaisir, à la portée de tout le monde, amène au *café des Mille Colonnes* une foule de gens de tous les états, de tous les pays, étonnés de se trouver ensemble dans un même salon.

Le temps et l'espace que j'ai donnés ou perdus à décrire le théâtre ne m'en laissent pas pour faire connaître les acteurs, et les pièces à tiroir que j'y ai vu jouer. Je regrette sur-tout de ne pouvoir mettre sous les yeux de mes lecteurs la scène comique d'un marchand bijoutier, qui, sans autre cérémonie, est venu reprendre sur la tête d'une dame, à la table voisine de celle où nous étions, un peigne de diamants dont elle se parait, depuis deux ans, à crédit. Peut-être les exclamations échappées à cette dame, au milieu du tumulte qu'occasiona cette action un peu brutale, m'auraient-elles suggéré quelques observations piquantes dont j'aurais pu tirer la morale de mon Discours.

N° LIX. [9 décembre 1816.]

LA CONCIERGERIE.

*Tunc demum horrisono stridentes cardine sacræ
Panduntur portæ.*
VIRG., *Énéide*, liv. VI.

Les portes redoutables s'ouvrirent en roulant sur leurs gonds avec un bruit affreux

On explique les rêves comme on explique tout ce qui passe l'intelligence humaine, par des hypothèses que l'expérience s'amuse à démentir. On dit que les rêves sont le produit d'une impression dominante, et que les choses qui nous ont le plus frappés dans le jour apparaissent à notre ame quand elle est en repos. Je nie le fait, du moins pour ce qui me regarde : mes songes habituels n'ont presque jamais d'analogie avec mes préoccupations de la veille; je n'y vois le plus souvent qu'un jeu de l'imagination, une affection de l'esprit, nés d'un sentiment interne de soi-même, tout-à-fait indépendant des causes extérieures. Cette théorie (que je ne pousse cependant pas au point de croire qu'il y ait quelque chose de divin dans les songes) me conduit néanmoins à y chercher, au lieu de l'image confuse et réfléchie du passé, une sorte d'inspiration pour l'avenir.

Souvent ce que j'ai rêvé me décide sur ce que je dois faire; et profitant de la disposition d'esprit où je me trouve en m'éveillant, l'occupation de ma journée n'est quelquefois que la conséquence d'un songe. Peut-être dira-t-on qu'on s'en aperçoit : la raillerie s'empare plus facilement du mot que de la pensée.

Quoi qu'il en soit, dimanche, après une soirée très agréable, passée au milieu de femmes charmantes et d'hommes d'esprit, où l'on n'avait ni médit, ni *politiqué*, je m'étais couché fort tard; et, sans aucune transition naturelle, mon esprit se trouva tout-à-coup assailli en songe des idées les plus graves et des images les plus tristes. Je ne sais en quel lieu ni à quel titre je me mis à pérorer devant un nombreux auditoire sur la jurisprudence *criminelle*. J'insistais particulièrement sur le supplice *préalable* de la prison qu'entraîne le soupçon du crime, et qui ne tombe par conséquent que sur l'innocence, puisque tout prévenu doit être réputé innocent jusqu'à ce qu'il ait été jugé coupable. Comme on raisonne fort aisément en rêve, je prouvais, d'une manière irréfragable, que la preuve négative ou positive de presque tous les délits pouvait s'obtenir en trois jours, et qu'au moyen d'*assises* et de *jurys* permanents il n'y aurait peut-être de nécessaire, dans les plus grandes villes, qu'une simple prison de dépôt.

En me rappelant les idées que m'avait suggérées le sommeil, je les crus susceptibles d'un examen sérieux dont les développements, par cela même qu'ils pourront me fournir la matière d'un volume [1], ne sauraient trouver ici leur place.

Ce projet de travail me fit naître le desir de visiter les prisons, en commençant par la seule que je consentisse à conserver avec la même destination qu'elle a aujourd'hui, c'est-à-dire comme maison de dépôt. Un autre motif d'un intérêt moins idéal me conduisit lundi matin à cette prison de la *Conciergerie*, dont le nom seul réveille de si profonds, de si terribles souvenirs. Je ne répéterai pas sur l'origine de ce monument élevé sur les débris de l'ancien palais des rois, les observations déjà faites par l'Ermite de la Chaussée-d'Antin [2]; et, sans m'arrêter dans le parvis du temple de la Justice, je me présente à l'entrée formidable du gouffre où gémissent, en l'attendant, ses victimes.

Les terribles portes se sont ouvertes; j'ai courbé mon corps pour passer sous leur voûte, et me voilà entre *ces deux guichets* où commence pour les con-

---

[1] Voyez *La morale appliquée à la politique.*

[2] Voyez *l'Ermite de la Chaussée-d'Antin*, tome III, n° 299.

damnés l'empire de la mort. J'exhibe la permission dont je suis porteur, et l'un des gardiens de ce Tartare, armé d'un trousseau de clefs énormes, s'offre pour me servir de guide à travers l'épouvantable labyrinthe.

Une grille de fer, en s'ébranlant avec effort, nous livre à regret le passage : nous parcourons un long corridor que des lampes éclairent aux deux extrémités, et qui nous conduit au *parloir* où les personnes de l'extérieur sont admises à communiquer verbalement avec ceux des prisonniers qui ne sont point *au secret*. Que la justice des hommes est étrangère à la pitié! qu'elle est ingénieuse dans les moyens d'assurer sa vengeance! En accordant à un père, à un fils, à une épouse, la faveur de voir, d'entendre, pour la dernière fois souvent, le malheureux sur la tête duquel le glaive des lois est suspendu, on a multiplié les précautions d'une surveillance rigoureuse que la société réclame moins impérieusement peut-être que la nature ne les désavoue. L'espace grillé qui sépare les prisonniers des amis dont ils reçoivent la visite est tel qu'ils ont de la peine à distinguer leurs traits, qu'ils ne peuvent entendre leurs soupirs, et que l'expression la plus tendre et la plus secrète de leurs sentiments doit en quelque sorte emprunter la voix publique pour arriver jusqu'à eux.

La chapelle, où tous les prisonniers se rassemblent le dimanche pour assister au service divin, est reconstruite à neuf; les femmes occupent une tribune grillée dans la partie supérieure de la chapelle; les bancs des hommes sont distribués des deux côtés de la nef. Je ne pense pas que des armoiries, même celles de France, soient l'ornement le plus convenable qu'on ait pu choisir pour décorer l'autel.

Derrière cet autel, qu'assiégent les vœux tardifs du repentir, et qu'ont trop souvent arrosé les larmes de l'innocence, une espèce de portique, en voûte surbaissée, forme l'entrée d'un cachot consacré par le plus grand et le plus déplorable souvenir. C'est là que l'auguste Marie-Antoinette, précipitée du premier trône du monde, et victime des fureurs révolutionnaires, dont quelques lâches voudraient en vain rendre responsable la nation qui les a pleurées en larmes de sang; c'est là, dis-je, que Marie-Antoinette vécut *soixante-deux jours*, en attendant l'arrêt exécrable du tribunal de bourreaux aux yeux de qui tout était crime, excepté le crime lui-même.

Je n'examine point si la religion des souvenirs ne prescrivait pas de conserver à ce lieu sa primitive horreur; si le sentiment pieux qui doit y conduire ne regrette pas ce lit de sangles adossé contre une muraille humide, cette chaise de paille, cette table grossière, cette lucarne où venait expirer un rayon de jour, et jusqu'à ce modeste paravent qui séparait l'illustre prisonnière de cette troupe de gardiens chargés d'épier jusqu'à ses soupirs. Je contemple cette étroite enceinte dans l'état où elle s'offre maintenant aux regards.

Les murailles, peintes en marbre gris, sont semées de larmes d'argent ; vis-à-vis l'arcade par laquelle on entre s'élève un petit cénotaphe en marbre blanc, dont une des corniches en saillie sert d'autel pour dire la messe anniversaire du 16 *octobre*. Une des inscriptions, écrite en latin, indique l'objet du monument, l'époque à laquelle il fut érigé, et le crime dont il retrace la mémoire ; l'autre est un extrait de la lettre que la reine écrivit à madame Élisabeth la veille de sa mort.

Au fond du cachot, à l'endroit même où se trouvait placé le lit de l'infortunée princesse, on voit un portrait en pied de la reine, en habits de deuil, aux deux côtés duquel sont déjà placés des cadres ovales qui paraissent destinés à recevoir les portraits de Louis XVI et de son angélique sœur. On a fermé l'ouverture qui communiquait à la salle dite *du Conseil,* où se tenaient les gardiens, et la fenêtre agrandie est maintenant ornée de vitraux de couleur, dont les reflets mélancoliques éclairent cette triste enceinte du jour le plus convenable.

Quels nobles et douloureux souvenirs viennent en ces lieux accabler ma pensée ! Comment payer à la mémoire d'une auguste victime le tribut de regrets qu'elle impose à tous les cœurs? Comment évoquer cette ombre illustre sans lui donner pour cortége cette foule généreuse de femmes qui l'ont précédée ou suivie sous ces horribles voûtes, où le même démon des discordes civiles les avait conduites? Je vois apparaître à-la-fois l'héroïque Charlotte Corday, la courageuse épouse du ministre Roland, la jeune et belle princesse Joseph de Monaco, la vénérable maréchale de Mouchy, la vertueuse sœur du libraire Gatey, modèle de dévouement et d'amitié fraternelle ; l'épouse charmante du fougueux Camille-Desmoulins, l'intéressante Cécile Renaud, cette adorable famille de l'immortel Malesherbes, mesdames de Sénosan, de Rosambo, de Châteaubriand, et tant d'autres femmes, éternel honneur d'un sexe dont l'admiration et la reconnaissance des Français doivent à jamais consacrer les vertus !

En continuant à parcourir, avec mon guide, les détours de cet antre de la Justice où l'on peut pénétrer impunément, il me montra la porte de fer de ces cachots connus sous le nom de *Grand-César*, et qu'on ne peut comparer, d'après leur description, qu'à la boîte de Pandore, dont on n'aurait laissé sortir que l'*espérance*.

J'ai peut-être vécu trop long-temps hors de la société pour bien apprécier ses droits; mais il me semble que ceux de la nature sont plus sacrés encore; il me semble que la Justice elle-même ne devrait pas être étrangère à la pitié, à ce mouvement du cœur aussi naturel que celui qui le fait battre et palpiter. Nous ne paraissons quelquefois supporter les maux des autres que parceque nous n'en avons pas l'idée. Quel homme sensible, instruit des souffrances physiques et morales qu'endure un prisonnier détenu sur la prévention d'un crime capital, pourrait ne pas croire qu'il a déja subi sa peine (s'il est reconnu coupable) au moment où il reçoit sa condamnation? Que sera-ce donc s'il est innocent? Quels dédommagements recevra-t-il pour ces heures, pour ces siècles d'angoisses, pour ces tortures de l'esprit et du corps auxquelles il s'est vu dévoué, et dont sa conscience irréprochable ne lui permet encore d'envisager le terme qu'en tremblant? On a représenté la Justice tenant un glaive d'une main et une balance de l'autre : hélas! si le glaive épouvante le criminel, la balance n'effraie pas moins l'innocent: en effet, combien n'a-t-on pas vu de juges plus coupables que les accusés, et de condamnations plus criminelles que les délits? Combien de fois la Justice ne s'est-elle pas méprise en saisissant sa proie?...

Ces tristes réflexions, qui se présentaient si naturellement à mon esprit à l'aspect des objets dont j'étais environné, ne sauraient cependant m'empêcher de convenir (lorsque je compare ce que j'ai vu jadis à ce que je vois aujourd'hui) que le régime des prisons, en général, et particulièrement celui de la Conciergerie, n'ait subi d'heureuses réformes; que les progrès de la raison et de l'humanité (qui ne sont autres que ceux des lumières) ne s'y fassent sentir à plusieurs égards : de monstrueux abus ont été détruits; la justice s'y montre sous des formes moins effrayantes, et ses derniers agents eux-mêmes n'ajoutent plus à la rigueur de leurs fonctions cette brutale férocité qu'ils mettaient à les remplir. Là, comme ailleurs sans doute, beaucoup de bien reste à faire; il se fera : ce qu'un siècle commence, un autre l'achève. Si les institutions humaines se perfectionnent quand les mœurs ne font que changer, c'est que les premières ont pour elles le bénéfice du temps qui manque aux autres. « Les malheurs de la vertu et les succès du vice (ai-je lu quelque part) ne prouvent qu'une chose, la brièveté de la vie. Donnez du temps à l'homme vertueux et au scélérat, chacun recevra, même sur la terre, sa récompense ou sa punition. »

N° LX. [16 décembre 1816.]

PARIS DANS UN SALON.

> .... .. *Veras hinc discere voces*
> Hor., *Art poét.*
>
> Faites parler à chacun son langage

Lundi, 9 décembre.

« Madame, je suis très vieux, j'ai beaucoup voyagé; cependant, j'ai rencontré dans mes courses peu de choses et encore moins de gens extraordinaires. Vous êtes sur la liste des curiosités qui me restent à voir : je vous demande donc la permission de me présenter chez vous. J'aurais pu m'y prendre, pour l'obtenir, d'une façon un peu plus conforme à l'usage; mais je crains les lenteurs, et j'ai de bonnes raisons pour ne pas remettre mes plaisirs au lendemain.

« J'ai l'honneur de vous saluer.

« L'Ermite de la Guiane. »

Mardi matin, 10 décembre

« Monsieur, je ne suis pas moins curieuse que vous, et vous étiez aussi sur ma liste. Un homme qui a vécu si long-temps parmi les sauvages a peut-être trouvé le secret de réunir en société cinq ou six gens de bien qui se conviennent : c'est une question sur laquelle je serais bien aise d'avoir votre avis. Je suis chez moi tous les soirs jusqu'à onze heures : j'aurai beaucoup de plaisir à vous y recevoir.

« Adolphine de Volsange. »

Il y avait long-temps que j'avais le désir de connaître madame de Volsange. Un de ses parents m'avait promis de me présenter chez elle, mais il différait toujours. J'ai craint que cette dame, qui ne tient pas en place, ne quittât Paris un beau jour en me laissant le regret d'avoir perdu une occasion difficile à retrouver pour qui n'a pas le temps de l'attendre. Je pris en conséquence le parti d'écrire le billet que l'on vient de lire. La réponse que je reçus le lendemain me permit de faire ma visite le jour suivant.

J'allais voir une femme que je regarde comme la merveille de son sexe, et je m'étais fait une si haute idée de son esprit, que je devais être naturellement en défiance du mien. Je me souvins fort à-propos de mon rôle d'observateur, et je me promis de me retrancher, au besoin, dans cette gravité silencieuse dont on se sert assez souvent, comme plus d'une femme se sert de certain *corset menteur* pour voiler, en les supposant, des charmes qui n'existent pas.

J'arrivai au moment où l'on sortait de table; madame de Volsange causait bas avec quelqu'un dans l'embrasure d'une croisée; et avant qu'elle se fût aperçue de ma présence, j'eus tout le temps de me rendre compte de la première impression que me faisait la sienne. Je la trouvai, de sa personne, tout autre qu'elle ne m'avait été représentée, et je me confirmai dans l'opinion que l'envie prend ses dédommagements où elle peut, et qu'elle abuse étrangement des concessions qu'on est quelquefois obligé de lui faire. Comme la peinture commence par fixer les traits qu'elle imite, il est probable que le portrait de madame de Volsange ne serait pas celui d'une jolie femme; mais il y a des figures qu'on ne peut, sans les rendre méconnaissables, séparer du mouvement qui les recompose, et des gens, comme dit Addisson, *qu'il faut entendre pour les voir*. Madame de Volsange est de ce nombre.

Elle me fit un accueil plein d'obligeance, et parut oublier pour un moment l'espèce d'antipathie qu'elle a pour la vieillesse. Le cercle n'était encore composé que de cinq ou six personnes, toutes intimes, à l'exception de moi. Après quelques compliments d'usage, auxquels je répondis avec une gaucherie que mon âge et mon caractère pouvaient heureusement faire prendre pour de la franchise, madame de Volsange me parla de mes voyages, et m'engagea, sans que je m'en aperçusse, dans le récit de mes aventures. Je n'ai jamais vu écouter avec autant d'esprit. J'échappai néanmoins au piége qu'elle tendait, avec beaucoup d'art, à mon amour-propre; et par quelques propositions mal sonnantes à son oreille, sur les limites de l'esprit humain, je l'amenai à s'emparer de la conversation, dont elle me faisait trop généreusement les honneurs. « Je vous entends, me dit-elle, vous placez notre ame dans notre corps, comme un écureuil dans sa cage, où il croit faire d'autant plus de chemin qu'il va plus vite, et ne s'aperçoit pas qu'il se fatigue sans changer de place. — C'est ce que je pensais, madame, sans pouvoir l'exprimer aussi bien. Il me semble qu'en tout genre les idées utiles ont été les premières connues, et je suis bien tenté de croire qu'il n'existe au-delà que singularité, écart d'imagination, erreur, et tout au plus raffinement frivole. — D'où il suivrait, reprit madame de Volsange avec vivacité, que les premières sociétés seraient les plus parfaites, que les premiers essais en tout genre atteindraient la perfection à laquelle il est permis aux hommes de prétendre, et que les habitants de Paris ou de Londres n'ont, sur la plus misérable peuplade de la Nouvelle-

Hollande, que l'avantage de quelques *raffinements frivoles*. Ce raisonnement, je vous en fais juge, M. l'Ermite, ne vous paraît-il pas à vous-même un peu sauvage? »

Je ne cédai le terrain que pied à pied, pour me ménager un plaisir dont je jouissais pour la première fois, celui d'entendre une femme discuter avec une force de logique entraînante, avec une éloquence pleine de charme et de conviction, les questions de la plus haute philosophie, qu'elle traitait véritablement en paraissant les effleurer.

On parla successivement de littérature, d'arts, et de spectacle; sur tous ces points, madame de Volsange professe une doctrine *insolite*, où son esprit la sert mieux que sa raison. En partant du principe général d'une perfectibilité sans bornes, on arrive nécessairement, de conséquence en conséquence, à regarder les règles comme ces fossés dont on entoure une prairie, pour y enfermer les troupeaux. Les bœufs, les moutons y restent; mais l'obstacle n'arrête pas le coursier qui le franchit. La discussion qui s'éleva sur ce sujet a long-temps occupé les esprits des deux côtés du Rhin; depuis trois ans de plus graves intérêts ont occupé l'Europe, et la querelle littéraire des *réguliers* avec les *romantiques* a été abandonnée pour des débats plus sérieux: il serait à souhaiter que le moment fût arrivé de la faire revivre!

Quoi qu'il en soit, cet entretien, qui me donna de madame de Volsange une idée supérieure encore à celle que j'en avais conçue, fut interrompu par l'arrivée successive de personnes de tout rang, de tout état, de toute opinion, que cette dame a trouvé le moyen, sinon de réunir, du moins de rassembler chez elle, par un charme directement opposé à celui qu'on éprouvait en entrant dans le château d'*un certain baron* de la connaissance de Voltaire: les foux deviennent presque raisonnables en entrant dans le salon de madame de Volsange.

La première personne que l'on annonça, ou plutôt qui s'annonça elle-même par le contraste de son titre et de sa figure, était ce M. de Villejuif, qui n'a d'autre raison de se croire appelé à tout, que d'avoir l'impudence de tout entreprendre: on n'a cependant pas encore déterminé bien au juste s'il entre plus d'orgueil que d'ignorance dans son ambition. Madame de Volsange l'appelle le *Sosie des négociations*, parcequ'il y marche dans l'ombre, sa lanterne sourde à la main, et qu'il finit toujours par se ranger du côté de *l'Amphytrion où l'on dîne.*

Un moment après lui se présenta (en jetant une fourrure sur les bras d'un grand homme qui venait derrière elle, et qui n'était pas son laquais) une petite dame, d'une laideur à prétention: je l'entendis nommer madame Nosaguet, et je m'aperçus qu'on se mit à chuchoter en la voyant paraître.

« Eh bien! ma chère, dit-elle pour premier mot à la maîtresse de la maison, à qui ce ton familier ne parut faire aucun plaisir, où en sommes-nous de la politique? — C'est à vous qu'il faut faire cette question, répondit madame de Volsange; car vous en changez quelquefois. Je dois croire cependant que vous êtes enfin fixée, et que je vous trouve aujourd'hui telle que je vous ai vue il y a quinze jours, bonne et franche royaliste. — Eh bien! point du tout; je suis *ultra*, ma chère, puisqu'il faut vous le dire. — C'est étonnant; je croyais M. Dorneuil si raisonnable!... Bah! voilà plus d'un mois qu'il ne vient plus bâiller chez moi! » La petite dame feignit de se méprendre sur la cause du rire général qu'avait excité la réflexion de madame de Volsange, et que sa réponse avait fait redoubler.

Par-tout ailleurs on eût été surpris de voir arriver ensemble deux hommes de goûts, de mœurs, d'opinions, de langage aussi différents que MM. d'Amblère et Sanuin. Le premier, taillé en pleine roche féodale, ne parlant qu'avec respect de lui-même, et convaincu, par tradition, que l'épée *de chevet* qu'il porte à son côté, les jours de gala, est de la même trempe que celle de Charlemagne; l'autre, ennemi des préjugés gothiques qu'il poursuit quelquefois jusque dans l'asile où ils se retranchent avec le plus de confiance; toujours au moment d'abuser des avantages que lui donnent ses adversaires, lesquels peuvent à leur tour se faire contre lui une arme de l'exagération où il se laisse trop facilement emporter.

En voyant apparaître comme deux fantômes M. de Monteauroche et sa longue épouse, je me demandai à quel pays, à quelle époque, appartenaient ces deux figures, dont les analogues ne pourraient se trouver qu'au Musée de la rue des Petits-Augustins. Il y avait dans la réception qu'on leur fit quelque chose qui tenait du sentiment qu'on éprouve à l'aspect de ces gravois amoncelés dans un jardin de mauvais goût, pour y figurer de nobles ruines.

Pour en faire mieux ressortir l'étrange ridicule, arriva, presque en même temps, la brillante comtesse de Flavière, parée de toutes les graces, de tous les charmes de l'esprit et de la figure; en un mot, le modéle achevé des Françaises, telles qu'on aime à se les représenter les jours où le hasard ne vous a pas offert trop d'exceptions.

Parmi les hommes introduits dans cette maison sous le nom d'hommes de lettres, deux ou trois devraient se contenter du titre d'hommes de plume; du moins, tout en blâmant l'usage qu'ils en font, ne pourrait-on pas nier le parti qu'ils en tirent?

Si, depuis long-temps, je n'étais bien convaincu que toutes les opinions sincères sont respectables, j'aurais été forcé de reconnaître cette vérité, après avoir entendu la profession de foi politique de deux hommes également estimables par le rang qu'ils occupent dans le monde, par la noblesse de leur caractère, et l'intégrité de leur vie. L'un (M. de Florency), profondément affligé des malheurs publics et particuliers qu'ont produits nos discordes civiles (dont il s'obstine à voir la source dans les principes d'une sage philosophie, qu'il a professés lui-même autrefois), se déclare maintenant l'apôtre du pouvoir absolu et de l'intolérance religieuse: en vain lui montrez-vous, à d'autres époques, des crimes, des désastres plus terribles que ceux qu'il déplore, engendrés par ce même pouvoir qu'il invoque: tel est l'empire de certaines erreurs sur ce vertueux fauteur du despotisme, qu'elles éteignent sa raison, et le rendent incapable de reconnaître et d'entendre la verité.

Son antagoniste, au contraire, a passé stoïquement à travers les débris sanglants dont la révolution a semé sa route. Victime de toutes les factions, descendu par miracle de deux échafauds où il devait laisser sa tête, à peine peut-on lui arracher l'aveu que la liberté a ses abus, que la démocratie a ses bornes. M. Desparville ne sort jamais de la république idéale qu'il s'est créée, où tout est bon, tout est juste: il est fâcheux qu'il n'en donne guère que lui pour preuve. Chaque fois que madame de Volsange le voit, elle lui demande des nouvelles de son utopie.

Après avoir introduit sur cette scène brillante quelques uns des principaux personnages, je m'aperçois que l'espace me manque pour faire agir et parler ces différents interlocuteurs : je regrette surtout de ne pouvoir, en rappelant les divers sujets de conversation que l'on effleura dans cette soirée, donner une idée des vérités, des erreurs, des préjugés, des travers et des préventions, aujourd'hui les plus à la mode. J'aurais voulu sur-tout montrer, au milieu d'un cercle d'hommes distingués pour la plupart, une femme non moins supérieure par l'étendue de ses lumières, par la variété de ses connaissances que par l'originalité piquante et la grace irrésistible de son esprit.

N° LXI. [25 décembre 1816.]

ÊTRE ET PARAITRE.

TROISIÈME PROMENADE NOCTURNE.

> ...... *Ætatem aliam, aliud factum convenit.*
> PLAUTE, *le Marchand.*
>
> Conduisez-vous selon votre âge.

Il était minuit : je suivais en dormant le boulevart Caumartin, lorsque j'avisai une fort belle maison, brillamment éclairée. Une fenêtre ouverte laissait voir l'intérieur d'un salon où je remarquai beaucoup de mouvement : on y jouait, on y faisait de la musique, et on y dansait tout à-la-fois.

Le maître de ce logis est sans doute un de ces heureux du jour pour qui le plaisir est la grande affaire de la vie, et qui ne sont occupés que des moyens de dépenser une fortune immense dont ils n'ont eu que la peine d'hériter : c'est ce dont je ne tardai pas à m'assurer. Dans une assemblée où je ne comptais pas moins de vingt hommes dans la fleur de l'âge, j'étais un peu surpris de voir une douzaine de jeunes personnes charmantes, réduites, faute de danseurs, à former entre elles une maussade contredanse qui n'avait que des vieillards pour spectateurs. Que faisaient donc les jeunes gens? Ils jouaient; ils se pressaient autour d'une table d'*écarté* (jeu d'antichambre que la mode, depuis quatre ou cinq ans, a introduit dans le grand monde).

Je m'étais approché d'une table de *reversi*, dont chacun des joueurs me donnait une idée différente et pourtant complète de la figure sous laquelle on pourrait peindre la passion du jeu.

Cette partie se composait d'un seul homme et de trois femmes. L'une d'elles, la plus grande, était placée de manière à communiquer avec trois tables : elle jouait au *reversi* à l'une, elle pariait à l'*écarté* à l'autre, et conseillait au *wish* à la troisième : elle avait pour *vis-à-vis* une petite dame qui ne connaît, à ce qu'elle assure, que l'amour maternel que l'on puisse raisonnablement comparer à l'amour du jeu. La vue d'un *quinola* fait sur elle l'effet qu'*Hippolyte* produisait sur *Phèdre;* à son aspect elle se sent à-la-fois *et transir et brûler;* il est douteux que la personne qu'elle a le plus aimée au monde ait jamais obtenu d'elle un regard aussi tendre que celui qu'elle jette sur cet adorable *valet de cœur,* s'il se présente convenablement accompagné. La troisième, que je reconnus pour la maîtresse de la maison, pouvait se comparer à César (*dictant à quatre en style diffé-*

rent): elle avait à-la-fois le cœur au jeu, l'œil à la danse, l'oreille à la musique, et l'esprit à la conversation.

Ces personnes se disaient amies intimes : à l'amertume de leurs reparties, au plaisir que la peine de l'une causait aux autres, aux témoignages de malveillance qu'elles se donnaient réciproquement, j'aurais pu les croire ennemies mortelles. Dans cette partie, la fortune s'était déclarée pour le trio féminin, qui ne se piquait pas de générosité pour le vaincu : celui-ci, dont le sang-froid apparent étaient le dernier effort de la politesse, se contentait de répéter avec une humeur d'autant plus risible qu'elle était plus concentrée: « *Je n'aurai certainement plus l'honneur de faire la partie de ces dames.* »

J'avais fait vingt fois le tour du salon sans pouvoir deviner quel était le maître de la maison, lorsque je m'avisai de monter un petit escalier qui me conduisit dans un corps de logis séparé, dont chaque pièce, tapissée de registres, m'apprit que j'étais chez un négociant : à l'extrémité du couloir qui sépare les bureaux, que je traversai, je trouvai dans un modeste cabinet, faiblement éclairé par une lampe couverte, le chef de cette grande maison, en robe de chambre, achevant son courrier du lendemain. Je m'aperçus alors que je n'étais pas chez *un de ces heureux du jour, pour qui le plaisir est l'unique affaire:* cet habile commerçant, dont l'active industrie devient une source de richesse pour l'état, est l'artisan d'une fortune acquise par le travail, augmentée par l'économie, garantie par la probité : il fait jouir tout ce qui l'entoure d'une opulence dont il connait tout le prix, et dont il réserve aux autres les avantages.

Je sortis de cette maison par le jardin, et, de terrasse en terrasse, j'arrivai en face d'un hôtel où s'arrêtait une voiture élégante : un laquais en livrée descend, frappe doucement à la porte, et vient ouvrir la portière de la voiture : j'en vois sortir, appuyé sur le bras de son laquais, un petit-maître suranné, en faveur duquel *Acerbi*, *Léger*, et *Caron*, avaient employé leurs talents et réuni leurs efforts,

Pour réparer du temps l'irréparable outrage.

Une fois en équilibre sur le pavé, l'Adonis majeur dit quelques mots à l'oreille de son domestique, passa le plus vite qu'il put devant la loge du portier, et trouva au bas de l'escalier son valet de chambre, qui l'aida à monter dans son appartement ; je le suivis de près, et j'entrai *incognito* sur ses talons.

Il se jeta dans une bergère, et, sans parler, fit signe à son valet de chambre de lui donner à boire : celui-ci avait eu soin de préparer le verre d'eau sucrée à la fleur d'orange, qu'il s'empressa de présenter à son maître.

Pendant que M. de Florville buvait tout doucement en reprenant haleine, mons Germain, véritable valet de comédie, lui disait en procédant à sa toilette de nuit: « Monsieur a passé une bonne journée, je le parie? Je lui trouve la physionomie rayonnante, le regard vif, un certain air de triomphe. —Vraiment, tu trouves, Germain? cependant mon rhumatisme me fait horriblement souffrir. — Monsieur ne se ménage pas assez; il abuse des dons que la nature lui a prodigués. — Tu as peut-être raison, Germain; mais que diable veux-tu? un souper exquis, des vins parfaits, des femmes charmantes!... La comtesse de V***, belle à miracle! un jeu d'enfer!... Comment résister à tout cela!... Ce pauvre Dorlange crève de jalousie... Donne-moi mes pastilles... Tu feras bassiner mon lit... Si j'allais avoir ma fluxion!... Germain, du coton pour mettre dans mes oreilles!... Je sens ma douleur!... —Monsieur a peut-être oublié qu'il avait ce soir un rendez-vous chez Eugénie, la petite danseuse. — Écoute donc, Germain, on n'est pas de fer, et puis... je n'étais pas en fonds... Trois cents louis que j'ai perdus me gênent un peu; mais, comme j'avais confié ma bonne fortune à dix ou douze amis intimes, j'ai pris mes précautions contre la médisance. Eugénie demeure à quelques portes de la maison où je viens de souper avec Dorlange, Belmont et Forlis: en rentrant, j'ai donné ordre à mon cocher d'aller se placer à la porte d'Eugénie; Lafleur a ses instructions; et quand ces messieurs l'interrogeraient, les choses n'en iraient que mieux.—Supérieurement imaginé, monsieur!... » Pendant ce dialogue, Germain avait achevé de déshabiller son maître; une calotte de flanelle, entourée d'un madras, remplaçait la perruque à la Titus; revêtu d'une robe de chambre et d'un large pantalon de molleton, monsieur avait ôté le vêtement nécessaire dans lequel était restée une partie de son embonpoint. Dans cet état notre homme à bonnes fortunes me parut un homme de soixante ans au moins, à en juger par ses yeux éteints, son teint livide, et la subite alliance de son nez avec sa lèvre inférieure, causée par je ne sais quel déplacement.

Tout étant terminé, le merveilleux Florville ressemblait parfaitement à don Quichotte en déshabillé; il passa de son cabinet de toilette dans sa chambre à coucher, et se mit dans son lit bien chaud, en recommandant à Germain de répondre à tout venant, le lendemain matin, de manière à faire croire qu'il n'était pas rentré de la nuit, et lui ordonna sur-tout de ne laisser pénétrer personne avant que sa toilette fût complètement achevée. Florville a beau faire, me disais-je, on n'est plus dupe de son manége; il n'y a plus que lui qui ne sache pas son âge...

En sortant de chez ce ci-devant jeune homme,

je vis descendre une échelle de corde d'une fenêtre qu'on avait ouverte avec une précipitation mystérieuse. Me voilà dans la chambre à coucher d'un beau jeune homme de vingt ans, aux trois quarts déshabillé, qui se hâte de fixer l'échelle à son balcon, et referme doucement la fenêtre, parcequ'il entend quelqu'un approcher; sa porte s'ouvre, et je vois paraître un vieux domestique, porteur de la physionomie la plus honnête. Notre jeune homme s'assied, pose sa tête dans ses deux mains, en se plaignant de la violence de sa migraine. « Monsieur, voici du thé que madame votre mère vous envoie, dit le bon vieillard en mettant un plateau sur la table; dans un instant elle viendra savoir comment vous vous trouvez. — Qu'elle n'en fasse rien, mon cher Bertrand; je tombe de sommeil; je vais prendre une tasse de thé et me mettre au lit. » (En disant cela il se couche.) « Bertrand, va dire à ma bonne mère de ne pas s'inquiéter, et sur-tout de ne pas troubler mon repos. » A ce mot de repos, Bertrand sourit d'un air malin, présente une seconde tasse de thé au jeune homme, et se dispose à sortir. « Bonsoir, mon ami; laisse-moi dormir maintenant. — Si je veillais auprès de vous? — A quoi bon? interrompt le jeune homme avec impatience. — Qui sait, monsieur... — Me laisserez-vous dormir, enfin? — Bonne nuit, monsieur... » En disant ces mots, le malin vieillard sort en fermant la porte à double tour.

« Ferme, ferme la porte, dit le jeune homme en se précipitant de son lit et en poussant le verrou; moi je sortirai par la fenêtre. La nuit est sombre... superbe, en vérité! on n'y voit rien à dix pas. Heureusement, je n'ai eu besoin de confier mon secret à personne. O ma belle maîtresse, rien ne peut compromettre ton repos ni troubler mon bonheur! »

Dire ces mots, faire une toilette de circonstance, mettre une épée sous son bras, s'envelopper d'un manteau, descendre ou plutôt franchir en trois sauts l'échelle de corde, tout cela fut l'affaire d'un moment. Je fus aussi leste que lui. Je remarquai dans ce moment un joli épagneul, qui, sans japper, vint caresser le jeune homme, et repartit en courant comme un messager de bonne nouvelle. Le silence de ce chien si bien instruit, son manége, sa course, tout me fit présumer que ce n'était pas la première fois que l'échelle jouait son rôle. Marchant avec précaution et retenant son haleine, le jeune homme se coula doucement le long d'une charmille élevée qui aboutissait à un superbe rez-de-chaussée, dont toutes les persiennes paraissaient fermées. Au travers de l'une d'elles, on apercevait cependant une faible lumière; le jeune homme s'approcha, et la persienne, cédant sans résistance et sans bruit, me laissa voir. . . . .

« Quel contraste! me disais-je en reprenant le

chemin de mon logement, dont je n'étais sorti qu'en idée. Florville se donne autant de mal pour faire croire à ses bonnes fortunes que ce jeune homme pour cacher la sienne. Ce dernier a trop d'amour pour songer aux jouissances de l'amour-propre. »

N° LXII [1ᵉʳ JANVIER 1817.]

LES HOMMES ET LES MAISONS.

> L'immortalité est une espèce de vie que nous acquérons dans la mémoire des hommes.
> DIDEROT.

> Un redoutable instant nous détruit sans réserve ;
> On ne voit au-delà qu'un obscur avenir :
> A peine de nos noms un léger souvenir
> Parmi les hommes se conserve.
> Mad. DÉSHOULIÈRES.

Campos ubi Troja fuit (les champs où fut Troie). Il y a dans ces mots si simples un charme mélancolique qu'on ne peut définir, mais que l'on sent naître, pour ainsi dire, avec les pensées de gloire et de destruction qu'ils réveillent. Le temps travaille sans relâche à détruire la mémoire des êtres que la sagesse humaine doit tendre à conserver. L'homme est certainement une faible créature ; mais cette créature est susceptible de perfectionnement, et de tous les moyens que l'on peut employer pour la rendre meilleure, le plus sûr est de lui mettre incessamment sous les yeux les exemples qu'elle doit suivre, et même ceux qu'elle doit éviter. Rappeler de grands noms, c'est exhumer de grands talents, de grandes vertus, ou de grands crimes: la renommée est le miroir des âges; elle réfléchit l'image des hommes illustres, et *les met* (comme disait un célèbre aveugle de naissance) *en relief hors de la tombe;* mais l'imagination elle-même est dans la dépendance des sens. Comme la flamme, elle s'éteint dans le vide, et cherche à s'attacher à quelque objet matériel qui l'alimente: la pierre du tombeau qui renferme la cendre d'un héros, la maison qui fut habitée par un grand homme, le meuble dont il fit usage, en disent plus à la pensée que tous les monuments historiques élevés à sa mémoire...

Le besoin de conférer, avant d'entamer un procès, avec un très haut et jadis très puissant seigneur, avait conduit mon ami Walker à Auteuil, où M. le comte D*** s'était retiré depuis quelque temps pour faire pièce à la cour, qui n'a pas l'air de s'en apercevoir. J'avais accompagné Walker dans sa course *extra muros;* depuis une demi-heure nous arpentions le village d'un bout à l'autre, en nous étonnant de ne pouvoir trouver une personne dont le nom a figuré avec tant d'éclat dans l'*Almanach royal*. Fatigués de nos recherches, nous leur donnâmes un autre but, et nous allâmes visiter la maison de Boileau. Le premier paysan à qui nous nous étions adressés nous l'avait indiquée, sous le n° 8, dans la rue qui porte son nom.

Cette maison de campagne est maintenant occupée par une famille étrangère. Je connais un pays ou il serait plus facile à un Français de louer le palais de Kensington que la petite maison de Stratford, où naquit et mourut Shakespeare.

Les maîtres n'étaient point encore levés ; le jardinier, qui s'appelle encore *Antoine,* nous permit de faire le tour du jardin,

> *Où son prédécesseur,* industrieux génie,
> Sut si bien exercer l'art de La Quintinie.

Nous nous arrêtâmes au pied de quelques arbres contemporains du poëte, et nous croyions le voir,

> Tantôt baissant le front, tantôt levant les yeux,
> De paroles en l'air, par élans envolées,
> Effrayer les oiseaux perchés dans ses allées.

Une cloche qui se fit entendre fut pour nous le signal d'une retraite précipitée ; nous sortîmes en regrettant de ne pouvoir visiter plus en détail ce Tivoli de l'Horace français.

En retournant à Paris, nous trouvâmes dans le petit pèlerinage que nous venions de faire le sujet d'un entretien inépuisable.

« Les lieux qu'ont habités les hommes célèbres, disais-je à mon compagnon de route, excitent les grandes pensées, les nobles souvenirs ; on a fort bien comparé la renommée qu'ils laissent après eux à ces précieuses essences qui embaument l'espace où elles s'évaporent.

« — Je partagerais plus volontiers votre enthousiasme, me répondit-il, si j'avais remarqué que vos hommes célèbres fussent un peu plus souvent nés pour le bonheur de l'humanité; mais en songeant qu'une grande partie d'entre eux n'ont de célébrité que celle de *Marius*, d'*Alcibiade*, ou d'*Érostrate*; que la plupart des autres ont mis leurs vices sous la sauvegarde de leurs talents, je ne sais, à vous parler franchement, si l'on ne ferait pas tout aussi bien d'enterrer avec eux leur mémoire: les exemples d'*Alexandre* et de *César* ont fait beaucoup de conquérants; combien compte-t-on de sages, de monarques, formés sur les modèles de *Socrate* et de *Marc-Aurèle?* — Je suis d'un avis tout-à-fait contraire au vôtre: le bon usage du passé est le patrimoine du présent; je vois qu'on se trompe rarement aux réputations qui ont passé au creuset de la tombe: les vertus en sortent plus pures, les talents plus brillants, les vices plus odieux. On a vu quelquefois chercher des excuses parmi ces derniers; mais c'est toujours parmi les autres qu'on cherche des modèles; et comme on peut être impunément juste avec les morts, il n'y a, dans la mémoire des hommes, de prescription ni pour le crime, ni pour la vertu; d'où je conclus qu'il n'y a de dangereux que les mauvais exemples vivants... »

Cette discussion pouvait suffire à une route beaucoup plus longue. Quand nous arrivâmes à Paris, nous étions cependant tombés d'accord sur ce premier point, qu'on peut assigner avec assez de justesse le degré de gloire auquel une nation est parvenue ou peut parvenir, par le respect qu'elle porte à la mémoire de ses grands hommes.

M. Walker a renoué hier matin, d'une manière assez plaisante, cet entretien dont j'avais depuis deux mois oublié totalement l'objet. Il est venu me prendre en voiture pour faire des visites indispensables à *des gens de connaissance;* et, sans vouloir s'expliquer davantage, il m'a invité en riant à me munir de cartes de visite, attendu qu'il était probable que nous ne trouverions personne au logis. « Il est juste que nous commencions par les gens de cour, » ajouta-t-il en donnant l'ordre à son cocher de nous conduire au faubourg *Saint-Antoine,* dans la rue du *Petit-Musc.* Je n'entendais encore rien à cette plaisanterie; elle me fut expliquée lorsque nous descendîmes de voiture, en face de l'ancien couvent des *Célestins.* « Nous voilà, me dit-il, au *palais Saint-Paul,* que Charles V appelait l'*hôtel solennel des grands ébattements.* » Nous n'avions qu'un pas à faire pour nous trouver à la *place Royale,* sur l'emplacement de ce *palais des Tournelles* où Jean, *duc de Bedfort,* sous le nom de régent, suscitait, au profit de l'Angleterre, les troubles des Armagnacs et des Bourguignons, qui désolaient alors la France. Henri II fut le dernier roi qui habita le palais *des Tournelles,* que Charles IX fit démolir.

Walker, qui sait par cœur son *Sauval* et son *Piganiol de La Force,* m'a montré, au coin de la rue des *Tournelles,* l'endroit où se battirent en duel *Quélus, Maugiron,* et *Livarotte,* contre *d'Entraigues, Riberac,* et *Schomberg;* je lui sais plus de gré de m'avoir fait voir, dans la même rue, à peu de distance l'un de l'autre, les hôtels qu'ont habités madame *de Sévigné* et *Ninon de Lenclos.*

Il m'a fait remarquer, dans la rue de *Lesdiguières,* en face de la rue de la *Cerisaie,* les deux maisons bâties sur l'emplacement de l'hôtel du connétable de *Lesdiguières,* où logea le czar *Pierre-le-Grand,* en 1717, lors de son voyage en France.

Je dois me contenter, pour le moment, de transcrire ici, sans suite et sans ordre, quelques notes que j'ai recueillies dans le cours de cette *promenade pittoresque,* dont je sens qu'il serait facile, après beaucoup de courses et de recherches, de faire un livre d'un grand intérêt.

— C'est dans la maison n° 9, rue *Basse-des-Ursins,* en la Cité, que demeurait le poete *Racan,* dont *les Bergeries* ne sont pas sans mérite, au jugement du sévère Boileau.

— *Diane de Poitiers* habitait l'hôtel *Barbette* sur le terrain duquel on a bâti la rue qui porte aujourd'hui le nom des *Trois Pavillons.*

— On montre encore dans une grande et vieille masure, près la rue des *Fossés-Saint-Germain,* au coin des rues *Jean Tison* et *Bailleul,* la chambre qu'occupait la belle *Gabrielle.*

— Le savant et malheureux *La Ramée,* que l'on s'obstine à appeler *Ramus,* l'une des *trente mille victimes* de la Saint-Barthélemy, demeurait au collège de Lizieux, rue *Saint-Jean-de-Beauvais.*

— Le thaumaturge *Nicolas Flamelle* est mort, et même ressuscité, s'il faut en croire Paul-Lucas, dans la rue des *Boucheries-Saint-Germain.*

— Le célèbre amant d'*Héloïse* avait, pour la forme, un appartement rue du *Fouarre,* mais on était plus sûr de le trouver dans le *cloître Notre-Dame,* où le chanoine Fulbert logeait avec sa nièce.

— *Jeanne d'Arc* fut blessée à la butte Saint-Roch.

— *Philippe-le-Bon,* roi de Navarre, et *Charles-le-Mauvais,* duc de Bourgogne, avaient leurs hôtels dans la rue des *Quatre-Vents,* qui se nommait alors rue de *Combalet.*

— Le fameux bureau d'esprit connu sous le nom d'*hôtel Rambouillet* se tenait rue *Saint-Thomas-du-Louvre.*

— Le maréchal de *Turenne* avait sa demeure à l'hôtel de *La Rochefoucauld,* bâti par *Marguerite de Valois,* dans la rue de *Seine.*

— C'est dans la rue de *Varennes* qu'habitait le

maréchal de *Biron*, que l'amitié de *Henri IV* ne sauva pas de l'échafaud.

— *Scarron* et *sa femme*, depuis madame de Maintenon, occupaient deux petites chambres au second étage de la maison n° 27 de la rue de *la Tisseranderie*. Elle fut mieux logée dix ans après.

— Tout le monde sait, *grace à M. Cailhava*, que c'est dans la seconde maison des piliers des *Halles*, à gauche en entrant par la rue *Saint-Honoré*, qu'est né le prince des auteurs comiques, ce divin *Molière*, dont quelque marchande de poisson foule aujourd'hui la cendre au marché *Saint-Joseph*. L'auteur du *Tartufe* n'a pas été de l'académie, les arts ne lui ont pas élevé de tombeau; et nous parlons de gloire nationale, et nous nous vantons de notre haute civilisation!!!

— On voit encore, dans la rue du *Bouloy*, quelques débris de l'ancien hôtel *des Fermes*, où naquit le prince *Eugène*, compagnon d'armes de *Marlborough*.

— On ne passe jamais dans la rue de *la Ferronnerie* sans regarder en frémissant la maison devant laquelle fut assassiné *notre Henri IV*.

— *Coligny*, trente-huit ans auparavant, avait été frappé du même poignard dans la rue *Bétizy*, où son hôtel, n° 20, porte aujourd'hui le nom de *Montbazon*.

— L'auteur du livre de *la Sagesse*, *Charron*, a

demeuré presque toute sa vie dans le *cloître Sainte-Hélène*.

—*Lulli* logeait à la manufacture de Sèvres, dans le pavillon du *Réservoir*.

—On montre encore au collége du *Plessis* la lucarne de la *Chartreuse* qu'occupait *Gresset*, et qu'il a si bien décrite.

—Le nom de *Rollin* est inscrit sur la porte de la chambre qu'a si long-temps occupée, au collége *Beauvais*, cet honnête professeur.

— *Gluck* a composé son *Armide* dans une maison de la rue *Chabanais*, au coin de la rue *Sainte-Anne*.

—*J. J. Rousseau* a long-temps habité une chambre au troisième, dans une maison n° 2 de la rue qui a porté pendant trente ans son nom, et à laquelle on a vainement essayé de restituer son nom welche de *Plâtrière*.

— C'est à-peu-près à la même époque que l'on a substitué au nom de *quai des Théatins* celui de *quai Voltaire*, en l'honneur de cet homme éternellement célèbre, lequel mourut, le 30 mai 1778, dans la maison appartenante alors à M. de Villette, au coin de la rue de *Beaune*, sur le quai, n° 23.

— *Racine* a demeuré fort long-temps dans la rue des *Maçons*. On croit que sa maison subsiste encore, mais aucun indice ne peut la faire reconnaître.

— On sait seulement que *Pascal* fut enterré à *Saint-Étienne-du-Mont*.

— *Diderot* demeurait rue *Tarane*; d'*Alembert*, au *Louvre*.

— *Le Kain*, né rue de *Vaugirard*, est mort rue *Française*.

— L'auteur des *Essais sur Paris*, *Saint-Foix*, demeurait rue *Saint-Victor*.

— *Piron*, pendant qu'il travaillait pour la Foire, demeurait chez un marchand de vin, rue *Grenier-Saint-Lazare*; après avoir fait *la Métromanie*, il est venu loger rue *Saint-Thomas-du-Louvre*.

Ce nom de *Piron* me rappelle que ce grand poète est né dans cette même ville de *Dijon* si fertile en grands hommes; dans cette ville qui s'honore d'avoir donné à la France *Bossuet*, *Vauban*, *La Monnaie*, *Rameau*, *Buffon*, etc., etc.

Dijon, si justement célèbre, a voulu consacrer ses titres de gloire en donnant à ses rues principales le nom d'un des illustres citoyens qu'elle a vus naître.

A Genève toute maison illustrée par la naissance ou le séjour d'un grand homme est signalée par une pierre de marbre, sur laquelle son nom est inscrit[1].

---

[1] C'est une note à recueillir dans les annales de cette ville, que la résolution prise et exécutée en l'an de grace 1817, d'effacer l'inscription de la maison de J. J. Rousseau, et de faire disparaître son buste de la promenade publique.

Pourquoi Paris, qui aurait dû le donner, n'adopterait-il pas un semblable exemple? Pourquoi n'en pas faire un moyen d'éloge ou de blâme public? Pourquoi une pierre, placée à cette maison de la rue *Saint-Honoré*, en face de la rue *Saint-Florentin*, ne nous indiquerait-elle pas, en caractères de sang et de boue, qu'un *Robespierre* a vécu dans cet endroit? Qui ne s'arrêterait avec un sentiment de vénération devant l'inscription placée dans la rue *Jacob*, laquelle indiquerait, près de l'ancien couvent des *Petits-Augustins*, le lieu qu'habitait l'illustre chancelier de *L'Hôpital?*

N° LXIII. [8 janvier 1817.]

AMOUR ET SAGESSE,
INTRIGUE ET PRÉJUGÉS.

QUATRIÈME PROMENADE NOCTURNE

De vices, de vertus, quel bizarre assemblage !
J

Me voici au Marais : quel silence ! quelle solitude ! Je viens rarement de jour dans ce quartier où l'herbe croît dans quelques rues, et je n'y viens jamais le soir : qu'y ferais-je ? Passé dix heures, on ne trouve plus à qui parler ; tout le monde est couché... Autre temps, autres mœurs. Ce quartier fut jadis le séjour des rois ; il n'y a pas plus d'un siècle et demi qu'il était encore habité par l'élite de la société : vers l'extrémité du faubourg, à l'hôtel de Rambouillet, chez la belle Julie d'Angennes, se réunissaient les beaux esprits du temps ; je vois la maison de Ninon, rue des Tournelles, et l'hôtel de la marquise de Sévigné, rue Culture-Sainte-Catherine. Le grand Corneille, dans ses premières comédies, a choisi pour le lieu de la scène la place Royale, alors le quartier de Paris par excellence, la Chaussée-d'Antin du dix-septième siècle...

Depuis, le Louvre, le Palais-Royal, le château des Tuileries, ont attiré dans leur voisinage les courtisans et leur suite brillante: le Marais, abandonné, se transformait en désert sans les gens de robe, qui vinrent y fonder une espèce de colonie, dont la place Royale était la métropole. La révolution, qui a tout bouleversé, a détruit ou dispersé les colons, dont quelques uns cependant, échappés comme par miracle aux orages politiques et à la faux du temps, sont restés fidèles à leurs pénates, et, semblables à ces ruines antiques qui subsistent encore au milieu de nos villes modernes, sont la tradition vivante d'une classe de la société qui n'existe plus que sous une autre forme.

La population actuelle du Marais se compose en grande partie de rentiers, de jansénistes, et de quelques philosophes amis de la retraite et du silence. Tout le monde, ici, dort depuis deux heures au moins: je suis curieux de connaître les personnes qui habitent actuellement la maison de la célèbre Ninon de Lenclos.

J'entre dans l'appartement formant le premier étage de cette maison. Dans l'antichambre, un vieux domestique, les cheveux poudrés, en veste de ratine grise, faisait un cent de piquet avec une femme de chambre, vêtue d'un déshabillé d'indienne à grand ramage, et coiffée d'un de ces bonnets à papillons dont on ne trouve plus le modèle que sur la tête de quelques antiques ouvreuses de loges du Théâtre-Français. Personne au salon; dans la chambre à coucher, une femme de cinquante ans, dont la physionomie, belle encore, porte l'expression de la douceur et de la bonté, cause avec un homme d'environ soixante ans, dont l'air ouvert, la noble figure et les cheveux blancs, inspirent le respect et la confiance. Leur toilette est recherchée sans affectation, élégante avec simplicité; l'un et l'autre ont trouvé le secret difficile de concilier l'usage ancien avec la mode du jour, et d'appartenir à-la-fois, sans ridicule, au temps présent et au temps passé.

Quand j'arrivai, il était tard pour le Marais, et la conversation venait de finir. On s'embrassa tendrement; on se souhaita le bonsoir, et le jeune vieillard monta dans son appartement, situé au second. Je me mets en rapport avec ces deux personnages, en qui je découvre les débris de deux amants *qui ont brûlé des mêmes feux, et qui crachent aujourd'hui sur les mêmes tisons,* comme disait mademoiselle Arnoult.

M. de Melcourt est un ancien militaire qui parle rarement de ses campagnes; il a sagement pris sa retraite, et fait place à ceux que la jeunesse et la force rendent plus propres à un service actif; mais, plein d'amour pour son pays et de dévouement à son roi, il est prêt, au premier signal, à sacrifier le reste d'un sang qu'il a versé plus d'une fois dans les combats. Pendant le cours de sa carrière militaire, il a cultivé les lettres et les arts; doué d'un esprit fin, d'un caractère aimable et indulgent, il est estimé des vieillards, respecté par les hommes d'un âge mûr, et recherché par la jeunesse. A trente ans il était l'amant de madame de Solange; il est aujourd'hui son ami le plus dévoué, le plus tendre. Cette liaison, depuis long-temps à l'abri des orages des passions, ne peut être troublée désormais par aucun nuage, et durera jusqu'à ce que la mort vienne rompre un lien qui a fait le bonheur de leur vie entière.

Personne n'est plus digne que madame de Solange d'inspirer un pareil attachement. On voit encore qu'elle a été l'une des plus jolies femmes de Paris, où l'on en trouverait difficilement une plus aimable. Sa tête est aussi froide, aussi calme, que son cœur est tendre et sensible : spirituelle sans malice, instruite sans pédanterie, étrangère à toute espèce de prétentions, réservée sans pruderie, jadis on la citait parmi les jeunes femmes pour la raison, l'esprit, et les talents; on la cite aujourd'hui parmi les femmes âgées pour la grace et l'amabilité.

Avec un tel caractère on n'aime qu'une fois, et pour la vie. Melcourt fut le premier, l'unique choix de madame de Solange. Jamais aucun nuage n'a troublé une union si bien assortie, et qu'ils embellissent maintenant par le charme de l'amitié, une estime mutuelle, et le souvenir du plus tendre amour. De pareils exemples ne sont pas communs, me disais-je à moi-même en traversant la rue Saint-Louis... Les sons discordants de deux voix aigries par la dispute attirèrent mon attention; ils partaient d'une maison à moitié construite en briques, et dont les fenêtres étaient garnies de vitres de six pouces.

Ici la scène change. Voyons un peu ce dont il s'agit. Guidé par le bruit des voix, je traverse une salle à manger, où le couvert, qu'on achève d'enlever, atteste que les maîtres du logis sont restés fidèles à l'usage du souper. Je passe dans le salon: un petit vieillard de cinq pieds tout juste, le visage enluminé par la colère, et fort ressemblant au Ragotin du *Roman Comique*, crie, gesticule, et se démène comme un possédé; une vieille, rabougrie par *soixante-dix neiges* au moins, rassemble le peu de force qui lui reste pour tenir tête à son adversaire. On va peut-être croire qu'il s'agit de politique? Point du tout. Madame est moliniste, monsieur est janséniste; on dispute sur les miracles du diacre Pâris: ce sont des souvenirs de jeunesse. Bon

Dieu! quel contraste! Ce doit être un enfer que ce ménage-là. Ceux que j'avais pris pour mari et femme au premier coup d'œil n'étaient pourtant que frère et sœur; le premier est un ancien conseiller au parlement, chez lequel fermente un reste de levain de la Ligue. Il est encore furieux contre le parlement Maupeou; à ce nom, sa colère s'allume, et quand on se plaint des malheurs et des crimes enfantés par la révolution, il s'écrie: « Voilà ce qu'a produit l'exil du parlement!... » Plein de cette idée, il achève depuis trente ans un Mémoire contre ce pauvre chancelier, que sa haine poursuit jusque dans la tombe. Janséniste outré, il déteste la bulle *unigenitus* à l'égal du chancelier, et prétend que le salut de la France est attaché au triomphe du jansénisme.

Sur ce dernier article, sa sœur n'entend pas raison : méchante, hargneuse et bigote, elle a pour confesseur un vieux disciple de Molina, qui n'a jamais pu parvenir à changer le caractère acariâtre de sa pénitente. Tous deux célibataires, le frère et la sœur vivent, ou plutôt se disputent ensemble depuis soixante ans, et je prédis qu'ils mourront d'un accès de colère, en disputant sur le *congruisme* et *la grace efficace*.

En les quittant, je vis un homme qui descendait de cabriolet, et rentrait chez lui à une heure du matin (chose miraculeuse au Marais): je le suivis et pénétrai avec lui jusqu'au boudoir de la maîtresse du logis, qui, dans le déshabillé du mauvais goût le plus élégant, semblait l'attendre avec impatience. « Bonne nouvelle, mon ami; la place est accordée! — Bonne nouvelle, ma chère amie; la banque gagne aujourd'hui plus de cent cinquante mille francs! — Je toucherai cent louis quand le travail sera signé. — Nous aurons ce mois-ci un bénéfice considérable, grace à quelques joueurs qui croient avoir trouvé une *martingale sûre* et qui *sauteront* comme les autres. — Quant à moi, j'ai plus d'une affaire en train; voilà celle de Dorlis terminée; j'ai passé ce matin au ministère des finances pour la créance de Saint-Charles; au ministère de la marine, pour la commission de Courval; à la chancellerie, pour empêcher, s'il est possible, la révocation du procureur général de la cour royale de... Tout va bien. — Ma chère Eugénie, vous êtes une femme universelle: convenez maintenant que j'ai bien fait de vous loger au Marais: personne ici ne se doute que pendant six heures de la journée je taille au trente-un. On ne joue, dans ce quartier, qu'au boston, au reversi; et je ne suis pas exposé à rencontrer à tout moment, comme dans les environs du Palais-Royal, des joueurs de mauvaise humeur qui imputent à ma figure les caprices de la fortune. — J'en tombe d'accord; quoique cet arrangement m'ait fort éloignée du centre de mes affaires, nous y avons trouvé d'autres avantages, et j'ai pris mon parti.

« A propos, mon ami, demain je mène Léonie chez madame Dorbelle; il y a concert et bal; le comte Menzikoff, l'ambassadeur de..., lord Lowers, y seront, j'en ai la certitude, et je ne veux pas manquer une si belle occasion. Léonie n'a pas encore quinze ans, mais elle est très formée pour son âge; elle peut soutenir la conversation en anglais et en italien; elle joue de la harpe en perfection; elle chante à ravir, et danse comme les fées : je suis curieuse de voir l'impression qu'elle produira sur cette illustre et brillante assemblée; car enfin il faudra bien qu'elle nous dédommage un jour des frais énormes que nous a coûtés son éducation. Dernièrement, le prince de**** en a paru charmé; je sais qu'il en parle avec un enthousiasme qui donne de vives alarmes à sa femme, naturellement jalouse : mais bientôt elle doit faire un voyage à Bagnères, et le prince pourra venir alors dans le Marais, sans avoir à redouter une scène conjugale... » J'allais connaître à fond les projets de cette *excellente mère*, lorsqu'un bruit soudain se fit entendre. Une femme de chambre, le teint pâle et l'œil égaré, vient annoncer à madame, d'une voix à peine intelligible, que mademoiselle Léonie n'était pas dans sa chambre, et qu'on ne la trouvait pas dans la maison. Grande rumeur! on va, on vient, on cherche, on appelle, le tout en vain. Ils ne trouveront rien, les oiseaux ont pris leur volée. Mademoiselle Léonie, fidèle aux *sages instructions* de sa mère, et docile *à ses bons conseils*, au lieu de se coucher, est partie avec son maître de danse, jeune homme d'une charmante figure, et d'un talent divin. Il s'est emparé de la jeune personne autant par spéculation que par amour, et il la conduit à Londres, où il espère tirer également parti des attraits et des talents de son écolière. Il a pris pour elle et pour lui un engagement au grand théâtre; sans doute, quelque lord réalisera, au profit du danseur, les projets que formait la prévoyante mère de Léonie. Je suis ravi de son *désappointement*, et je vais me coucher satisfait.

N° LXIV. [22 janvier 1817]

LABEUR ET INDUSTRIE.

CINQUIÈME PROMENADE NOCTURNE.

>   J'estime plus ces honnêtes enfants,
>   Qui de Savoie arrivent tous les ans,
>   Et dont la main légèrement essuie
>   Ces longs canaux engorgés par la suie,
>   . . . .
>   Que le métier de ces obscurs Frérons.
>   VOLTAIRE, *Pauvre Diable.*
>
> . . . . . Le travail gagné par la mollesse
> S'ouvre à pas lents la route à la richesse.
>   *Idem*

J'achève ma tournée dans la partie orientale de la ville. En parcourant aujourd'hui le faubourg Saint-Antoine, j'aperçois, dans une maison d'une hauteur prodigieuse, plusieurs lucarnes éclairées ; j'entends un grand bruit de voix, des éclats de rire, des chants : dans ce quartier-ci, donne-t-on le bal au septième étage ? Je m'introduis dans le lieu de la scène par une des lucarnes ouvertes pour donner de l'air à ce vaste grenier : aux deux côtés d'une table étroite et longue, posée sur des trétcaux chancelants, sont rangés une soixantaine d'Auvergnats et de Savoyards, qui s'apprêtent à festoyer d'énormes gamelles garnies de ces mets communs qui ne préviennent pas, mais qui satisfont l'appétit. Leur air de santé, leur naïve et franche gaieté, exciteraient l'envie de ces favoris de la fortune qui, blasés sur toutes les jouissances de la vie, assis à ces banquets où sont prodiguées les plus rares productions des deux mondes, s'ennuient, bâillent, et dînent silencieusement, à moins que la satire, la médisance, ou l'esprit de parti, n'alimentent la conversation.

Ici le même desir est dans tous les cœurs; les mêmes propos sont dans toutes les bouches; on parle du pays, de l'espoir d'y retourner bientôt jouir du fruit de ses travaux : celui-ci doit retrouver Claudine, qui lui a promis sa main; il ne doute pas un moment de sa fidélité; celui-là va fermer les yeux de son vieux père, et finira à son tour sa vie dans l'humble chaumière qui a servi d'asile à cinq ou six générations de la même famille; cet autre qui, à force d'économie et d'industrie, a ramassé la somme immense de deux mille francs (succès bien rare), et cela sans exciter la jalousie de ses camarades (chose plus rare encore), va marier ses deux sœurs; il doit revenir ensuite pour gagner aussi sa dot. Tel était le sujet de toutes les conversations;

par-tout de l'abandon, de la fraternité, du désintéressement, enfin tout ce qui manque dans *la bonne compagnie*.

Au milieu de la joie générale, je remarquai un enfant de sept à huit ans qui pleurait : un de ses camarades, d'une dixaine d'années plus vieux, semblait occupé à le consoler; je m'approchai. « Pourquoi pleurer, mon petit Jacques? disait le plus âgé; n'ai-je pas commencé comme toi? — Mon dieu, que vais-je devenir, mon frère, quand tu seras parti? — Tu feras comme moi, tu travailleras, tu seras sage, tu gagneras de l'argent, comme ça vois-tu! (il lui montrait un sac qui contenait une centaine de pistoles.) — Oh! je n'en aurai jamais tant. — Pourquoi donc? je suis parti de plus loin que toi; je n'avais que douze sous dans ma poche quand je suis arrivé à Paris : je te laisse douze francs, ma racloire, mes genouillères, ma défroque pour faire raccommoder ton habit de travail; je t'en ai donné un tout neuf pour les dimanches; il n'y a pas parmi nous un enfant de ton âge qui possède la moitié de ton avoir. — Allons, frère, je prendrai courage; mais tu vas bien me manquer. — Oh! que non; voilà déja quinze jours que tu es ici; je t'ai promené dans toute la ville; tu sais ton chemin à présent tout aussi bien que moi; tu as fait connaissance avec nos camarades, et je te laisse sans crainte, car tu retrouveras en eux autant d'amis, de frères, de protecteurs. — Tu es toujours décidé à partir demain pour le pays?— Oui, à trois heures du matin. — Mon bon Dieu, protégez-moi, » dit le petit Jacques en laissant échapper encore une larme. Son frère l'embrassa, et, appelant un camarade : « Maurice, tu es mon ami depuis dix ans; je compte sur toi pour mon petit Jacques. — Je ferai en sorte qu'il ne s'aperçoive pas de ton départ; viens, petit, viens coucher auprès de moi, laissons ton frère achever ses préparatifs. — Non, non, M. Maurice, je veux rester près de lui jusqu'au moment de notre séparation ; j'ai d'ailleurs bien des choses à lui dire encore, et des commissions à lui donner pour le pays. — Allons, comme tu voudras; bonsoir, mes amis; bon voyage, Pierre. — Bonne nuit, Maurice. »

Pendant cette conversation, on avait achevé de souper; une longue file de paillasses avait été établie des deux côtés du grenier, et chacun s'était couché à sa place accoutumée; bientôt le sommeil, si avare de ses pavots sous les lambris dorés, vint les répandre à pleines mains sur ces hommes de bien et de peine, et leur rendre les forces nécessaires pour les travaux du lendemain.

Laissons reposer paisiblement ces laborieux enfants des montagnes, et du haut de leur dortoir jetons un coup d'œil sur la grande rue du faubourg. Un groupe nombreux d'ouvriers rassemblés devant la porte d'une manufacture attire mon attention ; ils paraissent tristes, inquiets, abattus.

J'entre dans la maison pour en savoir davantage ; je traverse de vastes magasins, d'immenses ateliers, où tout annonce les progrès et la perfection de l'industrie française, et j'arrive au cabinet particulier du négociant, propriétaire de ce riche établissement. Il est entouré de ses chefs d'ateliers ; l'un d'eux, vieux serviteur, parlait en ces termes : « Enfin, M. Leblanc, si vous cessez vos travaux, six cents ouvriers, pères de famille, manquent d'ouvrage, et deux mille personnes sont livrées à la misère. — Mais considérez donc, mes amis, que si je les continue dans l'état où sont les choses, ma ruine est infaillible. — C'est un grand malheur, M. Leblanc ; car enfin deux mille personnes réduites à mourir de faim !... Peut-on calculer le mal... — Cette idée est horrible, mes amis ; voyons s'il est quelque moyen de vous servir sans ruiner ma famille. J'aime mon pays ; pour le prouver, j'ai déjà fait plus d'un sacrifice, et je veux tenter encore un effort : nous allons continuer nos travaux, et si les droits que le gouvernement se propose d'établir nous mettent en état de soutenir seulement la concurrence avec l'étranger, rien ne sera changé ni au nombre de mes ouvriers, ni au prix de leurs journées ; si des mesures qui seront adoptées il résulte une diminution forcée dans les objets de mon commerce, vous subirez tous une réduction proportionnée à ces pertes et au salaire que vous recevez; quant à moi je ne demande que la simple rentrée de mes capitaux. Vous connaissez tout aussi bien que moi le prix des matières premières; c'est une avance que je vous ferai; vous travaillerez, et tout le bénéfice vous appartiendra; voilà tout ce que je peux vous promettre. Allez, mes enfants, allez annoncer cette nouvelle à vos camarades, et les tranquilliser sur le sort de leurs familles. »

Pendant ce discours, des larmes de reconnaissance coulaient de tous les yeux, et chacun baisait les mains de l'homme bienfaisant. Quiconque aurait vu dans ce moment la figure de ce respectable négociant ne se représenterait plus l'honneur et la probité sous d'autres traits.

Cependant les chefs d'ateliers sortirent, et je les suivis : avec quel air d'anxiété ils étaient attendus ! La joie brillait sur leur visage; à peine aussi les eut-on aperçus qu'on cria de tous côtés : *Vive M. Leblanc! vive notre père!...* Long-temps les acclamations répétées empêchèrent les chefs de s'acquitter de leur mission; ils y parvinrent enfin, et les bénédictions recommencèrent de nouveau. Quelques uns des ouvriers se détachèrent, et revinrent bientôt munis d'un énorme bouquet qu'ils offrirent à M. Leblanc. Des ménétriers qui se rendaient à leur gîte furent arrêtés par ces bonnes gens, qui, dans l'ivresse de leur joie, se mirent à danser en chantant des couplets faits deux mois avant, à l'occasion de la fête de cet excellent homme. Je ne connais pas de plus honorable ni de plus utile profession que le commerce, quand elle est exercée de cette manière; je n'en connais pas sur-tout qui puisse procurer de plus douces jouissances... Deux mille personnes qui vous doivent l'existence, qui vous bénissent, qui vous aiment!... Je préférerais, je crois, le bouquet de M. Leblanc à tous les lauriers du monde.

Pendant que je faisais cette réflexion, je vis s'élancer d'un cabriolet très élégant un jeune homme enveloppé d'une large et longue redingote, et le chapeau rabattu sur les yeux; il se glissa mystérieusement dans une allée sombre, et ressortit le moment d'après vêtu d'un pantalon et d'une veste de coutil, sous lesquels il conservait néanmoins une tournure assez distinguée : il remit sa redingote à son domestique, et lui ordonna de s'éloigner promptement. Ceci présage quelque aventure, et je suis déja tenté de croire que les maris du faubourg Saint-Antoine ne sont pas plus exempts de certains accidents que les maris de la Chaussée-d'Antin. Je veux voir le dénouement de cette aventure. Je suivis alors notre jeune homme, en riant de la peine inutile qu'il se donnait pour imiter les gestes et la démarche d'un naturel du faubourg. Il entra dans le magasin d'un fabricant de meubles, chez lequel je pénétrai en même temps que lui. A son aspect, le marchand fronça le sourcil, et lui adressa une vive semonce sur ce qu'il rentrait tard : sa femme, jeune comme Hébé, fraîche comme la rose, jolie!... oh! jolie comme l'Amour, et dont les yeux languissants s'étaient animés d'un feu subit à l'apparition du jeune homme, interrompit son mari, et lui imposa silence, en disant qu'elle avait chargé M. Charles d'une commission ; et soudain M. Charles tira de dessous sa veste un paquet qu'il remit à la dame : un coup d'œil, un serrement de main, le remercièrent d'une commission d'autant mieux faite qu'on ne lui en avait donné aucune. Le mari, fâché de ne pouvoir gronder tout à son aise, se retira en recommandant à Charles d'être le lendemain de bonne heure à l'ouvrage. « Vous vous levez trop tard, ajouta-t-il, et si cela continue je ne vous garderai pas. — Renvoyer le plus adroit tourneur du faubourg! Cela vous plaît à dire, M. Dupont; je ne vous laisserai pas faire une pareille sottise, » s'écria la petite femme, qui trouvait sans doute que Charles ne se levait pas trop tard. Le mari sortit sans répliquer; mais on l'entendait répéter en gagnant sa chambre à coucher: « Nous verrons... nous verrons; c'est une chose incroyable; car enfin ne suis-je pas le maître?... »

L'instant d'après, la jeune femme et M. Charles sortirent chacun de leur côté, avec l'air de gens qui ne se quittaient pas. Il est bon de savoir un peu de tout : sans son talent de tourneur, jamais probablement le jeune Dorval n'aurait fait cette jolie conquête ; mais dans ce quartier on prend quelquefois les choses au tragique, et l'exemple de madame Michelin me fait trembler pour madame Dupont.

N° LXV. [29 janvier 1817.]

DICTIONNAIRE
DES GENS DU GRAND MONDE.

Quæ nunc sunt in honore vocabula.
Hor., *Art poët*
Mots qui sont maintenant en honneur.

Je continue le travail de mon *Dictionnaire des gens du grand monde*, dont j'ai donné quelques extraits dans mon vingt-septième numéro. A mesure que j'avance dans mon travail, je m'aperçois que cet appendice, destiné dans le principe à mon seul usage, pourra, par la suite, devenir très utile à ceux qui voudront étudier l'histoire de nos mœurs actuelles dans les mémoires contemporains.

Ambition. Divinité qu'adorent, avec la même ferveur et presque dans les mêmes termes, les héros et les voleurs de grands chemins, les ministres et les jongleurs, les filous et les traitants, les sacristains et les prélats. En échange des biens qu'elle promet, le premier sacrifice qu'elle exige est celui de la liberté. Qui dit *ambitieux* dit *esclave*. Ce mot, en parlant de soi, se prend en bonne part, et toujours en mauvaise en parlant des autres. On a l'*ambition* des rangs, des honneurs, de l'argent, et surtout des places, ce qui fait que chacun courant après celle des autres, personne n'est à la sienne. De toutes les *ambitions*, la plus commune est celle du pouvoir; la plus rare est celle de la vertu. — Une jolie femme est plus souvent un moyen qu'un objet d'*ambition*.

AFFAIRES. *Faire des affaires*, c'est l'état des gens qui n'en ont point, et la réponse la plus honnête à cette question, si souvent indiscréte: « Comment cet homme a-t-il amassé tant de fortune en si peu de temps? » *Il a fait des affaires.* — Ce n'est, pour l'ordinaire, qu'à ses propres dépens qu'on parvient à savoir au juste ce que signifient ces façons de parler que certaines gens ont sans cesse à la bouche: *Il entend les affaires; il entreprend des affaires; il s'est jeté dans les affaires; il se connaît en affaires.* Il y a des hommes et des femmes d'*affaires*. Ceux-là ont cent cordes à leur arc; celles-ci n'en ont qu'une: c'est dans ce sens que le *bel Amazan* appelait les demoiselles d'Opéra *des filles d'affaires* [1].

CARACTÈRE. C'était jadis la physionomie de l'es-

---

[1] VOLTAIRE, *Princesse de Babylone*.

prit; c'en est aujourd'hui la grimace. Cléon a du *caractère*. Vous pourriez croire qu'il a des principes arrêtés, d'après lesquels il se conduit vers un but honorable; détrompez-vous : Cléon n'est qu'un instrument aveugle; c'est un bâton sec et dur, avec lequel on frappe d'autant plus fort qu'il ne plie pas. Le *caractère* de Cléon n'est que la persévérance d'un sot.

CHARME. *Avoir du charme*: expression très à la mode dans un monde élégant, où l'on a presque toujours de bonnes raisons pour jeter du vague, ou plutôt du louche, sur sa pensée. Cette femme n'est ni jolie, ni gracieuse, ni bonne, ni spirituelle; mais *elle a du charme*. Insistez-vous pour savoir ce qu'on entend par-là, on sourit malignement sans vous répondre.

COULEUR. *Ce discours a de la couleur; cette musique manque de couleur; cette actrice est sans couleur; cette vérité commence à prendre couleur*: autant de phrases en jargon du jour qui dispensent ceux qui s'en servent de savoir ce qu'ils disent, et ceux qui les écoutent de leur répondre.

DÉLATEUR, DÉNONCIATEUR. On affecte depuis quelque temps de confondre ces deux mots, de signification aussi différente qu'*assassin* et *guerrier*. La délation, qui se dirige contre l'individu, et frappe dans l'ombre, est toujours une lâcheté, alors même qu'elle n'est pas un crime; la dénonciation, qui suppose la publicité et qui ne porte jamais que sur la chose, est encore un acte de courage, alors même qu'elle est répréhensible. Dans tout pays où un délateur connu n'est pas écrasé sous le mépris public, où l'on est exposé à se trouver à table à côté d'un pareil homme, ne craignez pas de prononcer que la corruption est au comble, et que la société touche à sa ruine. La *délation* est de tous les crimes celui qui répugne le plus au caractère français. Je persiste à croire que les exemples en sont rares, quoique l'accusation en devienne chaque jour plus commune.

FAIBLESSE. Ce mot est du petit nombre de ceux qui changent totalement d'acception, suivant qu'ils s'appliquent à un sexe ou à l'autre. On parle avec mépris de la *faiblesse* d'un homme, et avec une indulgence qui ressemble quelquefois à l'éloge, de la *faiblesse* ou même des *faiblesses* d'une femme. On a tout dit d'un homme, quand on a prononcé qu'il est faible; car si la *faiblesse* n'est pas un crime, elle est l'occasion de tous les crimes. L'homme méchant ne fait que le mal qu'il veut; l'homme faible fait tout le mal qu'il peut et que les autres veulent. Il est des *faiblesses* dont les sots ont le privilége exclusif, et d'autres qui sont si naturellement le partage des hommes supérieurs, qu'on ne peut les avouer sans s'exposer au reproche de manquer de modestie.

FAQUIN. On laisse perdre ce mot, qu'on ne remplace qu'imparfaitement par une accumulation d'épithètes. Damon n'est pas précisément un fat, un sot, un impertinent ; c'est un mélange de tout cela, assaisonné de prétentions de grand seigneur et de manières de parvenu ; en un mot c'est un *faquin.*

FORT. Ne s'entend plus qu'au figuré, dans un certain monde ; c'est le synonyme à la mode d'*habile, capable, propre aux affaires.* Des gens qui n'ont que le souffle, et qui assiégent toutes les places, vous disent, en branlant la tête, que le gouvernement ne doit employer que des hommes *forts.* J'entendais hier une petite fille de quinze ans qui déclarait, devant une nombreuse et brillante compagnie, qu'elle n'épouserait jamais qu'un homme *fort.*

GRANDIOSE. Mot emprunté de l'italien, à l'usage des gens qui ne savent pas le français. Quelques écrivains de journaux s'en servent comme de complément ou de supplément à leurs idées. Une sorte de satisfaction d'eux-mêmes perce dans chaque phrase où ils parviennent à introduire cet admirable *grandiose, qui en dit plus qu'il n'est gros*, comme le *quoi qu'on die* de Trissotin. Qu'est-ce qu'un *style grandiose*, une *attitude grandiose*, un *projet grandiose*, et même un *traité grandiose ?* Je n'en sais rien ; personne n'en sait rien ; ces messieurs n'en savent pas davantage. N'importe : il en est de certains mots étrangers comme de certains voyageurs, qui se donnent de l'importance à la faveur de l'incognito dont ils couvrent leur obscurité.

HONNÊTES GENS. Ceux qui ont précisément les mêmes opinions politiques. Vous pouvez être mauvais fils, mauvais époux, mauvais père ; vous pouvez avoir outragé, calomnié, persécuté vos bienfaiteurs ; vous n'en figurez pas moins sur la liste des *honnêtes gens*, chez tel ou tel homme en place, ou hors de place, dont vous partagez les répugnances ou les affections politiques. Sous le nom d'*honnêtes gens*, on pourrait faire l'histoire de tous ceux qui désolent ou qui ont désolé la France depuis vingt-cinq ans.

LIBERTÉ. Si l'on voulait convenir, une fois pour toutes, que la liberté n'est autre chose que la dépendance sous l'empire des lois, on ne s'autoriserait pas de son nom pour justifier tous les genres de tyrannie. En convenant qu'en France on n'en a connu que l'ombre, on se *cotiserait,* si j'ose m'exprimer ainsi, pour jouir en commun de la liberté à l'ombre du trône dont elle émane, et des lois qui en garantissent à tous le bienfait. Dans ce pays, tout le monde veut la *liberté;* mais chacun la veut pour soi. C'est une vérité qu'on se disait depuis longtemps à l'oreille ; quelqu'un s'est chargé d'en faire l'aveu public.

MODÉRÉS. On devait croire qu'on ne reverrait jamais ce temps de désordre et de folie, où l'exagération était portée jusqu'à faire un crime de la modération. Quelques hommes, qui ne diffèrent des révolutionnaires que par l'application qu'ils font de leurs principes, se déchaînent aujourd'hui contre les *modérés*. J'en connais un à qui je témoignais mon étonnement de sa rupture avec son plus ancien ami : *Que voulez-vous*, me dit-il ; *cet homme a la rage de la modération*.

MOITIÉ. Expression conjugale passée de mode, même dans la plus petite bourgeoisie. Un mari ne s'expose plus à appeler sa femme *sa moitié* devant un tiers.

NERFS. Siége de toutes les passions, de tous les vices, de toutes les vertus des femmes comme il faut. Je crains cette musique, *elle me porte sur les nerfs ; la voix de cet homme m'agace les nerfs ; la présence d'Alphonse agit sur mes nerfs* : les *maux de nerfs* ont remplacé les *vapeurs*. Les médecins et les amants n'y ont rien perdu.

PROBITÉ. Vertu bourgeoise. Du temps de Juvénal, la *probité* menait du moins à l'hôpital ; aujourd'hui, elle ne mène à rien. La *probité* ne tire point à conséquence, et c'est de toutes les concessions celle que la haine et l'envie font le plus volontiers. — *Probité*. Voyez DUPERIE.

PRONEURS. Espèces d'oiseaux criards, instruits à répéter : *Psaphon est un dieu !* Les *prôneurs*, formés en jurande, font aujourd'hui le monopole des réputations; les journalistes ont un gros intérêt dans l'entreprise.

ROMANTIQUE. Terme de jargon sentimental, dont quelques écrivains se sont servis pour caractériser une nouvelle école de littérature germanique. La première condition qu'on y exige des élèves, c'est de reconnaître que nos Molière, nos Racine, nos Voltaire, sont de petits génies, empêtrés dans les règles, qui n'ont pu s'élever à la hauteur du beau idéal dont la recherche est l'objet du *genre romantique*. Ce mot envahisseur n'a d'abord été admis qu'à la suite et dans le sens du mot *pittoresque* dont on aurait peut-être dû se contenter; mais il a passé tout-à-coup du domaine descriptif, qui lui était assigné, dans les espaces de l'imagination.

On vous parle le plus sérieusement du monde *de pensées, d'intentions romantiques; on aime à se perdre dans le vague romantique*. L'exaltation *romantique* vous conduit à l'extase *mélancolique*, d'où vous n'avez plus qu'un pas à faire pour arriver aux *Petites-Maisons*.

VERTU. « J'en serai bientôt réduit, comme le philosophe grec, à m'envelopper dans ma *vertu*, disait hier N*** à madame D***, sa parente. — Vous serez bien indécemment vêtu, lui répondit cette dame. »

Je ne pense pas qu'on ait aujourd'hui plus de *vertu* qu'autrefois; mais on en parle moins: c'est toujours cela de gagné. Je n'ai jamais entendu citer la *vertu* d'un jeune homme, ni la *vertu* d'une vieille femme.

VIERGE. Tout à-la-fois le synonyme et l'opposé de *fille*. Depuis quelques années, ce mot a passé de la poésie dans la prose *romantique*. On nous avait déja parlé de la *Vierge des amours*, et cette alliance de mots avait paru passablement étrange à ces grammairiens pointilleux qui demandent aux mots un compte exact de la pensée; mais cette expression est suffisamment justifiée par la définition du mot *vierge* que nous a donnée, la semaine dernière, un journal français. *Une vierge*, s'il faut en croire cette autorité grammaticale, *est une princesse qui se marie en secondes noces.*

N° LXVI. [5 février 1817.]

FAVEUR ET DISGRACE.

SIXIÈME PROMENADE NOCTURNE

> Les hommes en place ont peu d'amis et ne s'en embarrassent pas... Ils ont l'expérience de la désertion que leurs pareils ont éprouvée dans la disgrace
>
> Duclos.

Comment le caprice et la mode ont-ils pu faire abandonner le superbe quartier que je parcours en ce moment, ces rues si larges et si bien alignées, ces hôtels si vastes et d'une si noble architecture, ces jardins qui font jouir au sein de la capitale de l'aspect et du charme de la campagne? Pourquoi le faubourg Saint-Germain s'est-il trouvé quelque temps désert, et pourquoi se repeuple-t-il si difficilement? Triste effet du règne des souverains à bonnets rouges qui regardaient l'honneur et la vertu comme une conspiration, un nom illustre comme une tache, la richesse comme un crime. Au nom du salut public ils promenèrent quelques mois le niveau révolutionnaire sur la France, et principalement sur le faubourg Saint-Germain, habité par les citoyens les plus distingués par la fortune et la naissance. La plupart de ceux qu'une fuite prévoyante ne mit pas à couvert, payèrent de leur vie leur funeste sécurité : leurs somptueux hôtels furent abandonnés, et les grands du jour, ou plutôt du moment, n'osèrent profaner des demeures où ils craignaient sans doute de ne pas trouver le sommeil. Sans quelques administrations et l'essaim de leurs employés, le faubourg Saint-Germain, à cette époque, serait devenu une véritable Thébaïde. Quand le règne de la terreur cessa sans ramener la confiance, quelques personnes avaient acquis d'immenses richesses; mais elles craignaient de les afficher en habitant ces vastes hôtels : d'ailleurs, le luxe avait pris une autre route, et s'était fixé, avec son nouveau cortége, sur l'autre rive de la Seine. A cette époque, on louait un hôtel entier au faubourg Saint-Germain, pour le prix d'un appartement au troisième dans la rue Cérutti.

· Depuis quelques années cependant on commence à revenir dans ce beau quartier, et je ne doute pas qu'il ne redevienne aussi brillant, aussi peuplé qu'il le fut autrefois. Je serais charmé de voir renaître à leur splendeur première des lieux où nos rois ont déployé une magnificence si noble, si grande, et si utile à-la-fois. L'hôtel des Invalides et l'École-Militaire en sont le plus bel ornement : l'une était le berceau des guerriers destinés à soutenir la gloire du nom français; l'autre est toujours l'asile des guerriers mutilés pour la défense de la patrie. Ne rendra-t-on pas l'École-Militaire à sa première destination? assez d'autres édifices peuvent servir de casernes...

Quel bruit!... quelle affluence de voitures!... Mes souhaits seraient-ils déja réalisés? Le ministre**** reçoit aujourd'hui. Si je pouvais pénétrer dans le salon!... Avant de monter, faisons une station près de ce vestibule; j'ai deux mots à dire sur quelques uns des personnages qui vont descendre de voiture. On ouvre une portière. Quel est cet homme pâle, jaune, et maigre, à la physionomie dure et hautaine, au ton brusque? Malgré son front ridé, ses yeux caves, son teint safrané, il est jeune encore; mais il ne dort plus depuis qu'il a conçu l'idée d'arriver au ministère. Parvenu aux fonctions de conseiller d'état, il a fait la moitié du chemin; je doute pourtant qu'il franchisse jamais la distance qui le sépare du but auquel il aspire : chargé plus d'une fois de soutenir, dans la discussion des Chambres, les projets du gouvernement, il tourne en ridicule, dans son salon, les plans qu'il défend à la tribune avec aigreur et rudesse. Monsieur est ministériel le matin, et le soir de l'opposition. Jusqu'à présent, ce petit manége n'a réussi qu'à lui faire des ennemis dans les deux partis; on l'estime peu, et, malgré les beaux sentiments qu'il affiche, le souvenir du passé inspire une grande méfiance sur son compte; je pourrais dire jusqu'à quel point elle est fondée; mais pourquoi lui ôter son masque? il tombera de lui-même: je connais l'homme, et je ne doute pas qu'il ne prêtât volontiers foi et hommage à quiconque lui frayerait le chemin du pouvoir.

Cette femme élégante, jeune encore et d'une physionomie si vive et si piquante, porte un assez beau nom, c'est la marquise de****. Immensément riche avant la révolution, elle cherche à réparer de son mieux les torts de la fortune: solliciter est son état, elle use de ses connaissances nombreuses, de ses protections, de son esprit, de ses graces, en un mot de tous ses moyens, pour faire réussir ses protégés; elle sert avec chaleur, mais non pas avec désintéressement. Par un traité secret, sur chacun des emplois qu'elle fait obtenir elle se réserve *des épingles,* et je lui connais un revenu considérable qui n'a pas d'autre source; elle vient ce soir tenter un dernier effort pour enlever une nomination importante; elle touche au moment du succès... Quel *désappointement!*

Ce pauvre diable dont l'habit noir, rapé, mais propre, est pourtant l'habit de représentation, vient de causer un moment dans la loge du suisse; il dit bonsoir aux laquais en passant sous le vestibule, et va donner une prise de tabac à l'huissier; il fait sa cour à tout le monde, sans oublier le chien du logis: cet homme est un entrepreneur de découvertes qui n'a pu découvrir encore le moyen de ne pas mourir de faim, bien qu'il soit porteur de dix ou douze brevets d'invention. Il vient présenter ce soir au ministre un nouveau projet, au moyen duquel il propose, moyennant un prix très modique, de nourrir, chauffer, blanchir, éclairer tous les prisonniers de l'état: il ne dit pas encore son secret, mais je puis le révéler; il prétend faire tout cela avec des marrons d'Inde qui lui fourniront, à ce qu'il assure, de la fécule nutritive préférable au froment, de l'huile, du savon, et des mottes à brûler. Grace au ciel, les prisonniers ne tâteront pas de sa cuisine, et le ministre s'en débarrassera avec un nouveau brevet d'invention.

Diable! voici un équipage qui s'annonce avec bien du fracas! deux laquais, un chasseur, des chevaux superbes, les plus riches harnais, la voiture la plus élégante... Quel est donc le propriétaire de tout cela? Vraiment c'est le comte de.... Que vient-il faire ici, lui l'ennemi juré du ministre qu'il cherche à renverser, auquel même il se flatte de succéder? Il n'est pas temps; continuons notre revue.

D'où vient l'horreur dont je suis saisi à la vue de cet homme au regard oblique, à l'air faux et sournois? Comme il regarde, comme il écoute; c'est encore un entrepreneur de découvertes, mais dans un genre moins innocent que le premier: on rit de l'un, mais on déteste l'autre. C'est un entrepreneur de dénonciations; il médite la ruine de plusieurs familles, et pour prix de ses nobles travaux, il se flatte d'occuper la place d'une de ses victimes.

Ah! doit-on hériter de ceux qu'on assassine?

Le joli jeune homme et le joli cabriolet! c'est un papillon sur une feuille de rose. Il y a sans doute bal chez le ministre; cela ne me paraît bon qu'à figurer dans une contredanse. Chut! ce petit personnage si ridicule a cinquante mille livres de rente, un hôtel superbe et un excellent cuisinier: recherché dans la société, protégé par les femmes, sur le point de faire un mariage qui va doubler sa fortune, il ne peut manquer de faire son chemin, puisqu'il a tout, excepté le sens commun : je ne sais même s'il aura l'esprit de sentir son insuffisance, et de savoir choisir un bon secrétaire. Il a cependant la promesse d'une place très importante, et vient voir si le travail est signé.

Quel contraste avec cet autre jeune homme qui descend d'un fiacre à la porte extérieure, et qui s'avance vers moi! Sa physionomie spirituelle et douce, ses manières affables, son air modeste, son noble maintien, préviennent en sa faveur: plein de connaissances et de talents, parlant presque toutes les langues de l'Europe, depuis plusieurs années il languit dans une place subalterne, dont il consacre le modique traitement au soutien de sa famille : je voudrais être ministre pendant vingt-quatre heures seulement pour donner à ce jeune homme un emploi convenable à ses talents; je serais sûr d'avoir rendu un véritable service à l'état.

Je vois entrer un homme qui passe rapidement et d'un air consterné. C'est Clairval, l'intime confident du ministre; il arrive de la cour, et rapporte sans doute quelque mauvaise nouvelle à son noble ami. Notre homme, parfaitement connu dans la maison, se glisse mystérieusement sans être annoncé. Attention! la scène commence. Deux personnes seules, le ministre et le comte de M***, ont remarqué l'entrée de Clairval. Le premier devient visiblement inquiet en remarquant l'abattement de son confident; le second sourit malignement, et se réjouit d'avance de son propre triomphe et de la perte de son rival. Le ministre a trouvé moyen d'écarter la foule qui l'environne, il a pris Clairval à part; chacun s'éloigne avec respect, mais tous les regards sont fixés sur eux. Dans ce moment, Clairval apprend au ministre qu'il a cessé de l'être et que son successeur est le duc de C***; le ministre tressaille, mais il se remet promptement, fait bonne contenance, parle à l'un, sourit à l'autre, fait un compliment à celui-ci, donne des espérances à celui-là. Sa marche le conduit auprès du comte de M*** qui, d'un air ironiquement poli, lui demande des nouvelles de sa santé, altérée par les veilles et le travail. « Elle sera bientôt parfaite, M. le comte, je vais goûter enfin les douceurs du repos auquel j'aspire depuis long-temps; le roi consent à recevoir ma démission, et cède à mes desirs en me donnant pour successeur le duc de C***; c'est un choix qui doit vous plaire, car vous êtes l'ami du duc de C*** autant que le mien. » A ce nom fatal, le comte de M*** pâlit; il se trouble, il balbutie; le ministre jouit de son embarras, et l'humiliation de son ennemi lui rend du moins l'apparence de la gaieté.

Cependant quelques personnes ont entendu cette conversation; on chuchotte, on se regarde, la nouvelle se répand dans toute l'assemblée avec la rapidité de l'éclair; ceux qui avaient des espérances deviennent tristes; ceux qui avaient perdu l'espoir de réussir se flattent d'un plus heureux succès auprès du nouveau ministre; en un instant toutes les figures ont changé d'expression, et la moitié de l'assemblée s'est écoulée. Je sors aussi.

Du salon la nouvelle a passé dans l'antichambre, de l'antichambre chez le suisse; chacun intrigue et fait déja ses arrangements en conséquence du changement.

Au moment où j'allais quitter l'hôtel, la voiture de M. le baron D***, conseiller d'état, entrait dans la cour : il est tard, aussi le baron se hâte-t-il de monter, lorsque son laquais, à qui le suisse a conté la nouvelle, court après lui, l'arrête à moitié de l'escalier, et lui dit deux mots à l'oreille. Le baron descend encore plus vite qu'il n'était monté, s'élance dans sa voiture, et ordonne qu'on le conduise chez le duc de C***. Voilà ce qui s'appelle ne pas perdre de temps.

Cependant le reste de la société se retire, et l'ordre est donné au suisse de ne plus laisser entrer personne; je délibérais pour savoir si je remonterais. En pareil moment, un ministre est bon à voir dans son intérieur; un grand coup frappé à la porte de l'hôtel attire mon attention.

Un laquais à riche livrée se présente chez le suisse, et retourne annoncer à son maître que le ministre ne reçoit pas : « C'est cependant aujourd'hui son jour; serait-il malade? Je veux m'en informer, et m'écrire moi-même sur sa liste. » Il descend et entre chez le suisse.

« Fritz, comment va son excellence? » Fritz répond par un hochement de tête, « Ne puis-je la voir un moment? vous savez que je suis son ami. — Impossible, M. le marquis. — En ce cas, je veux lui écrire un mot; je veux qu'il sache que je suis venu et combien sa position m'inquiète. » Fritz approche un siége, donne du papier, une plume, de l'encre : le marquis s'assied et commence. Après la première phrase, il s'interrompt pour dire à Fritz : « J'ai vu le ministre hier, il était parfaitement ; cela est donc arrivé subitement?—Ce soir même, M. le marquis. — Fermer sa porte un jour de réception ! il est donc bien malade?—Il n'est plus ministre. — Eh ! que ne le disiez-vous sur-le-champ? Peste soit de l'imbécile ! » ajouta le marquis en se hâtant de sortir de peur qu'on ne le vît chez le suisse d'un ministre disgracié. Il se lève brusquement, déchire son billet, et s'esquive. « Que dirai-je à votre ami, lui crie Fritz en ricanant?... » Je suis curieux de savoir où va cet homme en sortant d'ici.

La journée est finie pour l'intrigue et les courbettes ; il va maintenant, suivant sa coutume journalière, passer le reste de la nuit au jeu, dans une maison où la maîtresse perdit mille louis dans la dernière séance. Je veux l'y suivre....

Me voilà dans un beau salon où quinze personnes, assises autour d'un tapis vert, suivent d'un œil avide et inquiet le dé qui s'échappe du cornet, roule, et va décider de leur sort : soit force, soit habitude, soit indifférence, les hommes dissimulent mieux leurs impressions ; c'est sur le visage, dans la contenance des femmes, que l'avarice et la cupidité exercent et développent leur hideuse influence. L'œil allumé, la bouche desséchée, les doigts contractés, le sein palpitant, respirant à peine, elles attendent leur arrêt avec une douloureuse anxiété : le dé s'arrête, la chance est fixée, le banquier gagne, et le râteau ramène vers lui les masses d'or placées devant les *pontes*, dont la figure altérée laisse percer les angoisses intérieures, en dépit de tous leurs efforts.

Cette jolie femme vient de perdre un coup de cent louis : quel dommage que la funeste passion du jeu l'ait fait renoncer à tous les avantages qu'elle a reçus de la nature ! Spirituelle, aimable, pleine de graces, elle flétrit sa beauté, dédaigne son esprit, néglige ses talents, et semble ne plus exister quand elle n'a pas les dés ou les cartes à la main. Qu'elle laisse cette misérable ressource à celles qui ne peuvent en avoir d'autre ; à ces deux femmes par exemple, dont la figure et le maintien forment un si parfait contraste : l'une décorée du titre de lady, semblable à la dame Bouvillon du *Roman Comique*, a peine à loger son énorme corpulence dans une vaste bergère ; à tout moment son mouchoir essuie la sueur que l'avarice et la colère font couler de son front : elle s'agite, elle se plaint hautement, elle gronde, elle injurie presque les gens qui gagnent son argent, et rit aux éclats quand le sort la favorise. L'autre, pâle, mince, exiguë, froide et silencieuse, joue, perd, ou gagne avec un calme imperturbable : il est vrai qu'il ne lui en coûte rien ; le jeune homme placé derrière elle n'est pas si tranquille ; je devine pourquoi ; c'est lui qui fournit les fonds.

J'observe cet homme dont la physionomie conserve toujours son expression ouverte et riante : c'est ce qu'on appelle dans le monde un beau joueur. Cette qualité faussement attribuée à la force d'ame, à la générosité, au désintéressement, est au contraire le signe ordinaire d'un caractère usé par l'habitude des émotions violentes et blasé sur tous les plaisirs. Jouer est pour sir Poll un état dans le monde, une ressource contre le désœuvrement, une nécessité enfin ; au sortir de ce salon, à deux heures du matin, il se rendra au Cercle, jouera jusqu'à huit ou neuf heures, se lèvera à quatre, dînera à six, et recommencera demain ce qu'il a fait aujourd'hui. Ce M. M*** tient en ce moment le cornet ; voyons un peu comment le sort le traitera. Fort bien, j'en suis sûr; il joue ordinairement avec un bonheur qui n'est surpassé que par son amour-propre. Où diable l'amour-propre va-t-il se nicher ! partout. M. de C*** a des connaissances, de l'esprit, une mémoire prodigieuse, il cause avec agrément, raconte d'une manière piquante ; eh bien ! je crois, en vérité, qu'il fait plus de cas de son talent au trictrac, au whist et à l'écarté, que de tout cela. Sa manière de vivre n'est pas moins originale : possesseur de cent mille livres de rente, il n'a pas de maison, dîne chez les autres les trois quarts de l'année, court tout Paris à pied la plupart du temps, fait dix visites par soirée, joue toute la nuit, et dort la moitié du jour. Plus il est heureux au jeu, moins il veut le paraître; quand vous le rencontrez, il a toujours à vous dire qu'il a perdu la veille quelques centaines de louis, si l'on additionnait toutes ses prétendues pertes, il n'en serait pas quitte pour cinq cent mille francs par an. J'avais raison; la fortune le traite bien, il a passé sept fois; l'or s'amoncelle devant lui, tandis qu'il disparaît et fond dans les mains de la maîtresse de la maison; elle doit perdre énormément: cette femme n'a donc ni enfants, ni mari? Au contraire, mais la passion du jeu étouffe tous les sentiments: les enfants sont oubliés, le mari n'est pas écouté; il prie, il se plaint, il s'afflige; mais il est subjugué, il est trop tard pour parler en maître.

LA VEILLE DE SAINT-VALENTIN
EN ANGLETERRE [1].

> *Ergo eat, et blandis peraretur littera verbis.*
> OVIDE.
>
> Qu'il coure, ce billet, et qu'il les abuse par des paroles trompeuses.

Si l'usage dont il est question dans cette lettre est, par le fond, étranger à nos mœurs, il m'a paru être encore plus étranger par la forme aux mœurs de nos voisins, chez lesquels il se pratique. J'y trouve je ne sais quelle fleur de galanterie qui décèle une origine française, dont je me suis assuré par des recherches dont je fais grace à mes lecteurs; j'ai pensé qu'ils liraient avec plus de plaisir la lettre que l'on m'écrit à ce sujet que la dissertation que j'avais eu d'abord l'envie d'y substituer.

[1] Cet article est extrait d'une lettre adressée à l'Ermite par l'auteur de l'ouvrage intitulé *Quinze jours à Londres*.

Londres, 13 février 1817.

« J'avais aujourd'hui beaucoup de courses à faire dans différents quartiers de Londres : j'étais sorti de très bonne heure; j'avais dîné dans un quartier éloigné du mien, et pendant toute la journée j'avais remarqué dans les rues un mouvement extraordinaire parmi les facteurs de la petite poste : je les voyais courir de maison en maison d'un air affairé; à peine existait-il une porte à laquelle ils n'allassent frapper leurs deux coups (signal qui avertit de l'arrivée du facteur, comme un seul coup annonce un domestique ou un ouvrier, et les coups plus ou moins multipliés une visite plus ou moins importante). J'avais observé aussi un assez grand nombre de domestiques et de commissionnaires portant de grandes lettres sous enveloppe, qui me paraissaient pliées et cachetées d'une façon particulière.

« Mon attention ne tarda pas à être appelée plus particulièrement sur cet objet.

« Il était presque nuit quand j'entrai dans la superbe rue d'Oxford pour prendre ensuite celle de Portland, et regagner mon logement. Non loin de moi cheminait un domestique tenant à la main une lettre semblable à celles dont j'avais déjà vu un grand nombre. Au détour d'une rue, un petit garçon la lui arracha, et disparut en courant à toutes jambes, tandis que ses camarades, poussant des cris de joie, entouraient le domestique, qui s'écria : *Dam the little rogue! my valentine is lost* (le diable emporte le petit coquin! ma valentine est perdue), et il se mit à la poursuite du voleur. L'attrapa-t-il, ne l'attrapa-t-il pas? c'est de quoi probablement vous vous inquiétez aussi peu que moi-même.

« Je réfléchissais encore à cette aventure, qui me paraissait liée par quelque rapport à la distribution extraordinaire de lettres dont j'avais été le témoin, lorsque j'arrivai à mon logis. Le propriétaire était un homme veuf qui n'a qu'une fille assez jolie, *et de ses dix-sept ans doucement tourmentée :* il habitait le rez-de-chaussée de la maison dont j'occupais le premier étage. J'entrai chez lui pour y prendre ma lumière, et je trouvai la petite Fanny occupée à lire une lettre de format in-folio, au haut de laquelle je remarquai une gravure en couleur, représentant *un berger offrant à sa bergère un cœur percé d'une flèche.*

« Vous avez là, ma belle demoiselle, lui dis-je en allumant ma bougie, un billet d'une belle taille. — Monsieur, c'est une valentine. — Encore une valentine?... Et pourriez-vous m'apprendre ce que c'est qu'une valentine? — Monsieur, me dit-elle en rougissant un peu, voilà mon père; il vous répondra beaucoup mieux que moi.

« Je réitérai ma demande au père; il me fit asseoir, et me présentant un verre de bière : Vous ne savez donc pas, me dit-il, que c'est aujourd'hui *la veille de Saint-Valentin?*—Mais qu'a de commun Saint-Valentin avec la lettre que lit mademoiselle votre fille, et probablement avec toutes celles que j'ai vu distribuer aujourd'hui en si grande profusion?— Saint-Valentin est le patron des amoureux. La veille de sa fête tous les amants écrivent à leurs maîtresses; toutes les maîtresses à leurs amants. C'est un usage suivi en Angleterre de temps immémorial. — Bon Dieu! quelle prodigieuse consommation d'amour il doit se faire à Londres, à en juger par la quantité de lettres que l'on y distribue! — Entendons-nous : il n'est pas nécessaire d'être véritablement amoureux pour envoyer une *valentine* (c'est le nom que l'on donne à ces lettres). C'est une galanterie sans conséquence, qui ne signifie rien, n'oblige à rien, et à laquelle on ne pense plus le lendemain—A la manière dont miss Fanny lisait la sienne, je serais tenté de croire qu'elle y attache plus d'importance. — Je le crois bien, c'est une valentine de son prétendu, du fils de mon plus ancien ami; un mariage arrangé, ajouta-t-il plus bas... Allons, ma fille, montrez votre lettre à monsieur, qu'il voie ce que c'est qu'une valentine.

« Elle me remit l'épître, qui contenait une chanson en cinq couplets; je l'ai traduite le moins mal qu'il *m'a été possible:*

LA MÉTAMORPHOSE.

Certain soir, à mon ermitage
Vint frapper une jeune enfant.
Dix ans semblaient former son âge ;
Tout en elle était séduisant.
« Je meurs de froid, s'écria-t-elle ;
« Ouvre-moi vite, par pitié ;
« Ta porte est-elle assez cruelle
« Pour se fermer à l'Amitié ?

« — Je te connais, belle étrangère,
« Déja tu règnes sur mon cœur ;
« Fermé pour ton perfide frère,
« Toujours il s'ouvre pour la sœur.
« Mais dis-moi, jeune jouvencelle,
« Comment le froid put te saisir.
« — Ce siècle, hélas ! souvent, dit-elle,
« Voit l'Amitié se refroidir. »

J'étais sans feu : comment m'y prendre
Pour réchauffer la pauvre enfant ?
D'elle-même elle vint se rendre
Dans mes bras d'un air innocent.
Sur mon cœur alors je la presse,
Je lui donne un chaste baiser ;
Mais c'est moi que cette caresse
D'un feu nouveau sut embraser.

« Pourquoi mon cœur bat-il si vite ?
« Lui dis-je en lui prenant la main.

« Sens toi-même comme il palpite!
« D'où vient ce changement soudain?»
Mon œil vers la jeune étrangère
A l'instant s'étant dirigé,
La sœur avait fait place au frère,
L'enfant de sexe avait changé.

« Quoi! c'est toi, perfide vipère?
« Sors bien vite de ma maison.
« — Non, répondit le téméraire;
« Je suis chez toi, j'y tiendrai bon.
« Rien ne peut guérir mes blessures
« Quand de ma sœur j'ai pris les traits;
« Et pour que mes flèches soient sûres,
« Fanny me les fabrique exprès. »

« Monsieur, me dit mon hôte quand j'eus fini ma lecture; je ne sais ce que vous penserez de la chanson; mais ce n'est pas là tout-à-fait le style d'une valentine; le dernier vers doit toujours finir par *Valentine* ou *Valentin*. Au surplus, vous voilà maintenant instruit de ce que vous desiriez savoir. J'ajouterai seulement que, quelques jours avant cette fête, toutes les boutiques de nos papetiers sont garnies de grandes et belles feuilles de papier, décorées d'emblèmes d'amour, et destinées à recevoir des vers amoureux; car toutes les valentines doivent être en vers.

« Ma curiosité n'était pas pleinement satisfaite, et je voulais achever de la contenter. Mon libraire demeurait à deux pas (tous les libraires sont en même temps papetiers en Angleterre). Je courus chez lui, et le priai de me montrer des valentines ; il m'en donna un paquet énorme. Je remarquai, en le feuilletant, que plusieurs d'entre elles étaient déja remplies de vers écrits à la main; j'en demandai la raison.

« Tous les amoureux ne sont pas poëtes, me dit-il, et c'est pour la commodité de ceux-là que nous tenons un assortiment de valentines toutes faites, qui ne laissent à l'amateur que l'embarras du choix. »

Sa réponse me rappela notre abbé Pellegrin, et la lecture que je fis de quelques unes de ces pièces me remit en mémoire les devises de nos confiseurs de la rue des Lombards. On en pourra juger par cet échantillon :

> Comblez mes vœux, beauté divine,
> Je vous jure un amour sans fin :
> Daignez être ma Valentine,
> Je serai votre Valentin.

« Je vis avec plus de surprise que, parmi les vignettes très variées qui ornaient les différentes feuilles que j'avais sous les yeux, il se trouvait des sujets burlesques et ridicules. Ici un Amour, affublé d'une large perruque, et armé d'un trait sans pointe, conduisait un jeune homme sec et efflanqué vers une grosse et grasse douairière assise dans un fauteuil à bras; là Mercure présentait une nymphe agaçante à un vieillard dont la jambe goutteuse et enveloppée de flanelle était étendue sur un tabouret, tandis que l'Amour, un doigt sur la bouche, montrait la belle à un jeune homme placé derrière le pauvre podagre. Ailleurs, une vieille femme à sa toilette cherchait

A réparer des ans l'irréparable outrage.

« Mais son miroir, au lieu de lui montrer des charmes qui n'existaient plus que dans son imagination, lui offrait l'image du Temps qui semblait la menacer de sa faux.

« Que signifient de pareils emblèmes? dis-je au libraire; quel rapport peuvent-ils avoir avec une lettre d'amour? — Ce sont, me répondit-il, des *contre-valentines* que l'on envoie à pareil jour, et dont les auteurs ont grand soin de garder l'anonyme : on écrit à une femme galante que sa vertu fait le désespoir de vingt amants; à une vieille, que l'on voudrait être aimé d'elle parcequ'on n'aurait pas à craindre d'en être mordu; à un vieillard, qu'on lui envoie le portrait d'une jeune beauté qui brûle d'amour pour lui, et il trouve sur le revers de la feuille la figure d'une tête de mort qui entr'ouvre un tombeau, et mille autres plaisanteries aussi ingénieuses.

« Je remerciai le libraire, et je lui achetai trois valentines. Je me propose de les adresser à trois des beautés de Paris le plus en vogue : qui sait si je n'aurai pas la gloire de mettre à la mode en France un des plus antiques usages de l'Angleterre ? »

[N° LXVIII. [19 février 1817]]

LES FEMMES.

SEPTIÈME PROMENADE NOCTURNE.

> *Mulierem pudorem gerere magis decet quàm purpuram.*
> PLAUTE.
>
> La pudeur chez les femmes est le plus riche des ornements.

Il n'y a pas long-temps, me disais-je en me promenant tout endormi sur la terrasse d'un petit hôtel de la rue Saint-Lazare, qu'il ne se trouvait en ce lieu que des marais; et j'allais partir de cette première réflexion pour faire de savantes remarques sur l'accroissement de la population, lorsque mes yeux se dirigèrent vers une fenêtre entr'ouverte, et je ne songeai plus qu'au tableau qui s'offrait à ma vue : dans un boudoir meublé avec autant de goût que d'élégance, uniquement éclairé par des lampes d'albâtre, deux femmes et quelques hommes entouraient une table à thé : la maîtresse de la maison, jeune et belle, en faisait les honneurs avec grace; ses grands yeux noirs lançaient, à la dérobée, des regards tendres et voluptueux; l'instant d'après ils se baissaient avec toute la timidité de l'innocence. En la voyant marcher, sa taille élancée me parut avoir quelque chose d'aérien : je me figurais Camille effleurant légèrement la terre; et lorsque d'une voix douce elle se plaignit qu'on la quittait trop tôt, mon cœur battit fortement, et, rajeuni de cinquante ans, lui jurait tout bas de se fixer près d'elle.

Quelle angélique créature! Attendons cependant. Les apparences sont parfois trompeuses; j'ai rencontré tant de savants sans instruction, tant de sages sans principes, tant de philosophes....

Dans cet instant, la belle dont j'étais charmé tira brusquement le cordon de la sonnette: « Vous serez donc éternellement une bête? dit-elle au grand laquais qui se présenta: ne vous avais-je pas répété cent fois que je ne recevais point de femmes? — J'étais en commission par ordre de monsieur. — Avant toute chose vous devez obéir aux miens; ne l'oubliez plus, ou je vous chasse. — Mademoiselle Victoire devait me remplacer. — Dites-lui de venir me parler, et ne raisonnez pas. »

La voix qui donnait cet ordre impérieux devenait progressivement aussi aigre qu'elle m'avait d'abord paru douce et affectueuse. « Pourquoi donc, Victoire, avez-vous laissé entrer madame de *** ? —

Je n'ai pas osé renvoyer l'amie de madame.—Vous devenez chaque jour plus sotte. Éteignez ces lumières ; une seule suffit. — Madame lui disait il y a quelque temps, devant moi, qu'elle recevait à toute heure une amie si chère. — Enfermez le sucrier dans mon cabinet ; j'ai remarqué hier... — Je me rappelle que dimanche dernier.... — Taisez-vous, impertinente! vous m'êtes insupportable. » Ces mots furent accompagnés d'un soufflet que la nymphe aérienne laissa tomber sur la joue de la pauvre Victoire. Ah! fuyons, m'écriai-je; mon enchantement a cessé ; une femme belle et méchante est une erreur de la nature. Celle-ci a l'apparence d'un ange dans le monde, et la réalité d'un démon dans son intérieur. Elle étale par vanité des porcelaines magnifiques, des coupes de vermeil; et par avarice elle enferme sous clef les moindres bagatelles. Cent mille écus de rente ne lui ont jamais procuré la jouissance de soulager un infortuné, et son cœur, inaccessible à la tendresse, la condamne à vivre sans amis. Fuyons, j'ai besoin d'estimer les jolies femmes : pour me raccommoder avec elles, je vais faire une visite nocturne à madame de P***.

Dans la première antichambre, je suis frappé de la respectueuse politesse de deux vieux serviteurs dont la figure heureuse atteste de longs services récompensés par la confiance et l'attachement : tous deux regardent avec une sorte d'orgueil la foule se presser dans les salons : ils avaient suivi leurs maîtres dans l'infortune ; ils jouissent de leur prospérité.

Bons maîtres, ils ont trouvé le secret d'avoir des serviteurs fidèles. Le cercle est nombreux et peu divertissant : n'importe ; madame de P***, habituée à la représentation, n'a point le travers de paraître ennuyée des hommages qu'on lui rend ; sans se départir d'une noble dignité, d'une extrême politesse, elle sait tour-à-tour adresser à chacun quelques mots obligeants ou gracieux. Je lui prédis que, si jamais son mari cesse d'être ministre, elle n'en sera pas moins recherchée avec empressement.

Je l'offre pour modèle à quelques personnes que je me dispense d'indiquer. On dirait que les gens en place, satisfaits d'avoir des créatures, ne sentent pas la nécessité de s'assurer des amis pour adoucir leur chute. Tant pis pour eux, je ne me charge pas de faire leur éducation ; ils ont un exemple, qu'ils en profitent.... La foule disparaît ; tout le monde sait combien il importe aux malheureux que madame de P*** abrège ses soirées au profit de ses matinées. Je la suis dans son cabinet, où je ne vois point sans émotion la grande dame de la cour devenir mère de charité. « Madame, lui dit une femme de chambre d'un certain âge, la pauvre femme qui doit à vos soins la vie de son mari est accouchée ce soir ; je lui ai porté....

—C'est très bien ; tirez de l'armoire une layette.— Une jeune fille tout en pleurs est venue implorer les bontés de madame, et ne veut confier qu'à elle le chagrin qui l'accable ; ce n'est pas sans peine que je lui ai fait dire sa demeure : elle habite au cinquième étage ; si madame l'ordonne, je m'y transporterai demain matin.—Non, madame Hubert, c'est à moi qu'elle veut parler ; laissez là son adresse ; préparez ma robe de toile, mes bas noirs, mon chapeau gris ; ensuite vous pourrez vous retirer.—Madame ne veut pas que je la déshabille? — Je vous remercie, je ne me coucherai pas encore. » Je sors ; ma présence profanerait l'asile des pieuses méditations : demain, dès six heures du matin, madame de P*** ira visiter des malades, consoler des affligés, secourir des infortunés ; prenant rapidement, à dix heures, un élégant négligé du matin, elle paraîtra au déjeuner, en se flattant de l'espoir de n'avoir pas été découverte ; mais la reconnaissance, quelquefois indiscrète, depuis long-temps l'a décelée ; les bénédictions du pauvre l'escortent en tous lieux, et lui assurent un respect général, une admiration méritée.

Oh ! combien la bienfaisance a plus de charmes, combien la pitié est plus touchante chez les femmes que chez les hommes ! Sans doute, nées pour subjuguer par la douceur, leur essence est d'aimer ; et le cœur de celle qui sait être, tour-à-tour, fille soumise, épouse vertueuse, mère tendre, est sans contredit le chef-d'œuvre de la nature.

J'aperçois, à l'entrée de la rue Saint-Florentin, une jolie personne qui saute légèrement d'une élégante voiture ; le jeune homme qui l'accompagne court après elle ; j'aperçois leur figure au clair de la lune ; elle exprime le bonheur : je veux les suivre. Le couple qui m'intéresse est marié depuis six mois ; la petite femme est vive, gaie, spirituelle, et sensible ; l'époux est franc, loyal, généreux, et rangé ; aucun nuage encore n'a troublé leur union. Je pénètre dans la chambre à coucher. « Cher Hippolyte, le bal était délicieux ; je me suis extrêmement amusée, disait la jolie personne en détachant la guirlande de roses entrelacée dans ses beaux cheveux noirs : savez-vous que j'étais mise à ravir, et qu'on m'a trouvée jolie ? — Oui, mon Adèle, les louanges que tu recevais flattaient agréablement mon cœur et mon amour-propre. — Vous ne serez donc jamais jaloux ? — Je m'en garderai bien : j'estime trop ce que j'aime. — Ajoutez donc, mon ami, que vous en êtes trop aimé. »

Pendant ce doux colloque, je vis la soubrette, d'un air embarrassé, tourner autour de madame, chercher ses yeux en évitant ceux de monsieur ; et, profitant d'un instant favorable, elle supplia sa maîtresse de passer dans une pièce voisine. Adèle partit d'un éclat de rire, et disparut ; l'adroite Justine la suivit, et, lui remettant mystérieusement un billet, lui dit : « Madame, il ne veut plus attendre. — Quel embarras, ma chère Justine! — Il menace de faire un éclat si vous ne terminez demain matin. — O ciel! il me perdrait! Peut-on être plus cruel, plus exigeant! Pauvre Hippolyte! quel chagrin s'il savait.... — Mon fichu de nuit, Justine, s'écria le jeune époux. » Et, la prenant par le bras aussitôt qu'elle parut, il l'entraîna précipitamment à l'autre bout de la chambre, lui dit quelques mots à l'oreille, déposa une bourse dans ses mains, et revint près de la glace dénouer sa cravate. « Quelle épouvantable réunion de cœurs corrompus! m'écriai-je avec indignation. Une nouvelle mariée perfide, un époux séducteur, une soubrette!... » Les jugements téméraires que portent les somnambules se rectifient presque aussitôt. Le billet que j'avais pris pour celui d'un amant était tout simplement le compte d'un marchand qui exige le paiement de quinze cents francs qu'Adèle a dépensés pour son mari; la bourse qu'Hippolyte a remise en cachette est le prix d'une parure que sa femme desire, et qu'il veut lui offrir demain matin à son réveil. Justine est une jeune fille innocente et pure, élevée avec sa maîtresse, et faisant chaque jour des vœux pour la durée de son bonheur.

Je me croyais destiné à ne voir cette nuit que des objets agréables. Près du palais Bourbon, dans une chambre qu'éclairait faiblement une seule veilleuse, j'aperçus deux berceaux près d'un lit où dormait sans doute une bonne : quel fut mon étonnement lorsque je vis une jeune femme, en grand habit de cour, s'approcher sur la pointe des pieds, baisser la bougie qu'elle tenait d'une main, de l'autre écarter les rideaux de taffetas vert, et contempler tour-à-tour les deux objets de sa tendresse maternelle! ensuite, déposant sa lumière, elle se prosterna, offrit ses vœux au ciel, et la sérénité de sa douce figure attestait que la vertu priait pour l'innocence.

Je m'éloignai avec respect; et, sans trop me rappeler quel chemin je suivis, je me trouvai à l'extrémité de la rue de Grenelle, dans un jardin charmant, où s'exhalait le plus doux parfum des fleurs. Je traversai une étroite allée de roses et de chèvrefeuilles, dont les contours multipliés me conduisirent en face d'une fenêtre dont la jalousie baissée, mais entr'ouverte, me laissa voir un délicieux petit cabinet garni tout autour d'un divan gris de lin couvert de nombreux coussins ; en face de la fenêtre, au-dessus de la cheminée, une glace répétait le jardin ; à droite, vis-à-vis de la porte, se trouvait un trépied, et dans la cassolette posée au-dessus brûlaient encore des parfums : un grand tableau, qui faisait face au divan principal, offrait l'image d'un beau jeune homme ; les statues de l'Amour et de Psyché ornaient deux petites encoignures de bois satiné, et cet asile solitaire n'était éclairé que par une lampe d'albâtre; une femme de moyen âge, grande et belle encore, appuyée sur des coussins, y paraissait absorbée dans une douce rêverie. Un grand coup frappé à la porte la tira de son extase. « Venez donc, madame, on vous attend; trois heures de méditation ne vous suffisent-elles pas? » Ces mots, prononcés d'un ton d'autorité, m'annonçaient un mari. Je demande encore un quart d'heure, répondit la dame; les devoirs doivent passer avant les plaisirs. » En même temps elle se leva précipitamment, fit tourner sur son axe le portrait du jeune homme, qui se trouva remplacé par un grand Christ; elle posa une petite tablette sur le trépied; et, recouvrant le tout d'un tapis de velours bleu, elle se fit un prie-dieu; l'Amour et Psyché cédèrent leurs places à sainte Madeleine, et à saint François de Sales; des chapelets et des rosaires furent promptement suspendus de tous côtés : s'approchant ensuite de la glace, elle releva ses beaux cheveux blonds flottants sur ses épaules, les renferma dans un joli petit bonnet noué sous le menton, mit un grand fichu sur son cou; tirant ensuite un rideau de taffetas vert sur la glace, elle ouvrit le verrou, et se précipita à genoux sur son prie-dieu au moment où son mari se présentait de nouveau à la porte, en s'étonnant de la trouver ouverte. « Je vous suis, lui dit-elle; le charme de prier me fait tout oublier.—

Excepté de me faire enrager, reprit l'époux avec humeur. » La porte se ferma, je n'entendis point la réponse.

J'étais chez une fausse dévote, chez une de ces femmes qui savent jouir à-la-fois *des profits du vice et des honneurs de la vertu.* Celle-ci croit acquérir, par un extérieur austère, le précieux droit de censurer les autres. Demain matin, à dix heures, elle montera dans sa voiture, se rendra *in fiocchi* à sa paroisse, renverra ses gens, avec ordre de venir la chercher à deux heures, et s'arrangera pour arriver à la sortie d'une messe : elle s'arrêtera à la porte, au milieu de la foule, où elle distribuera avec beaucoup d'ostentation de légères aumônes. La prochaine fête, elle fera ses dévotions à la dernière messe, afin d'édifier plus de monde ; son petit neveu lui présentera, au retour de l'autel, le gros livre rouge qu'elle aura déposé un instant dans ses mains, et les bonnes gens s'écrieront : « Madame la comtesse de *** est un modèle de piété. » Mais, de retour au logis, madame la comtesse contrariera son mari sur tout ce qu'il dira, et tourmentera son prochain d'une manière d'autant plus dangereuse qu'elle a beaucoup d'esprit ; mais ce manége aura bientôt son terme ; les dupes, désabusées, préparent leur vengeance : la juste punition de l'hypocrisie est d'être démasquée ; feindre la dévotion est un véritable sacrilège. Le cœur des femmes, naturellement tendre, exalté, me semble devoir être le véritable sanctuaire de la piété : celle qui est profondément pénétrée de la morale de l'Évangile se dispense de passer la matinée à l'église ; elle croit prier en remplissant exactement ses devoirs d'épouse, de mère, de maîtresse de maison ; elle trouve au pied de la croix du courage contre l'adversité, de la résignation dans les douleurs, des consolations dans l'affliction ; sévère pour elle seule, elle est constamment indulgente sur les faiblesses des autres, qu'elle ne devine jamais, dont elle doute toujours ; charitable sans ostentation, elle sait s'imposer une privation pour une bonne œuvre, sans être moins aimable dans le monde. Je plains, j'excuse celle qui, pénétrée des mêmes sentiments, est trop vive ou trop nonchalante pour imiter ce modèle ; mais je méprise du fond de l'ame la fausse dévote qui veut usurper l'estime qu'elle est si loin de mériter.

Mais trêve de morale ; me voici, rue de la Chaussée-d'Antin, dans une grande cour qui précède un magnifique hôtel : plusieurs voitures entrent et sortent ; serais-je chez un ministre ? Non, mais chez une femme à la mode. Il est vrai que cela se ressemble beaucoup : on vient y solliciter des graces, y éprouver des refus ; les anciens services y sont rarement récompensés ; les droits ne sont rien ; tous ceux que je vois prétendent à des faveurs ; mais c'est en riant qu'on les demande, et c'est en riant qu'on y renonce.

Je traverse plusieurs antichambres, un superbe salon éblouissant, et je pénètre enfin dans une chambre à coucher, où régnait un demi-jour favorable aux belles ainsi qu'aux doux propos d'amour. Tout annonçait l'opulence, le goût, et la recherche; des fleurs rares, des vases de la plus belle porcelaine, des tableaux de nos meilleurs artistes. La jolie maîtresse du logis était couchée dans un lit fort riche, qu'on est convenu d'appeler une corbeille, et cet ensemble m'offrait l'image d'un temple où l'on venait adorer une divinité. Je voulus écouter; mais j'eus beau me tourner à droite, à gauche, je n'entendis que des demi-mots suivis d'un léger sourire destiné sans doute à donner une explication, que je ne devinais pas, à quelques phrases équivoques; somme toute, je ne recueillis pas une idée, pas une pensée, pas un sentiment: j'appris seulement que madame de*** avait été surprise par une attaque de nerfs, que ses femmes l'avaient mise au lit, et que ses nombreux adorateurs avaient été admis à venir s'informer de ses nouvelles avant de se retirer; elle jetait une rose à l'un, tendait une main à l'autre, disait un mot à l'oreille de celui-ci, faisait un signe d'intelligence à celui-là, et pour un *oui*, pour un *non*, riait aux éclats, afin de montrer les plus belles dents du monde. Quelqu'un s'avisa de dire que la pendule venait de sonner minuit, que le bal de l'ambassadeur de... serait magnifique; aussitôt les papillons s'enfuirent, la rose resta seule.

Je me préparais également à la retraite, lorsque je vis entrer un homme d'à-peu-près trente-deux ans, grand, maigre, pâle, ayant l'air passablement fat, bien qu'il eût une physionomie spirituelle: il salua madame de*** d'une manière assez cavalière, posa sur une table sa badine et son chapeau, puis s'étendit dans une bergère. «Quel heureux hasard, monsieur, me procure ce soir votre visite? demanda madame de*** d'un ton nonchalant. — Vous n'imaginez pas toutes les contrariétés qui m'ont accablé dans la journée. Je devais dîner chez la dame du boulevart: ne s'est-elle pas avisée d'accoucher aujourd'hui même! La comtesse Amélie m'avait donné rendez-vous à l'Opéra, je ne l'y ai point trouvée; j'avais promis à la petite Adèle de la conduire au bal de l'ambassadeur; mon cocher, comme un sot, s'est laissé tomber de son siége. — Que ne prenez-vous le mien? n'est-il pas à vos ordres?—Je vous rends grace de cette aimable obligeance; je n'en profiterai point: Adèle a été prévenue, et probablement elle figure en ce moment dans quelque contredanse; quant à moi, j'ai résolu de faire tourner mes infortunes au profit de mon repos; mais vous-même, comment se peut-il que vous soyez déja couchée?—J'ai eu toute la journée des maux de nerfs horribles. — En vérité, il n'y paraît pas; je vous trouve ce soir plus jolie que jamais. — Ce compliment est flatteur et piquant sur-tout. — C'est une vérité, je vous jure. — Avez-vous rencontré Alphonse, qui sort d'ici? Il vous invite à déjeuner demain, et vous propose d'essayer ses nouveaux chevaux. — Très volontiers... La température de votre appartement me paraît excellente; je viens d'entrer dans le mien; il m'a paru glacial. — Sonnez, monsieur; dites qu'on allume chez vous un peu de feu. — Pourquoi donc? je suis si bien ici... Tenez, pour la rareté du fait...— Quelle folie! — C'est que je vous trouve vraiment charmante! — Moi, je vous trouve très extraordinaire. — A propos, j'ai vu sortir de chez vous, ce matin, votre marchande de modes, qui avait l'air de fort mauvaise humeur... Regardez...; ce billet de mille francs pourrait-il vous tenter? Vous n'avez qu'à dire. — Fi! fi! monsieur; vous croyez parler à la petite Adèle. — Écoutez donc, madame, par le temps qui court, mille francs sont quelque chose... Décidez-vous. — Je ne vous cache pas que mille écus me seraient bien nécessaires. — Payer mille écus une pareille fantaisie!» Non, ma foi! c'est trop cher. Bonsoir, madame. »

M.*** sortit, et je le suivis en riant aux éclats. Quel singulier ménage!... Cependant il ressemble à beaucoup d'autres qui passent pour excellents. Monsieur et madame de*** portent le même nom, et logent dans la même maison; du reste, ils se sont mutuellement accordé une entière liberté: leur fortune est séparée, leurs sociétés sont différentes; l'amant de madame est la personne que monsieur traite le mieux dans le monde, et la danseuse de l'Opéra que le mari préfère est celle que sa femme trouve la meilleure; à cela près, madame, dans ses billets d'invitation, joint toujours le nom de son mari au sien; si l'un des deux est malade, l'autre le soigne avec zéle, et le public, en riant, admire, sinon les bonnes mœurs, du moins le bon esprit de ces heureux époux...

La scène change: en traversant une assez vilaine petite rue, il me prend fantaisie de voir ce qui se passe dans un appartement où j'aperçois de la lumière à deux heures du matin. Au milieu d'un salon médiocrement meublé, des fauteuils épars annoncent que dans la soirée quelques personnes s'y sont réunies: pour l'instant, je ne vois qu'une femme écrivant à la clarté d'une lampe. Elle compose. Je me moque assez volontiers de ces femmes pédagogues qui portent dans la littérature des prétentions qu'elles ne savent plus où placer; qui se croient supérieures à leurs maîtres. Madame de B*** n'est pas de ce nombre: modeste autant que spirituelle, elle cultive les lettres, qu'elle aime comme ses amis dont elle est tendrement aimée; toujours persuadée qu'on voit mieux qu'elle, phrase par phrase on lui ferait changer tout son ouvrage. Elle avait jadis une grande fortune, dont elle jouissait noblement, lorsqu'elle la perdit sans avoir mérité son malheur; elle supporta ce revers avec courage et dignité. Très convaincue que chacun doit chercher en soi-même les moyens de se suffire, elle n'en trouva point de plus convenable que de travailler en silence, sans prétendre à autre chose qu'à trouver dans l'emploi de son talent un honorable moyen d'existence. A travers de bonnes qualités, elle est capricieuse, inégale, enthousiaste, exagérée: persuadée que les êtres qu'elle aime sont parfaits, elle ne permet pas qu'on leur trouve le plus léger tort; et ceux qui lui déplaisent ne sauraient, sous aucun rapport, trouver grace à ses yeux: serait-il vrai qu'on ne l'aimât pas moins pour ses défauts aimables que pour ses qualités précieuses? C'est une question que je me fais à moi-même: j'ai besoin d'y réfléchir.

N° LXIX. [26 février 1817.]

TRÊVE A LA POLITIQUE.

SCÈNES A TIROIR.

> .... *Tencas*, ... *tuis te*
> HORACE, liv. II, sat. III
> Que chacun se mêle de ce qui le regarde

Monsieur de Gréville[1] écrit ses Mémoires, qu'il doit publier sous le titre de *Mémoires dramatiques*. Il m'a communiqué plusieurs des cahiers dont ils se composent, et m'a permis d'en extraire, à mon profit, le chapitre suivant, où j'ai trouvé la peinture fidèle d'un travers à la mode.

« Vous êtes donc sourd, Lapierre? je sonne, j'appelle depuis un quart d'heure. — Je n'ai pas entendu. — Où donc étiez-vous? — Dans l'antichambre, où je lisais le journal : il est si intéressant aujourd'hui. — L'imbécile!... Qu'y compreniez-vous? — Dame, monsieur, on est bien aise de savoir com-

---

[1] Voyez le vol. I", n° xx, page 217; et vol II, n° xl, page 25.

ment vont les affaires; on aime la chose publique.
— Eh! morbleu! aimez à remplir vos devoirs; battez mes habits, cirez mes bottes; occupez-vous de votre besogne, et que chacun en fasse autant, tout ira bien. Dites à Marguerite de m'apporter mon chocolat, et venez m'habiller. »

Lapierre sort, et rentre un moment après; nous procédons à ma toilette. Ce pauvre Lapierre, il grille de parler et de me conter les nouvelles du quartier, que j'ai quelquefois la complaisance d'entendre, parceque je me réserve le privilège de ne pas écouter; mais mon air sévère lui coupe la parole. La toilette s'achève en silence; je passe dans mon cabinet; il est dix heures; je sonne deux coups; Marguerite paraît. « Mon déjeuner? — Monsieur... — Qu'est-ce? — Monsieur... le chocolat... — Eh bien? — Il est tombé dans les cendres. — Maladroite! — Monsieur, je lisais! — Quelque roman, sans doute? — Oh! que non, monsieur! — *Le Parfait cuisinier*, peut-être? — J'en sais plus que lui. — Vous verrez que mademoiselle lisait aussi le journal. — Précisément, monsieur... — Mais c'est donc une rage! — Monsieur, je vais préparer d'autre chocolat; c'est l'affaire d'un moment. » L'impatience me gagne; je prends ma canne et mon chapeau, et je sors brusquement, pour ne pas me mettre tout-à-fait en colère. D'assez mauvaise humeur, je traverse le marché des Jacobins; une dispute de harengères attire mon attention par certaines expressions qui m'en indiquent le sujet: ces dames faisaient en commun la lecture du *Journal de Paris*. Je doublai le pas; à l'autre extrémité du marché, les fruitières épelaient une page du *Moniteur*.

J'entre pour déjeuner au café Tortoni, où, dans l'espace d'un moment, j'entends plus de niaiseries, de mensonges, et d'absurdités politiques qu'on n'en débite ailleurs pendant vingt-quatre heures: je savais à quoi m'en tenir avant d'entrer, et je m'étais cuirassé de patience.

Après avoir été faire quelques emplettes chez des marchands de la rue Vivienne, dont aucun n'était à son comptoir, je passai chez mon tailleur, que je trouvai disputant avec sa femme sur le budget.

Il était près d'une heure. J'allai faire une visite du matin à madame de Florbelle: je la trouvai avec ses deux filles, assises autour d'une table ronde surchargée de brochures que je reconnus à leur forme extérieure : la politique a tout envahi, jusqu'au domaine des graces.

Cette dame, à trente-cinq ans, brille encore de tous les avantages de la jeunesse et de la beauté, et n'a de rivales que ses filles, que l'on prendrait pour ses sœurs.

Au moment où j'entrai, une discussion très vive paraissait établie entre ces dames: il s'agissait des *élections*. On voulut avoir mon avis sur ce sujet avant que j'eusse achevé mes salutations: je crus me tirer d'affaire en les assurant que je ne connaissais pas de *chambre* où ce projet de loi dût souffrir plus de difficultés. Madame de Florbelle me pria, d'un air sec que je ne lui connaissais pas, de faire trêve aux madrigaux, et de vouloir bien parler sérieusement. Je répondis alors que, sur cette question politique, comme sur toutes les autres, j'en référais à la Charte, d'où je ne sortais pas. Ce mot réchauffa la dispute; les deux jeunes personnes, réunies d'opinion, ne craignaient pas de manquer aux égards, au respect dus à une mère, alors même qu'elle se trompe: deux étrangers, le maître de musique et le maître de danse, arrivèrent fort à propos. Ces dames se levèrent pour les recevoir, et madame de Florbelle, s'adressant à ses filles: « Allons, Emma, répétez votre gavotte, je serai charmée de vous la voir danser; vous, Clémentine, passez dans le salon de musique, dans un moment j'irai entendre votre nouvelle romance. »

Pendant que le prevôt accordait sa pochette, le maître de danse, faisant l'agréable, remit à madame de Florbelle quelques pamphlets nouveaux, qu'elle reçut comme un cadeau précieux, et dont elle se hâta de parcourir les titres. Le prevôt profita de ce moment pour donner furtivement à mademoiselle Emma... un billet doux, peut-être...? point du tout, une caricature politique, et des couplets contre quelques hommes en place : le tout fut promptement caché dans le portefeuille de dessins, et la leçon commença. J'ai tant vu danser de gavottes, que je ne jugeai pas à propos d'assister à celle-ci ; j'aimai mieux voir ce qui se passait au salon de musique, où j'entrai avec madame de Florbelle. Le *signor maestro* débitait gravement à son écolière attentive les mille et une absurdités qu'inventent chaque jour les oisifs et les malveillants, que les gobe-mouches recueillent avec tant de soin, et colportent avec tant de plaisir et de crédulité.

On annonce le docteur Z**** ; il s'approche en sautillant de madame de Florbelle, lui demande des nouvelles de ses nerfs, et, sans attendre sa réponse, il lui conte mystérieusement quelques *on dit* de la plus grande authenticité. Le duc de... lui a dit ceci ; le ministre de... lui a confié cela ; le général... vient de lui assurer le reste. « Mon père vous attend avec impatience, docteur, lui dit mademoiselle Clémentine ; il a souffert toute la nuit. — Je passe dans sa chambre. » Je suivis le docteur, curieux d'entendre la consultation d'un pareil original.

M. de Florbelle me parut en effet très abattu. Le docteur s'approche du lit du malade, lui tâte le pouls, paraît réfléchir attentivement ; et, lorsque je m'attendais à quelque ordonnance : « Savez-vous bien, M. le marquis, que la séance d'hier fut très orageuse. » Et voilà mon homme lancé et dissertant à perte de vue sur les finances, auxquelles il n'entend pas un mot. Le marquis ne s'y connaît pas davantage, mais il ne partage pas l'opinion du docteur; son abattement se dissipe, son teint se colore, son œil s'anime; il interrompt l'orateur avec impatience, et le réfute avec aigreur; le docteur réplique avec vivacité; la discussion dégénère en dispute, la dispute en querelle; les sarcasmes répondent aux épigrammes, les personnalités aux sarcasmes; le marquis, exaspéré, perd toute mesure, s'élance de son lit comme un spectre, et poursuit le docteur, qui sort en protestant qu'il ne remettra plus les pieds dans la maison. Il rencontre en passant madame de Florbelle, lui raconte l'aventure, et se plaint amèrement du marquis: comme de raison, madame n'est pas de l'opinion de monsieur, et lui donne complétement tort; mesdemoiselles Emma et Clémentine ont adopté les sentiments de leur père, et le défendent contre la marquise et le docteur; le combat politique s'engage de nouveau; tout le monde parle à-la-fois; on ne s'entend plus; mademoiselle Emma est rouge d'indignation; mademoiselle Clémentine pâle de colère; la marquise succombe à une crise nerveuse, et le docteur sort au lieu de les secourir.

Je m'esquive moi-même un moment après, maudissant de bon cœur cette manie de politique qui a dénature si complétement le caractère aimable des Français, et sur-tout des Françaises.

Je suis dehors, et n'ayant pas envie de recommencer une nouvelle expérience, dont je craindrais d'obtenir un semblable résultat, je retourne chez moi; je fais seller mes chevaux, et, suivi de Lapierre, me voilà sur la route du bois de Boulogne, méditant sur les folies humaines. Le chapitre est vaste, j'ai de quoi m'occuper pendant toute ma promenade. A moitié de l'avenue des Champs-Élysées, je reconnais la voiture de madame de B***; elle est arrêtée; je m'avance pour offrir mes hommages. Une de mes amies et le colonel D*** étaient dans la voiture; les deux dames paraissaient fort émues, et le colonel assez embarrassé. « Mon cher Gréville, me dit madame de B***, vous arrivez à propos pour nous mettre d'accord. — Voyons, de quoi s'agit-il?— Croiriez-vous que madame me soutient... — Que votre chapeau n'est pas joli peut-être? que la *Comédienne* est un détestable ouvrage? que mademoiselle Bourgoin joue mieux que mademoiselle Mars? — Rien de tout cela. — Que le coche d'Auxerre est préférable au bateau à vapeur? — Gréville, vous m'impatientez. — Je me tais, et je vous écoute. — C'est fort heureux! Vous croyez donc, monsieur, que nous ne savons nous occuper que de bagatelles? Apprenez que nous parlions d'un objet important, très important; de la répartition

de l'impôt foncier basé sur un nouveau cadastre.
— L'impôt! le cadastre! » m'écriai-je en enfonçant
mes éperons dans les flancs de mon cheval; et je
partis au grand galop, sans regarder derrière moi,
au risque de passer pour un fou ou pour un impertinent.

Arrivé dans le bois de Boulogne, je modérai ma
course pour attendre Lapierre, dont le cheval n'était pas en état de suivre le mien. Je n'avais pas fait
cent pas que j'entends, non loin de moi, le rapport
de deux coups de pistolet. Je m'avance vers l'endroit d'où vient le bruit, et j'arrive sur le lieu de la
scène. Deux hommes, l'épée nue, semblaient vouloir commencer un nouveau combat, malgré les efforts et les discours de leurs témoins : ceux-ci cherchaient vainement à leur persuader qu'ils avaient
satisfait à l'honneur; que deux braves gens ne devaient pas s'égorger pour un malentendu... Dans
l'un des deux antagonistes je reconnus Dolban, l'un
de mes amis particuliers : je crois alors pouvoir
m'interposer dans la querelle; j'en demande le sujet... Une dispute survenue sur *l'initiative royale!*...
Je me joins aux témoins, et nous amenons enfin une
réconciliation sincère, à la suite de laquelle nous
allâmes dîner tous ensemble.

Sept heures sonnent : je cours aux Français; mademoiselle Mars devait jouer dans *les Femmes Savantes*. J'eus le malheur de me trouver placé au balcon, à côté d'un monsieur à besicles, qui aurait pu faire l'économie d'un verre, attendu qu'il me parut n'avoir qu'un œil; il passa tout le temps du spectacle à prouver à ses voisins que mademoiselle Mars n'était qu'une actrice médiocre; que Talma était tout au plus digne de figurer sur les tréteaux d'Angleterre, et que mademoiselle Duchesnois n'avait ni sensibilité, ni énergie, ni charme dans la voix; ce qu'il prouvait merveilleusement en attaquant leurs opinions politiques. Comme ces arguments-là ne me persuadaient pas, et que j'aimais mieux écouter l'actrice que son détracteur, je le priai si poliment de se taire, qu'il abandonna la place, en glissant sur moi un regard où il y avait quelque chose de louche.

J'avais l'espoir de me dédommager de tout l'ennui de ma journée. A minuit je me rendis chez madame d'Étival; le wisk, l'écarté même étaient finis; l'ennuyeux Maizières, qui ne s'en va jamais, était au bas de l'escalier : je témoignai mon bonheur à madame d'Étival de me trouver seul avec elle. « Je suis désespérée que vous ne soyez pas arrivé plus tôt, me dit-elle, vous auriez entendu M. de Maizières. — Eh! madame, je n'ai entendu que lui depuis que je suis au monde. — J'avais mon système aussi, mais il l'a combattu victorieusement par le sien: le moyen est trouvé. — Quel moyen? — Celui de payer la dette sans augmenter l'impôt d'un centime. — Mai-

zières est un sot, et son projet une impertinence.
— C'est un point décidé, vous seul avez de l'esprit.
— Ce n'est point avec l'esprit qu'on fait des lois et des plans de finances; il faut des connaissances positives... Mais de quoi vous occupez-vous, mon aimable amie? — Vous pensez que les femmes ne doivent jamais se mêler de discussions-politiques.
— Personne ne les juge avec des préventions plus favorables; cela n'est pas étonnant, je vois en vous tout votre sexe: la nature les a douées des graces et de la beauté; elle leur a donné une pénétration plus vive, un esprit plus fin, un goût plus délicat et plus sûr que les nôtres: aussi jugent-elles presque toujours sainement les productions de l'esprit et de l'imagination. Mais comment voulez-vous qu'elles puissent traiter des sujets qu'il faudrait interdire aux neuf dixièmes des hommes qui ne les ont pas étudiés?—Eh bien! monsieur, j'étudierai: voici des brochures que Maizières, plus complaisant que vous, m'a procurées, et... » J'avoue, à ma honte, que je ne fus pas maître d'un premier mouvement: je saisis les brochures, et je les jetai dans le feu. Je sentis ma faute, et je cherchai à la réparer. Madame d'Étival ne voulut rien entendre, et fit, à mes dépens, un éloge de l'homme aux brochures, dont mon amour finit par s'alarmer.

Je priai, je suppliai vainement; à la fin je me lassai d'une attitude humiliante; je rendis épigramme pour épigramme, et nous nous séparâmes brouillés.

J'avais renvoyé mon cabriolet; et m'en retournant à pied, j'eus le temps de maudire la politique, et de faire de bien tristes réflexions sur une manie capable de troubler les familles, de désunir deux amis, et de brouiller des amants à deux heures du matin.

N° LXX. [26 mars 1817]

PRÉPARATIFS DE VOYAGE.

Travelling in youth a part of education; age a part of experience.
BACON, *Essais.*

Les voyages dans la jeunesse sont une partie de l'éducation, et dans la vieillesse une partie de l'expérience.

« Zaméo! — Maître Paul? — Fais conduire ma vieille chaise de poste chez le sellier pour la mettre en état. Porte ce billet à mon libraire qui te remettra quelques livres nouveaux, et dis à Ottaly de rassembler mes effets de voyage dans mon coffre de bois de camphre. Après-demain nous quittons Paris. — Ah! tant mieux. Où allons-nous? — Faire notre tour de France... Tu parais moins gai? — J'ai cru que nous retournions *au pays du grand fleuve.* — Non, mon ami, il y a trop loin pour moi, et ce n'est pas la peine d'aller chercher, à deux mille lieues, le seul petit coin de terre dont j'ai maintenant besoin, et que je suis sûr de trouver par-tout; mais toi, qui as de meilleures raisons pour entreprendre ce voyage, tu ne seras pas fâché d'en trouver l'occasion? Je veux te la fournir: le vaisseau d'un de mes amis de Bordeaux est en armement pour Cayenne. Je puis t'y procurer un passage ; tu iras embrasser ton père Oyatoë, lui porter mes présents, et tu pourras être de retour, par le même vaisseau, avant que j'aie achevé ma tournée, si je l'achève. »

Il faudrait avoir un cœur de sauvage pour se figurer la joie de mon jeune Caraïbe en recevant une proposition qui satisfaisait à-la-fois le desir violent qu'il avait de revoir son pays, et l'espérance de se retrouver bientôt auprès de moi. Zaméo me prit les deux mains, les posa sur sa tête, et sortit en dansant pour aller faire mes commissions.

La résolution que j'ai prise un peu brusquement de quitter Paris et de commencer, dans cette saison, ma revue départementale, a plusieurs motifs dont je dois rendre compte à mes lecteurs, pour qui je n'ai rien de caché. D'abord il fait ici un temps déplorable, et j'ai l'espoir de trouver dans nos départements du midi, où j'ai l'intention de me rendre, un ciel plus favorable à la constitution physique d'un homme vieilli sous la zone torride.

J'ai reçu un grand nombre de lettres où l'on me fait observer « que mes prédécesseurs et moi nous avons promis un recueil d'*observations sur les* MOEURS FRANÇAISES, et que nous n'avons encore parlé que des mœurs et des usages *parisiens*, dans les sept volumes dont se compose déja notre collection. »

En répondant, avec Duclos, « que c'est dans Paris qu'il faut considérer le Français, parcequ'il y est plus Français qu'ailleurs, » je puis ajouter que c'est à l'embouchure d'un grand fleuve qu'il faut se placer pour juger de la profondeur de son lit et de l'abondance de ses eaux. On insiste sur l'utilité de suivre son cours et de remonter à sa source; j'en éprouve moi-même le desir et le besoin; je me mets donc en devoir d'acquitter la promesse qu'avait faite mon prédécesseur au commencement de l'année 1814[1], et que la mort l'a empêché de remplir. Mais comme il est d'usage, en quittant son domicile avec la crainte trop bien fondée de n'y plus rentrer, de faire l'inventaire du mobilier qu'on y laisse, je crois devoir me résumer en peu de mots sur la situation de cette capitale au moment où je la quitte.

Observations météorologiques. De mémoire d'homme, *il n'y a pas eu d'exemple d'une année aussi pluvieuse*, d'un ciel aussi constamment chargé de brouillards, d'une température aussi malsaine: on a pu se croire au bord de la Tamise. C'est à cette cause principale qu'il faut attribuer sans doute le grand nombre de suicides qui ont signalé cette époque.

Observations politiques. Deux vérités sont restées

---

[1] Voyez *l'Ermite de la Chaussée-d'Antin*, tome III, page 465.

debout au milieu des secousses violentes qui ont agité l'opinion publique : une monarchie constitutionnelle est le seul gouvernement qui puisse replacer la France au premier rang des nations, qu'elle est faite pour occuper : la patrie et le monarque ne peuvent avoir d'intérêts différents. Quiconque a bien servi l'une a bien mérité de l'autre.

Observations morales. Les changements les plus remarquables qu'on ait observés dans les mœurs sont nés de la politique, dont l'influence se fait sentir jusque dans les modes. C'est assez dire que les femmes n'ont pu s'y soustraire ; elles ont donné, comme de raison, à ses caprices, toute l'importance d'une passion ; et c'est peut-être pour cela qu'on n'a jamais vu tant de sots en bonne fortune. Cette politique de boudoir a mis, pour le moment, le désordre dans les salons. *Il ne pense pas comme moi* est devenu le prétexte de toutes les infidélités, de toutes les ruptures ; la réponse à tous les reproches d'ingratitude, de mauvaise foi, de mauvais procédés. Comme il arrive trop souvent que les gens qui ne se conviennent que d'opinions ne tardent pas à s'ennuyer ensemble, on a pris le parti d'aller beaucoup au spectacle, pour ne pas rester chez soi. Le jeu, dont la passion s'était affaiblie depuis quelques années, a repris faveur ou plutôt fureur. L'écarté, l'impériale ont la vogue.

Il est juste de faire observer que si les mœurs

parisiennes ont perdu quelque chose de leur antique urbanité, elles ont pris, à quelques égards, un caractère plus national. Dans l'accueil que l'on fait aux étrangers dont cette ville abonde, on commence à consulter *la carte géographique* (pour me servir de l'expression d'une femme d'esprit) et à s'associer aux ressentiments ou aux intérêts de la patrie. Depuis quelques mois, les esprits et les mœurs se rapprochent; j'ai vu des *ultras* dînant chez des *constitutionnels!!!*

Observations littéraires. Il est des aveux pénibles à faire; mais comment nier ce qui frappe les yeux? Les sciences dorment, les arts languissent, et la littérature se meurt. Si *la Henriade* paraissait aujourd'hui, ce poëme ne trouverait pas en France deux cents lecteurs. L'année dernière, on lisait encore des romans: cette dernière branche de la littérature commence à se dessécher. Nous en sommes réduits aux journaux et aux pamphlets; c'est encore un signe de vie, s'il faut en croire les derniers mots de madame de Warens [1].

Mon projet de voyage, connu de mes amis depuis plusieurs jours, est devenu l'occasion d'un dîner d'adieu, qu'ils m'ont donné chez le restaurateur, et dont l'ordonnance avait été confiée aux soins de M. Walker. Ce dernier, convaincu qu'il

[1] J. J. ROUSSEAU, *Confessions*, volume II.

n'y a que deux cuisines et deux littératures classiques en Europe, celles des Français et celles des Italiens, nous convoqua, jeudi dernier, chez Brizzi, restaurateur dans la rue Sainte-Anne, au nombre de sept convives : M. Binôme, M. de Mérange [1], M. André le philosophe, M. de Gréville [2], le docteur Montègre [3], Walker et moi.

Après une petite dissertation sur l'excellence de la cuisine moderne, dont notre dîner devint l'occasion, et dans laquelle Walker fit preuve d'une érudition gastronomique, d'une délicatesse de goût, d'une finesse de palais, qui lui assurent, dans ce genre, une incontestable supériorité sur M. G*** de la R*** lui-même ; nous parlâmes du voyage que j'allais entreprendre, et des fonctions d'observateur ambulant que j'allais exercer. Le philosophe André, qui pense comme Socrate « qu'on ferait mieux de voyager en soi-même, que de passer sa vie à courir le monde, me demanda, avec un peu d'humeur, à quel âge et dans quel endroit je prétendais me fixer. Quand j'aurai trouvé ce que je cherche depuis une soixantaine d'années, lui répondis-je ; un lieu où toutes les parties du gouvernement soient exclusivement entre les mains des honnêtes gens. — Vous marcherez long-temps et vous irez loin, si le ciel

---

[1] Voyez le volume Iᵉʳ, page 317.
[2] Voyez le volume Iᵉʳ, page 217.
[3] Voyez le volume I, page 229.

vous prête vie, reprit M. de Gréville. — Pour moi, dit M. Binôme, qui pense que vivre n'est, à tout prendre, que se mouvoir, je ne vois pas ce que l'homme sage a de mieux à faire sur la terre que de s'y promener, non pas à la tête de deux ou trois cent mille hommes, comme font messieurs les conquérants; ils gâtent un peu trop les routes par où ils passent; non pas en courrier de dépêches qui va et vient sans savoir pourquoi; mais en philosophe curieux qui regarde, qui voit, qui compare, pour qui les divers pays qu'il parcourt sont autant d'écoles de sagesse où il fait collection des vertus et même des vices qu'il rencontre, pour l'instruction de la société, dont le perfectionnement est le but de ses travaux et le fruit de son expérience. »

De ces considérations générales, où chacun, suivant son caractère, ses goûts, ou ses habitudes, se fit l'apologiste ou le détracteur de la passion des voyages, nous passâmes à l'examen des motifs qui me déterminaient à faire mon tour de France. J'exposai à nos convives mon plan de campagne, et je leur donnai l'itinéraire de ma route.

« Mon intention est de visiter d'abord les départements du midi; c'est un conseil d'hygiène que me donne le docteur, et que je suis d'autant plus volontiers, que j'éprouve le besoin physique de sortir de l'atmosphère humide où Paris est enseveli depuis dix mois. Prenant ensuite mon chemin dans l'est, j'achèverai le tour des provinces frontières. Je parcourrai successivement les départements du centre, et, dans une couple d'années (si la parque a de quoi filer jusque-là), je reviendrai voir comment les choses se seront passées à Paris pendant mon absence.

« L'excursion que je projette ayant spécialement pour but l'observation des mœurs et des habitudes locales, j'établirai de préférence mon quartier-général dans le chef-lieu de chaque département, où l'on peut saisir d'un coup d'œil les traits caractéristiques dont se compose la physionomie morale des habitants.

« Prendre l'engagement d'être vrai, c'est contracter en même temps celui de ne pas plaire à tout le monde, car, comme dit fort bien madame de la Fayette, « Le vrai est comme il peut: il n'a de mérite que d'être ce qu'il est. » En province, comme à Paris, je louerai ce qui me paraîtra bien avec autant de franchise que je blâmerai ce que je croirai mal. Là, comme ici, je donnerai des noms propres aux vices, aux préjugés, aux ridicules que je mettrai en scène; mais ces noms d'acteurs ne seront jamais ceux des personnages, et si l'on reconnaît mes portraits, c'est qu'ils seront parlants et qu'ils se seront trahis eux-mêmes. Je ne dois pas être responsable de leur indiscrétion. »

J'annonçai à nos convives que le lendemain je me mettais en route pour Bordeaux. Chacun me donna ses lettres de recommandation ; nous bûmes le vin de l'étrier, et nous nous séparâmes.

P. S. Pour que mes lecteurs ne perdent pas entièrement de vue la capitale, je continuerai à publier les lettres de quelque intérêt qui me parviendront.

CORRESPONDANCE

DE

L'ERMITE DE LA GUIANE.

———

Je reçois beaucoup de lettres, et j'ai accusé réception de plusieurs aux personnes qui me les ont écrites, en faisant usage des observations qu'elles ont bien voulu me communiquer. Quelques uns de mes correspondants se plaignent, d'une manière plus ou moins obligeante, de l'oubli où je parais condamner leurs lettres, et me forcent à leur déduire des motifs qu'avec un peu de réflexion ils auraient pu deviner.

Je suis très flatté des compliments qu'on me fait, des éloges qu'on m'adresse; je suis encore plus reconnaissant des conseils qu'on me donne. Mais on a si mauvaise grace à mettre le public dans la confidence de son amour-propre, que je me crois obligé de jouir en silence des témoignages d'amitié et de bienveillance que je reçois. —Voilà pour les uns.

Je me place, dans ma propre estime, si fort au-dessus de l'opinion de certaines gens qui m'honorent périodiquement de leurs injures, que je crois pouvoir me dispenser de leur répondre, du moins aussi long-temps qu'ils garderont l'anonyme.—Voilà pour les autres.

Quant à ceux qui me font l'honneur de m'écrire pour m'apprendre que l'esprit de parti dirige leur plume, qu'ils ne voient rien qu'à travers la passion où l'intérêt exclusif qui les domine, c'est une marque de confiance qu'ils me donnent, et je ne suis pas homme à en abuser.

Après avoir fait une part considérable à la discrétion, et un sacrifice pénible à la vanité, je ne trouve dans ma correspondance qu'un très petit nombre de lettres que je puisse, en toute sûreté, mettre sous les yeux de mes lecteurs. Je les réunirai tous les mois dans un même article, sous le titre de *Correspondance*. Je prie seulement qu'on veuille bien se souvenir que, ce jour-là, je ne suis bien véritablement qu'*éditeur*, et qu'il y aurait de l'injustice à me rendre personnellement responsable des pensées, des opinions, des jugements énoncés dans des lettres, la plupart pseudonymes, mais, du moins, sous la signature desquelles mon nom ne sera jamais caché.

Je profite de cette occasion pour prévenir mon correspondant L. M. H. que j'ai reçu avec reconnaissance ses *observations sur les théâtres*, dont je ferai mon profit dans le discours où je me propose de traiter ce sujet. — Il y a bien de la vérité, peut-être trop de vérités, dans les *Quelques Réflexions* que M. Francus m'a fait parvenir sur les délateurs : l'or pur a besoin d'un peu d'alliage pour être mis en œuvre.

Paris, le 24 février 1816.

On dit, M. l'Ermite, que vos articles sont lus dans tous les salons. Je ne vous l'assurerai pas, car j'y entre rarement; mais vous ne dédaignez pas de vous occuper quelquefois *des mœurs de l'antichambre,* et cela me fait espérer que vous voudrez bien vous intéresser à moi. Je pourrois vous dire, comme tant d'autres, que je suis la fille d'*un homme comme il faut;* que mes parents ont été ruinés par la révolution; mais je ne vous crois pas trop crédule de votre nature. J'aime mieux vous dire tout bonnement la vérité: je suis la fille d'un honnête cordonnier de la rue Saint-Jacques, et, sans entrer dans le détail des circonstances qui m'ont déterminée à me mettre en service, vous saurez que depuis trente ans j'exerce l'état de femme de chambre, et que j'ai servi des maîtresses de toutes les conditions, depuis la duchesse jusqu'à la danseuse d'Opéra inclusivement. Je puis dire, sans vanité, que je possède à fond l'art de la toilette et les secrets du boudoir: en fait de ruses, d'intrigues, de présence d'esprit, j'en remontrerais à toutes les soubrettes de comédie. Eh bien! monsieur, concevez-vous qu'avec de pareils talents je sois depuis quatre mois sans place? On dirait que mon signalement a été envoyé à tous les maris; j'ai beau changer de nom et de costume, la pauvre *Victoire* est toujours reconnue. Tour-à-tour avec la robe à guimpe en taffetas noir, sous le nom de mademoiselle *Dupré;* avec la petite robe en toile peinte, sous le nom de *Florine;* avec le canezou de perkale, sous le nom de *Babet;* avec le madras et le tablier de batiste, sous le nom de *Zoé*, j'ai été renvoyée de quatre maisons depuis un an. Dans l'une, j'ai été victime des trop grandes prévenances d'une femme pour son mari, dont ce changement de conduite a éveillé les soupçons; dans l'autre, je me suis vue compromise par l'indiscrétion d'un fat qui ne manque jamais d'afficher ses bonnes fortunes; dans la troisième, le hasard a fait tomber dans des mains ennemies une correspondance dont j'étais la messagère. Si vous me permettez d'aller vous voir, je vous raconterai l'aventure qui m'a forcée de quitter ma dernière condition. Enfin, toujours triomphante et toujours persécutée, haïe des hommes et adorée des femmes, je commence à m'apercevoir qu'une grande réputation est souvent bien à charge.

Vous passez pour aimer beaucoup les femmes, M. l'Ermite: eh bien! il est de votre intérêt et du leur de chercher à me placer; car, si je ne puis trouver à m'employer suivant mon goût et mes principes, je vous préviens que je me déciderai à tourner mes talents contre celles que j'ai si long-temps et si bien servies. Je changerai de rôle, et de soubrette je me ferai duègne. Qu'on y prenne garde! j'ai le secret du corps; et, après avoir été le fléau des maris dans ma jeunesse, je puis être dans l'âge mûr leur ange tutélaire.

Si vous faites quelque chose pour moi, je vous promets de vous révéler quelques anecdotes bien secrètes, bien piquantes, dont la moindre suffirait pour faire la fortune d'un roman.

Votre très humble servante.

Victoire Petit-Lion.

Paris, 26 février 1816.

J'ai recours à vous, M. l'Ermite, qui regardez de si près, et qui voyez de si loin, pour m'expliquer comment il se fait que deux personnes qui partent du même point, qui suivent la même route, qui marchent du même pas, qui se proposent le même but, non seulement ne l'atteignent pas ensemble, mais se trouvent, au moment où elles s'arrêtent, à une grande distance l'une de l'autre.

Exemple: j'ai dix mille francs de rente; je suis venu à Paris avec un de mes camarades de collége, qui jouit tout juste de la même fortune et de la même considération que moi dans la ville de Périgueux, notre patrie commune. Nous en sommes partis avec des lettres de recommandation en blanc, qui devaient servir indistinctement à l'un ou à l'autre.

Le jour fixé pour notre départ avec le courrier de la malle, mon ami accepta l'offre d'une place, à frais communs, dans une chaise de poste, ce qui n'empêcha pas que nous ne fissions route ensemble; mais, en arrivant à Paris, j'allai descendre, comme nous en étions convenus, à l'hôtel de Nantes, rue des Vieux-Augustins, et mon ami se décida pour l'hôtel du Tibre, rue du Helder, où son compagnon de voyage s'était fait conduire.

Je pris un logement de soixante francs par mois : c'était le prix que mon ami payait le sien; mais il n'avait que deux petites chambres dans un pavillon au-dessus de l'écurie, dans le fond de la cour, et j'avais quatre grandes pièces au premier sur le devant : ce qui ne l'empêchait pas de soutenir, sans pouvoir m'en convaincre, qu'il était beaucoup mieux logé que moi.

Dans le partage de nos lettres de recommandation, nous consultâmes les convenances des différents quartiers que nous habitions, en sorte qu'il eut pour sa part celles qui nous adressaient à des banquiers de la Chaussée-d'Antin, et que je me trouvai porteur de celles qui nous recommandaient à un gros marchand de soie de la rue de la Ferronnerie et au plus riche passementier de la rue des Bourdonnais.

Dès-lors nos habitudes, sans cesser d'être les mêmes, prirent une direction différente; il vécut dans un monde brillant, et moi dans l'intimité des sociétés bourgeoises. Nous fréquentions tous deux les cafés, suivant notre usage; mais il passait une partie de sa matinée chez Tortoni, et moi je déjeunais régulièrement au café de la Poste avec tout ce qu'il y a de mieux dans la rue Plâtrière.

Le même goût pour le spectacle nous conduisait à des théâtres différents. Comme il aime passionnément la bonne comédie et la bonne musique, il ne manquait pas un ballet de l'Opéra, pas une représentation de *Semiramide,* dont il sait les paroles par cœur. Moi qui tiens pour le genre sentimental et pathétique, j'allais régulièrement soit à *la Gaieté,* soit à *l'Ambigu-Comique.*

Nous avons, sur tous les points, à-peu-près les mêmes objets de dépense: il a *trois fois par semaine* un cabriolet et un jockey en livrée; pour le même prix je prends, tous les jours, une voiture de place, et je me fais servir par le domestique de l'hôtel. Ma garde-robe est tout aussi bien montée que la sienne; mais c'est *Léger* qui l'habille, et j'ai pour tailleur M. *Matthieu,* portier de la rue Verdelet.

De compte fait, nous dépensons l'un et l'autre notre revenu; nous sommes du même âge, nous n'avons pas moins d'esprit l'un que l'autre; plusieurs dames qui s'y connaissent m'ont assuré que ma taille était mieux prise et ma figure plus agréable que celle de mon ami; cependant il brille dans le monde, et je suis perdu dans la foule; il est sur le point d'obtenir une place que mon père a remplie avec honneur, et que je sollicite; enfin (pour mieux constater tous les avantages qu'il obtient sur moi), dans la seule visite qu'il ait faite au riche marchand de soie auquel j'ai été recommandé, il a fait la conquête de sa fille, sur laquelle j'avais des vues, qui me voyait avec plaisir, et que son père m'aurait infailliblement accordée.

Vous m'avouerez, M. l'Ermite, qu'il est dur de manquer sa fortune, sa réputation et son mariage par la seule raison qu'on habite tel ou tel quartier, que l'on fréquente telle ou telle maison, également honnête, et que l'on préfère l'extravagant mélodrame du boulevart du Temple au plat mélodrame du boulevart Italien. Je me recommande à vous pour m'expliquer, lorsque l'occasion s'en trouvera, la cause de ces étranges bizarreries.

Recevez mes sincères salutations.

Charles Demarsan.

Paris, 28 février 1816.

La jeune Solitaire de la Virginie au vieil Ermite de la Guiane.

Dans ce siècle d'incrédulité, vénérable anachorète, il est encore permis de croire à la charité d'un ermite comme toi, pour une pauvre petite solitaire de ma figure et de mon âge. Tu sauras donc (pardonne ce langage familier à une jeune fille née, sur les bords de l'Ohio, d'un père et d'une mère de la secte des quakers); tu sauras, dis-je, qu'une suite d'événements qui pouvaient passer pour extraordinaires dans un autre temps m'a conduite, à dix-huit ans, dans la ville du monde où l'on apprécie le mieux les avantages que je possède et ceux qui me manquent; au nombre de ces derniers, celui de ne pas entendre le *français* (je veux dire le français du grand monde) est le premier dont j'ai senti la privation : juge du plaisir que m'a fait l'annonce de ton *Dictionnaire du beau langage*[1], où tu nous as donné comme exemple la définition de quelques mots dont l'emploi n'a rien de commun avec la signification grammaticale.

Grace à toi, je sais déja à quoi m'en tenir sur la valeur de certains mots : je sais ce que me veulent

[1] Voyez page 267.

ceux qui me parlent sans cesse d'*amour;* ce que j'ai
à perdre avec ceux qui ont toujours l'*honneur* à la
bouche, et la différence que je dois mettre entre ma
bonté que l'on vante et mes *bontés* que l'on sollicite.
Mais que de termes encore sur la vraie signification
desquels il m'est impossible de me fixer, et que, de
peur de méprise, je suis décidée à ne pas prononcer
avant la publication de ton dictionnaire! Je n'entends
rien, par exemple, à la dispute de mon père
et de ma mère sur le mot *naissance:* mon père veut
que j'épouse un *homme de naissance*, et se fâche
quand ma mère répond qu'elle se contenterait d'un
gendre d'une *honnête naissance.* Comment se fait-il
qu'une semblable épithète atténue la valeur du mot
au point qu'*honnête naissance* et *sans naissance* soient
pour mon père deux expressions absolument synonymes?

Je ne suis pas moins embarrassée quand il s'agit
de *réputation:* il y a sans doute des gens qui en ont
à revendre, car je ne vois dans ce pays que des
hommes qui en achètent. Quant à celle des femmes,
c'est un mystère que je ne m'explique pas encore;
car, autant que j'en puis juger par quelques exemples,
être en réputation ou *avoir de la réputation* sont
pour une femme deux choses absolument différentes.

Je ne me fais pas non plus une idée bien nette du
mot *caprice:* j'en demandais hier l'explication à un
bel esprit de notre société, qui me fit une phrase à

perte d'haleine et de comparaisons, d'où il résulterait que le caprice est un *nuage*, un *papillon*, un *prisme*, un *départ*, un *retour*, un *ruban*, une *fleur*, un *oiseau*, et finalement une *femme*.

Adieu, bon Ermite. J'entends quelquefois dire qu'on se prend par caprice; mais j'éprouve, en ce moment, qu'on peut se quitter par raison. J'espère bien n'avoir jamais de caprices; mais l'exemple est contagieux, et il ne faut jurer de rien à dix-huit ans. Quoi qu'il en soit, si je tombe jamais dans ce vilain défaut, tu en seras le premier instruit, et je sais comment je m'y prendrai pour trouver grace à tes yeux.

La Solitaire de la Virginie.

Paris, le 2 mars 1816.

Monsieur l'Ermite, j'ai souvent entendu dire que Paris était la ville du monde où l'on trouvait le plus de savants et d'écrivains distingués dans tous les genres. Je dois le croire, car je ne vais pas à un bal, à un spectacle, dans un lieu public; je ne suis pas invité à une fête, à un grand dîner, que je n'y rencontre quelques uns de ces grands hommes sur qui la postérité a déjà les yeux. Tout en les regardant avec cette admiration que l'on doit au génie, je me demande comment ces messieurs font pour concilier l'amour des plaisirs et celui de l'étude, les travaux du cabinet et les devoirs de la société; comment ils trouvent du temps pour leurs savantes élucubrations, en passant la matinée dans les antichambres, la soirée dans les spectacles, et une grande partie de la nuit dans les salons.

Leurs illustres devanciers, si je ne me trompe, menaient une vie plus sédentaire, et j'ai dans l'idée qu'au siècle de Louis XIV on aurait perdu sa peine à chercher Corneille au bal, Molière dans une maison de jeu, Racine au billard. Ces gens-là s'imaginaient que le génie a besoin de solitude pour enfanter des chefs-d'œuvre, et ils en donneraient pour preuve *le Cid, Athalie, le Tartufe*, comme si cela prouvait quelque chose !

Graces soient rendues aux coryphées actuels des sciences et des lettres ! ils vont commodément à la gloire par les riants sentiers du plaisir :

Ce sont petits chemins tout parsemés de roses.

Aussi la foule est là ; tout le monde y court. La célébrité n'est plus qu'un jeu. C'est le moment que j'attendais pour me mettre de la partie, car je compte bien, tout comme un autre, arriver à la célébrité ; mais je voudrais y parvenir à moins de frais possibles, et sur-tout sans rien déroger aux douces habitudes que je me suis faites. Une petite place dans votre Correspondance est déja un pas de fait, mon vieil Ermite, et j'espère que vous ne me la refuserez pas.

BOITROUX.

Nantes, le 3 mars 1816.

Vous saurez, M. l'Ermite, que je viens de terminer, après dix ans de travail assidu, un ouvrage sur lequel je puis fonder ma réputation et ma fortune, si je dois croire quelques amis à qui je l'ai communiqué. Au moment de le mettre sous presse, mon libraire me prévient que le succès de mon livre dépend entièrement de la manière dont l'annoncera certain journaliste qui dispense la gloire, sans y regarder de bien près, comme on dépense le bien d'autrui. Faites-moi le plaisir de me faire savoir, M. l'Ermite, si ce journaliste est un homme *joufflu*. Ce renseignement, le seul dont j'aie besoin sur son compte, me déterminera, sans autre considération, à publier mon ouvrage ou à le remettre en portefeuille. J'ai pour les hommes *joufflus* une antipathie que vous n'appellerez pas une *prévention*, quand vous saurez que les malheurs que j'ai éprouvés dans ma vie m'ont été suscités par des hommes à grosses joues.

C'est un gros *joufflu* qui m'a ruiné dans la révolution, en me remboursant en assignats une somme considérable que je lui avais loyalement prêtée en bel et bon or.

C'est un prêtre *joufflu* qui m'a marié avec une femme à *grosses joues*, qui se fait, depuis quinze ans, une étude particulière de me tourmenter.

C'est un gros *joufflu* d'agent de change qui m'a fait acheter cinq mille francs de rentes à la hausse, la veille du jour où les fonds publics ont éprouvé une baisse considérable.

C'est un médecin *joufflu* qui m'a traité d'un rhume dont il a trouvé le moyen de faire un catarrhe qui m'a mis aux portes du tombeau.

C'est un petit *joufflu*, très enclin à la délation, qui vient tout récemment d'arriver de Paris pour me supplanter dans un emploi que j'exerçais depuis quinze ans avec honneur.

Je ne finirais pas, M. l'Ermite, si je voulais vous faire l'énumération de toutes les infortunes qui me sont *advenues* par le fait ou par la faute de gens à grosses joues.

Ainsi, quelque confiance que j'aie dans mon ouvrage et dans le jugement de mes amis, si vous m'assurez que les muscles faciaux du journaliste parisien par les mains duquel je dois passer excèdent les dimensions ordinaires, je suis déterminé à différer la publication de mon livre jusqu'à ce que cet Aristarque joufflu soit mort, ou jusqu'à ce qu'il soit enterré..... à l'Académie.

J'ai l'honneur, etc.

Ch. Maigret.

Paris, 5 mars 1816.

Il y a long-temps que, sans m'en vanter, M. l'Ermite, j'étudie, peut-être avec moins de succès, mais avec autant d'attention que vous, les mœurs et les ridicules de la capitale.

Je fais mon bréviaire du tableau du néologue Mercier ; ma bibliothèque se compose de tous les ouvrages sur l'histoire de cette ville, depuis l'historiographe Gilles Corrozet jusqu'au *Cicerone parisien* du capitaine de cavalerie Villiers. Il n'y a point de modes nouvelles que je n'enregistre avec soin, de petites défectuosités dans les habitudes de cette grande ville dont je ne tienne note, pour composer dans quelques années un ouvrage qui, à l'aide de quelques journalistes, se vendra sans doute comme beaucoup d'autres qui ne valent pas mieux.

Je ne puis malheureusement donner tout mon temps au travail, et je suis obligé d'en distribuer une partie entre mon bureau et mes distractions. Au nombre de ces dernières, je mets au premier rang le plaisir de me promener sur les boulevarts, après mon dîner, depuis la rue Duphot, où je suis logé, jusqu'au boulevart de l'Arsenal inclusivement. C'est là que, chemin faisant, j'observe tous les différents tableaux qui se trouvent sur mon chemin, ou ceux qui passent devant mes yeux, quand, assis derrière la petite barrière du café des Princes, un tabouret sous mes pieds, ma canne entre les jambes, je trouve le moyen de faire durer une bouteille de bierre et une demi-douzaine d'échaudés depuis sept heures du soir jusqu'à neuf et demie, heure où je rentre dans mon logement de garçon, au cinquième au-dessus de l'entresol. Une pièce de vingt sous suffit ordinairement à cette dépense, même en y joignant la taxe que mettent, sur l'amour-propre des habitués du boulevart, ces baladins vagabonds dont l'importunité vous arrache des aumônes qu'ils enlèvent à des pauvres plus intéressants.

En effet, M. l'Ermite, n'est-ce pas un scandale de voir une foule de fainéants qui ne sortent le soir des cabarets où ils ont passé la journée que pour gagner de quoi s'enivrer le lendemain? Mon humeur ne s'étend pourtant pas jusqu'à ces honnêtes Auvergnats, Savoyards ou Piémontais, qui, l'orgue de Barbarie sur le dos, sont en possession, de temps immémorial, de nous tenir au courant de toutes les complaintes, romances et vaudevilles en vogue.

Mais ne connaîtriez-vous pas un moyen de nous débarrasser de ces impitoyables *tourneuses* qui se fatiguent bien moins qu'elles ne fatiguent les spectateurs en pirouettant sur leurs pieds comme un sabot sur son axe; de ce petit fainéant qui passe sa vie à parodier, de la manière la plus insupportable, le chant du rossignol et de la fauvette, dont on serait tenté, en l'écoutant, de dire comme M. X***: *Oh!*

la vilaine bête. Connaissez-vous rien de plus insipide que ces deux grandes niaises d'Allemandes qui croient s'accompagner d'une mandoline en miaulant de mauvaises *tyroliennes* avec l'accent et le regard de la stupidité? Enfin, ne seriez-vous pas, comme moi, tenté de fustiger ces petits vagabonds qui précèdent les promeneurs en faisant vingt ou trente fois la roue sur leurs deux bras?

Le seul de tous ces industrieux vauriens qui trouve grace auprès de moi, en faveur de son élève, est le propriétaire de ce *lapin savant* qui fait des roulements comme un tambour-maître, et tire un coup de fusil comme un garde-chasse.

Convenez, M. l'Ermite, que ces artistes mendiants, qui finissent leurs concerts ou leurs expériences par tendre la main ou par faire courir la soucoupe, sont un véritable fardeau pour un pauvre diable d'employé qui, par amour-propre veut avoir l'air de récompenser les talents, et dont la générosité augmente ainsi la dépense journalière de douze ou quinze sous, lesquels auraient suffi à sa consommation du lendemain.

En attendant l'ouvrage auquel je travaille, ne pourriez-vous pas donner place à mes observations dans votre Correspondance? Peut-être pourront-elles nous débarrasser de quelques uns de ces importuns. Je vous salue.

Xav. Bourdard, employé des domaines.

Le Mans, 6 mars 1816.

Monsieur l'Ermite, je suis un des plus anciens comédiens de France. Je compte cinquante ans de théâtre, et depuis douze ans seulement j'ai quitté la scène, où j'ai débuté sous les auspices du fameux Dufresne, en 1750. Je ne vous dirai pas que mon talent a effrayé Grandval; j'aime autant vous laisser croire, aujourd'hui, qu'il n'était pas de nature à briller à la Comédie-Française. Désespérant d'y remplir l'emploi des premiers rôles, après y avoir étudié les bons modèles, j'ai pris le parti d'aller m'établir sur un bon théâtre de province, où je me suis fait une réputation qui pourrait fort bien me survivre.

Ce n'est pas sans étonnement que j'ai vu se renouveler les anciennes querelles qui jadis et naguère ont été faites aux comédiens par MM. Palissot, Beaumarchais et Hoffman. A Dieu ne plaise que je veuille me déclarer ici le champion de ces comédiens insolents dont la morgue est presque toujours en raison inverse du talent; que je me déclare l'apologiste de ces airs de hauteur et de protection que quelques uns affectent envers les auteurs, et que je partage leurs ridicules prétentions à la supériorité sur les gens de lettres! L'homme qui crée sera toujours au-dessus de celui qui imite, et la Champmeslé n'a pas plus de droit à la gloire de Racine que le maître maçon qui dirigea les travaux du Louvre n'en peut avoir à l'immortalité de Perrault; ce qui n'empêche pas que le talent du comédien, poussé à un certain degré de perfection, ne soit digne de l'admiration qu'il excite, et que les grands acteurs ne soient au moins aussi rares que les bons auteurs. De leur vivant, auteurs et acteurs jouissent d'une part de gloire à-peu-près égale ; mais les revenus de ceux-ci sont viagers comme les produits de l'art qu'ils exercent, celui des auteurs est perpétuel comme les fruits du génie.

- De cette espèce d'infériorité que l'amour-propre de coulisses (le plus exigeant de tous les amours-propres) peut avouer sans honte, on a voulu tirer cette conséquence, que les comédiens devraient être déshérités du droit de juger les pièces de théâtre qu'ils représentent, et que ce droit devrait être dévolu aux auteurs qui les composent. *Quod numen avertat!*

Les défenseurs de cette opinion ont allégué le défaut d'instruction des comédiens en général, et la difficulté d'arriver à leur comité. Il y a, sur ces deux points, *distraction* ou *mauvaise foi*, comme dit Figaro.

Les comédiens qui ont du talent (et c'est le plus grand nombre parmi ceux qui composent le comité) ne l'ont acquis, ce talent, qu'à force d'études ou d'habitude de l'art dramatique. On ne peut donc leur refuser les connaissances nécessaires pour juger le mérite d'un ouvrage, du moins sous le rapport le plus important, celui de l'effet théâtral.

Quant à la difficulté d'arriver au comité, cette objection ne peut être produite que par des auteurs qui entrent dans la carrière; et l'on conviendra qu'il y aurait quelque inconvénient à admettre sans choix aux honneurs de la lecture cette foule de poursuivants sans titre, qui ne craindraient pas de faire perdre, à les entendre, le temps qu'ils ont perdu à composer leurs essais dramatiques. L'accueil que le public a fait à tant d'ouvrages refusés à la lecture, et mis au jour par leurs auteurs, confirme le jugement des comédiens.

De tout ce que je viens de dire, ne puis-je pas conclure, M. l'Ermite, que les comédiens sont les véritables juges en premier ressort des ouvrages dramatiques; qu'une profession qui a compté parmi ses membres Baron, Monfleury, Hauteroche, Lanoue, Dubelloy, et, à la tête de tous, le prince de nos poëtes comiques, peut fort bien ne pas se croire étrangère dans la république des lettres; enfin, que l'amitié constante que les auteurs ont portée aux comédiens (à quelques exceptions près) doit faire présumer qu'ils ont quelque confiance dans leur jugement, et qu'ils ne répugnent pas à se conformer à un usage auquel Racine et Voltaire ont cru pouvoir se soumettre?

J'ai l'honneur de vous saluer.

LARIFARDIÈRE, vieux comédien.

Amiens, 26 octobre 1816.

Monsieur l'Ermite, après vingt-cinq campagnes dans un régiment de hussards, je me suis retiré dans le petit manoir de mes pères, où j'ai pour société mon vieux maréchal-des-logis *Valdner*, ma pipe, vos feuilles, et le souvenir d'une centaine de combats où j'ai assisté.

Je m'entretiens souvent, avec mon ancien compagnon d'armes, de la gloire française, des faits mémorables qui honorent ma patrie, et nous terminons toujours par faire des vœux pour sa prospérité.

Sans être jaloux de la gloire des autres nations, même de celle de nos rivaux insulaires, j'aime à prouver à ceux-ci, quand l'occasion s'en présente, que nous sommes en tout leurs aînés. Je choisis pour cela le moment où ils sont moins que jamais disposés à reconnaître cette vérité.

Je possède quelques centaines de bouquins qui, réunis à l'aise sur trois ou quatre tablettes, forment ce que j'appelle emphatiquement *ma bibliothèque:* de temps en temps nous tirons un volume pour égayer nos soirées d'hiver. Henri IV est mon héros, et je ne me lasse jamais de relire ce qui a trait au règne de cet excellent roi. Mon vieil hussard et moi, nous savons par cœur toutes les actions de sa vie, ses harangues, ses bons mots, ses lettres, où se peignent la plus belle ame et le plus beau caractère dont aucun monarque ait jamais été doué. Nous ne tarissons pas sur son intrépide valeur, et sur cette adorable clémence qui en fait un roi à part dans l'histoire du monde.

Dernièrement le hasard me fit tomber entre les mains le dixième volume de l'*Abrégé Chronologique* de Mézeray. J'arrive bien vite à mon règne favori, et j'en fais solennellement la lecture. Jugez de ma surprise et de ma joie, mon cher Ermite, en lisant, à la page 358, le passage suivant :

An 1609. — « Quelques pirates s'étaient retirés à
« Tunis et Alger, où ils avaient tant recueilli de
« leurs semblables, qu'ils tenaient le détroit de Gi-
« braltar comme bouché, et osaient bien attaquer
« des flottes entières. Les Malouins ne pouvant souf-
« frir ce brigandage, armèrent quelques navires
« pour leur courir sus. Le capitaine Beaulieu, qui
« les commandait, ayant rêvé au moyen de ruiner
« tout d'un coup les forces de ces voleurs, conçut
« *le plus hardi dessein qu'on puisse imaginer*. Il ré-
« solut d'aller brûler leurs vaisseaux, dans le port
« même de Tunis, au-dessus du fort de la Goulette.
« Les Espagnols l'ayant joint avec huit gros galions,
« se mirent de la partie pour le seconder en sa gé-
« néreuse entreprise. Quand le vent fut bon, Beau-
« lieu se mit bravement à l'avant-garde, entra dans

« le hâvre en plein midi, *passa sous l'artillerie du*
« *fort*, contre lequel il fit tirer 150 volées de canon;
« puis, comme il vit que ses vaisseaux ne pouvaient
« approcher plus près, il *sauta* dans une barque
« avec *quarante hommes* seulement, et passant à tra-
« vers une tempête continuelle de *quarante-cinq*
« pièces qui tiraient du fort, *il alla mettre le feu au*
« *plus grand vaisseau, d'où il se porta ensuite à tous*
« *les autres*, et en consuma 30, dont il y en avait
« 16 armés en guerre. » (*Mézeray*, dixième *vol.*,
p. 358 et 359. — *Année* 1609. Éd. de *M. DCC. XII.*)

Personne ne contestera la gloire que s'est acquise lord Exmouth dans son expédition d'Alger; mais il doit nous être permis de réclamer dans cette circonstance, comme dans mille autres, le mérite de l'invention, et d'opposer, avec tout l'avantage de la priorité, la gloire du capitaine français à celle de l'amiral anglais.

Ce qui vous étonnera sans doute, c'est l'inconcevable ressemblance de ces deux mémorables actions.

Vous avez combattu sur mer, mon cher Ermite, et je suis bien sûr du plaisir que je vous fais en vous rappelant un trait historique qui honore notre pavillon et cette vieille patrie, idole de votre cœur et du mien.

Recevez, bon Ermite, mes remerciements et ceux de mon hussard, pour l'utile et agréable délassement que me procurent vos Discours, où nous aimons tant à reconnaître l'observateur fidèle et le Français éminemment ami de son pays et de la gloire de ses compatriotes.

De Mirbel,

lieutenant-colonel de hussards.

B....., le 8 octobre 1816

En attendant, vénérable Ermite, que vous fassiez quelques excursions dans les départements pour faire connaître les mœurs qui diffèrent plus ou moins de celles de la capitale, permettez-moi de vous communiquer les observations que j'ai recueillies dans l'exercice des fonctions de juré, à la cour d'assises de mon département.

L'institution du jury (ce palladium de la liberté civile) a été consacrée par toutes les constitutions données depuis vingt-cinq ans au peuple français : la charte constitutionnelle en a fait une institution vraiment nationale ; il est donc dans les vues du gouvernement, autant que dans l'intérêt du peuple, de l'entourer de respect et de considération.

Vous allez juger si ces intentions sont remplies. Les jurés, au nombre desquels je me trouvais, s'étaient rendus à la cour d'assises de mon département, à l'heure indiquée par la convocation. Nous

nous trouvâmes réunis dans un local froid, humide, ouvert à tous les vents, sur le pavé duquel le balai ne s'était pas promené depuis les dernières assises. Je ne dirai pas qu'il était entièrement dénué de meubles, car nous étions les maîtres de nous asseoir sur quelques bancs vermoulus, au risque de voir s'écrouler sous notre poids les supports chancelants qui en maintenaient encore l'équilibre.

A onze heures, un greffier de la cour parut, et fit l'appel des jurés comme un piqueur fait l'appel des manœuvres qu'il emploie.

Vers midi, le jury composé, on fit avancer le prévenu, et on procéda au tirage au sort pour la réduction des douze jurés qui devaient juger dans cette affaire.

La loi accorde au procureur royal, ainsi qu'au prévenu, la faculté de récuser les trois quarts des jurés : il est rare que l'accusé s'en prévale ; mais le ministère public use largement de son droit. Je connais tels jurés qui se sont vus récusés, dans le cours de la session, autant de fois que leurs noms sont sortis de l'urne impartiale.

Si la loi ne dit pas expressément que les récusations du ministère public doivent être motivées, la raison et la justice ne devraient-elles pas interpreter son silence?

Les douze jurés nommés par le sort allèrent prendre place sur des chaises d'église au-dessous des juges, lesquels occupent des fauteuils exhaussés sur une estrade recouverte d'un beau tapis.

Je ne veux point chicaner sur des bagatelles : mais il est des cas où de simples inconvenances, considérées dans leur résultat, prennent un caractère de gravité qui permet du moins d'en faire remarquer les suites.

Les jurés, dans une cour d'assises, sont les véritables juges : il importe de les entourer de cette considération qui doit relever encore à leurs propres yeux le terrible ministère qu'ils exercent.

Je pense donc qu'il serait convenable que dans le lieu où se tient la cour d'assises dans chaque département, il y eût comme à Paris une salle de réunion pour les jurés, meublée avec décence, et chauffée pendant l'hiver. Je conviendrai que, cette fois, j'en parle un peu par envie, et j'ai sur le cœur les deux heures que j'ai passées dans la salle publique à souffler dans mes doigts, ainsi que mes collègues, tandis que les membres du tribunal, retirés dans leur salon, attendaient autour d'un bon foyer l'ouverture de la séance.

Je voudrais que les juges réprimandassent un peu moins durement les jurés qui ont quelquefois le tort de se faire attendre, et qu'ils ne parussent pas saisir avec trop d'empressement l'occasion de mortifier les jurés, comme pour les punir d'oser quelquefois n'être pas de leur avis.

Au lieu de cet' appel humiliant dont je me plains, où serait l'inconvénient d'ouvrir un registre dans la salle d'audience, dont le greffier serait dépositaire, et dans lequel les jurés, en arrivant, seraient tenus d'inscrire leurs noms?

Je voudrais encore que le doyen des jurés en fût le président, et qu'il fût chargé, dans chaque affaire, de diriger le tirage au sort.

La police de l'audience doit, sans contredit, appartenir au président de la cour; mais, je le répète, les jurés ne doivent pas être placés d'une manière qui contrarie l'égalité que je réclame entre eux.

Un inconvénient plus grave, et qui tient à la forme de l'instruction, c'est la présentation des questions sur lesquelles les jurés ont à prononcer. La contexture et l'énoncé de ces questions lient trop souvent le jury, et le forcent à décider contre son opinion, pour ne point prononcer contre sa conscience. Cette forme est tellement vicieuse, que, dans une des affaires où je fus appelé, on fut obligé de changer la série des questions pour que la déclaration du jury n'impliquât pas la plus étrange et la plus manifeste contradiction.

Ne trouvez-vous pas, M. l'Ermite, qu'il résulte de tous ces faits qu'on ne parviendra jamais à placer l'institution du jury au rang sublime qu'elle doit occuper, si l'on ne détruit les vieux abus qui l'ont assiégée dès sa naissance, et si les jurés sont maintenus dans une position qui ne s'accorde ni avec la dignité, ni avec l'importance de leurs fonctions?

« J'ai l'honneur d'être, avec considération, votre assidu lecteur, »

Pierre Dem... de B..

Paris, le 15 octobre 1816.

O vous, qui attaquez avec autant d'esprit que de grace les folies, les travers, et même les vices de la société; vous, qui démasquez les ridicules, et dénoncez les inconséquences au tribunal du bon goût; vous, qui pénétrez également dans les palais des grands et dans les chaumières, comment, avec votre expérience, votre finesse, et vos aperçus universels, avez-vous pu négliger de retracer dans vos tableaux domestiques des scènes d'une tyrannie malheureusement trop commune, tyrannie dont une mère jalouse est l'auteur, les filles victimes, et le mari *spectateur aveugle*, ou instrument passif? Je crois rendre un service essentiel à la France, à l'Europe, à la postérité (car j'éprouve pour les générations futures un intérêt assez vif pour desirer les garantir des malheurs dont j'ai moi-même tant à souffrir), en livrant à votre critique des prétentions dont l'injustice fait tout le ridicule, et dont le ridicule est cause des maux que je vais dépeindre.

Me voici arrivée au point où j'ai voulu vous

amener dès la première ligne de ma lettre. Je vous dirai donc, M. l'Ermite, que la confiance que vos écrits m'inspirent; que cette sensibilité qui se peint dans vos ouvrages d'une manière si simple et si ingénue, m'ont fait naître l'idée de vous parler avec un entier abandon de mes peines journalières, de ces peines frivoles en apparence, mais qui, renouvelées à tous les instants, deviennent réellement insupportables, par cela même qu'elles sont continuelles.

Je ne vous nommerai point les lieux de ma naissance, car je desire rester inconnue. Je vous dirai seulement que je suis *étrangère;* j'ajouterai aussi que la Providence, voulant sans doute me dédommager par le patriotisme des rigueurs de la nature, me fit naître compatriote d'un peuple libre et fier, et me donna une ame assez élevée pour reconnaître dans la gloire immortelle de mon pays le plus grand bienfait du Créateur.

Vous saurez encore que j'ai des sœurs, qui toutes ainsi que moi souffrent du despotisme de celle qui nous gouverne. Il est inutile de vous en dire le nombre, je dois éviter tout ce qui pourrait me trahir.

Je vous ai déja dit que je suis *étrangère;* je le répète ici, parceque je crois que vous accueillerez ma lettre avec plus d'indulgence, quand vous saurez que je vous écris dans une langue qui n'est pas la mienne. D'ailleurs j'aurai peut-être plus d'une fois occasion de blesser votre patriotisme par ce qu'il vous plaira d'appeler mes préjugés, mot de convention qui signifie, à ce qu'il me semble, un attachement *trop fort* à des opinions qui, croissant avec nous, s'identifient en quelque sorte avec notre être.

Celle que je ne veux pas nommer fut entraînée fort jeune encore hors de son pays, et livrée avec peu de sensibilité, beaucoup de coquetterie, et encore plus de vanité, aux séductions d'un monde tout nouveau pour elle. Des coutumes revêtues de toute la dignité d'une longue suite de siècles, confinaient les femmes d'un peuple sage aux soins domestiques. Faire du bonheur conjugal et des devoirs de la maternité l'occupation de la vie entière, voilà en deux mots l'histoire des femmes de mon pays. Heureuses celles qui suivent ainsi la route douce et facile que la nature leur a tracée! De ce nombre ne fut point *celle que je ne veux point nommer*. Le plaisir (je ne prends pas ce mot dans son acception la plus frivole) lui offrit des charmes auxquels elle se mit peu en peine de résister. Comment le desir lui en serait-il venu? elle était en France! Pardon, M. l'Ermite, vous êtes Français...

Je parlerai peu d'une enfance qui n'eut que cela de remarquable, qu'à l'âge où l'on aime le plus ceux dont la nature où les circonstances nous font dépendre, une conduite froide, austère, et dépourvue de toute apparence de sensibilité, avait déjà aliéné d'eux nos affections. Reléguées dans un appartement éloigné, confiées aux soins d'une femme de chambre, n'ayant pour toute société que des domestiques, il est étonnant que nos sentiments et nos idées aient conservé cette sorte d'élévation que la naissance donne quelquefois, mais que l'éducation perfectionne toujours.

J'avais eu, dès l'âge le plus tendre, beaucoup de dispositions à étudier, et un goût très vif pour la lecture, que fortifiaient encore les difficultés que je trouvais à me procurer des livres, même les meilleurs et les plus instructifs; car la froide insouciance de *celle* qui aurait dû surveiller mes études retardait sans cesse mes progrès. En dépit de tous les obstacles, je parvins néanmoins à beaucoup lire; mais le hasard décidant seul du choix de mes lectures, il en est résulté un amalgame assez bizarre. Ces livres, que je dévorais dans un âge où le cœur devine par une sorte d'instinct ce que l'esprit est encore trop faible pour saisir, ont achevé d'exalter mon imagination, naturellement *romanesque;* erreur qu'on m'a quelquefois reprochée, mais dont je n'ai garde de me plaindre; car ce n'est qu'en mettant presque toujours l'illusion à la place de la réalité, que je suis parvenue à supporter sans désespoir une existence sur laquelle l'insensibilité et l'égoisme ont répandu tant d'amertume.

Au milieu de cette excessive négligence, *celle que je ne veux pas nommer*, à force de répéter des phrases spirituelles sur l'éducation, de parler des sacrifices qu'on doit aux enfants qu'on élève soi-même, de mettre en évidence la plus belle théorie du monde, était parvenue à faire croire qu'elle la mettait aussi en pratique; et chacun fut bientôt convaincu que de jeunes personnes élevées sous une pareille tutrice devaient être des prodiges en tout genre. On nous fit enfin paraître. Je ne sais si notre début répondit à cette attente : je ne veux être ni trop modeste, ni trop vaine; je me rappelle seulement que l'amitié de plusieurs de nos amis date de cette époque.

A l'instant où une personne de notre sexe prend dans le monde le rôle respectable de *chaperon*, elle abdique tous ses droits au titre de *jolie femme;* et il faut avouer que ce moment-là en est un terrible pour l'amour-propre. Quant à moi, il m'a toujours paru que c'est pour se prémunir contre ce moment redoutable que la raison nous a été donnée, et que l'éducation la plus vicieuse est, sans contredit, celle qui, tout en développant nos moyens de plaire, en assurant nos succès de jeunesse dans le monde, nous laisse sans force et sans consolation contre le malheur de vieillir.

Jusqu'au temps où nous parûmes dans le monde, nous avions toujours été traitées en *enfants*. Il me semblait cependant que depuis long-temps j'avais cessé de l'être. Mes pensées, mes desirs, mes espérances sur-tout, avaient déja pris un essor qui m'entraînait avec rapidité bien loin des années que je laissais derrière moi. Dès que les hommages des jeunes gens s'adressèrent à nous, dès que notre tutrice ne reçut de la part des hommes que ces attentions qu'il est du bon ton, peut-être même de *nécessité*, d'offrir aux chaperons, *celle que je ne veux pas nommer* se rappela tout-à-coup que nous n'étions plus de la *première jeunesse*. C'est ainsi, M. l'Ermite, que notre famille donna au monde le spectacle d'un prodige inoui jusqu'à nos jours. Je me souviens d'avoir lu, dans la Bible, que nos premiers pères n'avaient point eu d'enfance; mais il n'était réservé qu'à mes sœurs et à moi de passer tout d'un coup de l'*enfance* à l'*âge mûr;* cette transition subite, dont je me serais volontiers passée, m'effraya d'abord; mais je me rassurai bientôt, en remarquant que *celle que je ne veux pas nommer* était la seule qui s'en fût aperçue.

Depuis ce jour, il n'est sorte de dégoûts et de peines que nous ayons eu à essuyer pour expier le tort involontaire d'une jeunesse bien triste et bien inutile : traitées avec une sévérité aussi injuste que ridicule, et qui va en augmentant; toujours renfermées, gênées, contrariées sans cesse, notre vie s'écoule dans une triste et pénible uniformité. Mais je vous épargne les détails minutieux d'un despotisme qui pèse sur toutes nos actions. Ah! M. l'Ermite, le moyen de sortir d'esclavage, si nous restons toujours renfermées ! Voilà cependant un sujet d'inquiétude bien fondé. Je vous avoue que plus d'une fois, lasse de tant d'oppression, en voyant une foule d'êtres passer gaiement sous mes croisées, j'ai été au moment de m'écrier :

> Vous qui protégez les amours,
> Venez, venez, à mon secours !

Vous devinez sans peine que le but d'une pareille confidence est de trouver moyen de faire sentir à notre tutrice combien sa conduite envers nous est injuste et bizarre. C'est à vous que je desire confier cette tâche délicate. Dites-lui de la manière la plus aimable (car il faut commencer par plaire lorsqu'on veut persuader, et c'est une vérité dont une expérience journalière a dû vous convaincre depuis long-temps), dites-lui donc qu'une femme rivale de ses *élèves* est une inconséquence absurde; que cette rivalité ne saurait exister par une raison toute simple : c'est qu'une vieille femme ne peut conserver aucun des charmes qui assurent des conquêtes. Dites-lui que l'envie enlaidit la beauté et rend la vieillesse hideuse. »

A. P

FIN DU DEUXIÈME ET DERNIER VOLUME
DE L'ERMITE DE LA GUIANE.

TABLE.

N° XXXVIII. L'Artisan dans son ménage...... page 3
XXXIX. Une répétition au grand Opéra....... 13
XL. Tuer le temps...................... 23
XLI. L'Homme insupportable............ 34
XLII. Les Noirceurs..................... 43
XLIII. La mère Radig.................... 52
XLIV. Les Imitateurs.................... 62
XLV. Le Dimanche à Paris............... 71
XLVI. Les Funérailles................... 81
XLVII. Travail et industrie............... 90
XLVIII. Les Montagnes russes 99
XLIX. La Distribution des prix............ 109
L. La Maison singulière................ 120
LI. Les Élections 129
LII. Le Paquebot..................... 139
LIII. Paris au clair de la lune. Première promenade nocturne................. 150
LIV. Une Fête patronale 162
LV. Deux Scènes de la Chaussée-d'Antin. Deuxième promenade nocturne..... 172
LVI. La Chute des feuilles................ 182
LVII. Les Mœurs et la censure............ 191
LVIII. Le Café des Mille-Colonnes.......... 201
LIX. La Conciergerie................... 210
LX. Paris dans un salon................ 219

N° LXI. Être et paraître. Troisième promenade nocturne.................................. page 229
LXII. Les Hommes et les Maisons................ 238
LXIII. Amour et sagesse, intrigue et préjugés. Quatrième promenade nocturne............ 249
LXIV. Labeur et industrie. Cinquième promenade nocturne............................... 258
LXV. Dictionnaire des gens du grand monde..... 267
LXVI. Faveur et disgrace. Sixième promenade nocturne................................ 276
LXVII. La Veille de Saint-Valentin en Angleterre... 289
LXVIII. Les Femmes. Septième promenade nocturne. 298
LXIX. Trêve à la politique..................... 314
LXX. Préparatifs de voyage.................... 325
Correspondance de l'Ermite de la Guiane............ 334

FIN DE LA TABLE.

www.ingramcontent.com/pod-product-compliance
Lightning Source LLC
Chambersburg PA
CBHW050253170426
43202CB00011B/1670